大学语文

主　编　王楠楠　姜艳辉
副主编　董　礼　韩　晴　张　岩
主　审　林淑红　闻　丹

哈尔滨工程大学出版社

Harbin Engineering University Press

内 容 简 介

本教材是一部集人文性、工具性、实用性于一体的高职院校"大学语文"课程教材。全书分为"阅读赏析"和"应用写作"两个部分。"阅读赏析"部分,以主题为单元精选出古今中外文学作品近30篇,所选篇目注重典范性,力求文质兼美。"应用写作"部分,根据学生的实际需要,介绍了计划、总结、演讲稿、通知、报告、请示、会议纪要、求职信、毕业论文等写作知识。

本书适合作为高职院校各专业文化基础课通用教材。

图书在版编目(CIP)数据

大学语文/王楠楠,姜艳辉主编. —哈尔滨:哈尔滨工程大学出版社,2018.7
ISBN 978 - 7 - 5661 - 2069 - 4

Ⅰ.①大… Ⅱ.①王… ②姜… Ⅲ.①大学语文课 - 高等学校 - 教材 Ⅳ.①H193.9

中国版本图书馆 CIP 数据核字(2018)第 164513 号

选题策划 包国印
责任编辑 薛 力
封面设计 刘长友

出版发行 哈尔滨工程大学出版社
社 址 哈尔滨市南岗区南通大街 145 号
邮政编码 150001
发行电话 0451 - 82519328
传 真 0451 - 82519699
经 销 新华书店
印 刷 哈尔滨市石桥印务有限公司
开 本 787 mm × 1092 mm 1/16
印 张 11.75
字 数 291 千字
版 次 2018 年 7 月第 1 版
印 次 2018 年 7 月第 1 次印刷
定 价 33.00 元

http://www.hrbeupress.com
E-mail:heupress@hrbeu.edu.cn

前　　言

　　本教材的编写以教育部关于教材建设的相关文件的要求为指导,适应高等职业学院"混合式"课程改革和发展的需要,满足高等职业学院"双高"建设的需求,全面实施素质教育,按照德育为先、能力为重、全面发展、系统培养的要求,把提高教材质量作为教材编写的核心任务,突出高职教育的特点,科学规划。为充分发挥语文教学在职业教育中的功能、更好地为培养专业技能型人才服务,编写组认真分析总结高职语文教学的特点、规律,结合高职教育人才培养目标编写了本教材。本教材的内容编写体现高职教育培养目标,贴近学生的实际水平。本书适用于各高职院校的语文教学。

　　教材编写者在重视教学规律、教学特点的基础上努力尝试构建新的有特色的教材体系。本教材是一部集人文性、工具性、实用性于一体的高职院校"大学语文"课程教材。全书分为"阅读赏析"和"应用写作"两个部分。"阅读赏析"部分,以主题为单元精选出古今中外文学作品近30篇,所选篇目注重典范性,力求文质兼美。每篇作品辅助学习部分一般情况下由:知人论世、小导助学、思考探究、趣味链接(知识拓展及二维码链接)四个部分组成,有助于教师课堂教学,也有助于学生在自主学习时加深对所学内容的理解与把握。"应用写作"部分,根据学生的实际需要,介绍了计划、总结、演讲稿、通知、报告、请示、会议纪要等写作知识,有助于学生在未来学习、工作中的实际操作和应用。

　　本教材由渤海船舶职业学院基础部语文课程组承编。王楠楠老师作为第一主编,承担了"文学欣赏"部分中:主题一人生的理想;主题二探寻的足迹;主题三心灵的感动;主题四生活的写意;主题五自然的灵性,共五个主题内容的编写。姜艳辉老师作为第二主编,主要承担了"应用写作"部分编写工作,董礼老师完成了主题七:街谈巷语的编写,韩晴老师负责完成了主题六历史的回眸,张岩老师负责完成了主题八异域风情。主审人员为林淑红教授和基础部副主任闻丹教授。以上人员的竭诚合作,保障了教材的质量及完成时间,在此表示感谢。此外要特别感谢的还有基础部李颖教授在教材编写中给予的指导与帮助。

　　因成稿仓促,且学识水平有限,教材难免有疏漏之处,希望广大读者批评指正。

教材编写组
2018 年 5 月于兴城

目　录

阅读赏析

应用写作

阅读赏析

主题一　　人生的理想

【主题一导读】

　　苏格拉底说过"世上最快乐的事,莫过于为理想而奋斗。"凡有所成就的人必经"立大志"的阶段,"三军可夺帅也,匹夫不可夺志也。"(《论语》)这里的"志"即为人生理想。它犹如浩瀚海洋中的灯塔,为我们指明前进的方向,如果没有它,在我们受挫折时就会萎靡不振,唉声叹气!这无疑不利于我们成才,因而我们必须时刻以"志"激励自己成人成材。让我们共同了解一下古代圣贤们的理想与志向吧!

《大学》[1] 节选

　　大学之道,在明明德[2],在亲民[3],在止于至善。知止而后有定[4],定而后能静[5],静而后能安[6],安而后能虑,虑而后能得。物有本末[7],事有终始,知所先后,则近道矣。

　　古之欲明明德于天下者,先治其国。欲治其国者,先齐其家[8]。欲齐其家者,先修其身。欲修其身者,先正其心。欲正其心者,先诚其意[9]。欲诚其意者,先致其知。致知在格物[10]。物格而后知至,知至而后意诚,意诚而后心正,心正而后身修,身修而后家齐,家齐而后国治,国治而后天下平。自天子以至于庶人,壹是皆以修身为本[11]。其本乱而末治者,否矣。其所厚者薄,而其所薄者厚,未之有也。此谓知本,此谓知之至也[12]。

小 导 助 学

1. 文学常识

　　《大学》是中国古代儒家经典《礼记》中的一篇。相传为曾子所作。宋代程颢、程颐特别重视《大学》,曾分别将它从《礼记》中抽出来加以改编,使之独立成篇。朱熹在二程改编的基础上继续加工、编排,分为"经""传",作成章句,通过注释阐发己意,并将它和《论语》《孟子》《中庸》合称为《四书》。

2. 注释

[1]选自《十三经注疏》,中华书局1980年版。
[2]明明德:显明光辉的道德。前一"明"用作动词,显明、尊崇。
[3]亲民:使人民的道德境界不断更新。
[4]知止而后有定:知道应该达到的目的才能志向坚定。定,有确定的志向。
[5]静:心态平静。
[6]安:精神安宁。
[7]物有本末:万物都有主次轻重。
[8]齐其家:整治好自己的家族。
[9]诚其意:使意念诚实。
[10]致知在格物:获得知识在于穷究事物的道理。致知,获得知识。格物,穷究事物。格,至。
[11]壹是:一概是。
[12]知之至:智慧的极致。

3. 文章简析

　　《大学》一文不长,仅有短短的两千余字,但却是先秦、秦汉儒家学说的总括性著作,是儒家人生教育的道德纲领,也是维护封建宗法制度的政治纲领。《大学》以相当成熟的理论思维构建了一个中国封建社会儒家人生教育的总体框架,构建了一个中国封建社会士人人生发展的宏观图式。全篇将道德修养和政治议论结合在一起,将人生哲学和政治哲学合而为一,是儒家"入世"思想的全面体现。

　　《大学》的主体是"三纲""八目"。"三纲"(明明德、亲民、止于至善)和"八目"(格物、致知、诚意、正心、修身、齐家、治国、平天下),强调修己是治人的前提,修己的目的是为了治国平天下,说明治国平天下和个人道德修养的一致性。

思考探究

1.阐述"大学"一词在古代的含义。

2.《大学》一文中提出的"三纲""八目"分别是什么,其含义是什么?

3.试阐述八条目之间的关系。

4.《大学》的论述可谓"微言大义",精微的言辞中,蕴含着深刻的道理,这些深刻的道理,对现代人也是很有裨益的。请以"君子有诸己而后求诸人,无诸己而后非诸人"为例进行分析。

趣味链接

1.拓展阅读

"三纲""八目"的追求

《大学》所展示的是儒学三纲八目的追求。所谓三纲,是指明德、亲民、止于至善。它既是《大学》的纲领旨趣,也是儒学"垂世立教"的目标所在。所谓八目,是指格物、致知、诚意、正心、修身、齐家、治国、平天下。它既是为达到"三纲"而设计的条目功夫,也是儒学为我们所展示的人生进修阶梯。纵览四书五经,我们发现,儒家的全部学说实际上都是循着这三纲八目而展开的。所以,抓住这三纲八目你就等于抓住了一把打开儒学大门的钥匙。循着这进修阶梯一步一个脚印,你就会登堂入室,领略儒学经典的奥义。就这里的阶梯本身而言,实际上包括"内修"和"外治"两大方面:前面四级"格物、致知、诚意、正心"是"内修";后面三个条目"齐家、治国、平天下"是"外治"。而其中间的"修身"一环,则是联结"内修"和"外治"两方面的枢纽,它与前面的"内修"项目连在一起是"独善其身";它与后面的"外治"项目连在一起是"兼善天下"。两千多年来,一代又一代中国知识分子"穷则独善其身,达则兼济天下"(《孟子·尽心下》),把生命的历程铺设在这一阶梯之上。所以,它实质上已不仅仅是一系列学说性质的进修步骤,而是具有浓厚实践色彩的人生追求阶梯了。它铸造了一代又一代中国知识分子的人格心理,时至今日,仍然在我们身上发挥着潜移默化的作用。不管你是否意识明确,不管你积极还是消极,"格、致、诚、正、修、齐、治、平"的观念总是或隐或显地在影响着你的思想,左右着你的行动,使你最终发现自己的人生历程也不过是在这儒学的进修阶梯上或近或远地展开。事实上,作为中国知识分子,又有几人是真正出道入佛的野鹤闲云、隐逸高士呢? 说到底,依然是十人九儒,如此而已。

2.《大学》节选课件。

侍坐[1]

《论语》

子路、曾皙、冉有、公西华侍坐[2]。

子曰："以吾一日长乎尔，毋吾以也[3]。居则曰[4]：'不吾知也[5]！'如或知尔，则何以哉？"

子路率尔而对曰[6]："千乘之国，摄乎大国之间[7]，加之以师旅，因之以饥馑[8]，由也为之，比及三年，可使有勇，且知方也[9]。"夫子哂之[10]。

"求，尔何如？"

对曰："方六七十[11]，如五六十[12]，求也为之，比及三年，可使足民。如其礼乐，以俟君子。"

"赤，尔何如？"

对曰："非曰能之，愿学焉。宗庙之事，如会同，端章甫，愿为小相焉[13]"。

"点，尔何如？"

鼓瑟希，铿尔，舍瑟而作[14]，对曰："异乎三子者之撰[15]。"子曰："何伤乎[16]？亦各言其志也。"

曰："莫春者[17]，春服既成，冠者五六人，童子六七人，浴乎沂，风乎舞雩，咏而归[18]。"

夫子喟然叹曰："吾与点也[19]！"

三子者出，曾皙后。曾皙曰："夫三子者之言何如？"子曰："亦各言其志也已矣。"

曰："夫子何哂由也？"

曰："为国以礼，其言不让，是故哂之。"

"唯求则非邦也与？"

"安见方六七十如五六十而非邦也者？"

"唯赤则非邦也与？"

"宗庙会同，非诸侯而何？赤也为之小，孰能为之大？"

孔子讲学图

知人论世

1.孔子

孔子:(前551—前479),名丘,字仲尼,春秋末期鲁国陬邑(山东曲阜)人,儒家学派的创始人,他是我国著名的思想家、教育家、政治家。自汉代以后,孔子学说成为我国两千余年传统文化的主流。

孔子像

2.孔子的思想

政治思想的核心是"仁",提倡"仁者爱人","忠恕"之道;强调"克己复礼""非礼勿视,非礼勿听,非礼勿言,非礼勿动"。孔子主张维护等级制度的正名思想:"君君,臣臣,父父,子子"(奴隶制的等级制度),"名不正则言不顺,言不顺则事不成,事不成则礼不兴,礼乐不兴则刑罚不中,刑罚不中则民无所措手足"。他反对苛政和武力征伐,即反对法治,主张礼治,并提出"不患寡而患不均,不患贫而患不安"的观点。

在经济方面,他反对封建的田赋制度而极力维护西周以来的田赋制度。

在哲学上主张天命观。在他看来,"天"是宇宙万物无言的主宰者,认为自己就是秉承天命而说话做事的。"吾十有五而志于学,三十而立,四十而不惑,五十而知天命,六十而耳顺,七十而从心所欲,不逾矩。"他把恢复周礼看作是自己的历史使命。"凤鸟不至,河不出图,吾已矣夫!"(鼓励人们入仕,即"出来做事"。)

在教育上,主张"有教无类""因材施教""学而不厌、诲人不倦"的精神。晚年开创私学,整理"六经":《诗》《书》《礼》《易》《乐》《春秋》。

在品德方面,主张"宽、耻、信、敏、惠、温、良、恭、俭、让"等。

小导助学

1.《论语》

论(lún)读二声,是指"语言的论纂",也是语录的意思。《论语》是一部语录体文集,它是孔子的门人和再传弟子所辑录的孔子的言行录,全面地反映了孔子的哲学、政治、文化和教育思想,是关于儒家思想的重要著作。(宋儒把《论语》《大学》《中庸》和《孟子》合称为"四书"。《五经》是指《诗》《书》《礼》《易》《春秋》。)

2.注释

[1]选自《论语·先进》(《十三经注疏》中华书局1980年版)。

[2]侍坐:陪坐。子路:姓仲名由。曾皙:名点,曾子(曾参)的父亲。冉有:名求,字子有。公西华:复姓公西,名赤,字子华。四人均为孔子学生。

[3]此句可译为:不要因为我比你们年纪大一点就感到拘束。

[4]居则曰:平时总是说。居,平时。

[5]不吾知也:没有人了解我的才干啊!

[6]率尔:轻率的样子。

[7]摄乎:夹在。摄,迫蹙。

[8]因:增添,累积。

[9]方:礼法。

[10]哂:笑。

[11]方:国土的边长。

[12]如:或者。

[13]此答可译为:不是说我有能力,但是愿意学习做这样的事。宗庙的祭祀,或者诸侯间的盟会,我愿意穿着礼服,戴着礼帽,作为一个小司仪。端,古代礼服名。章甫,古代礼帽名。相,指司仪。

[14]作:站起来。

[15]撰:才具。

[16]伤:妨害。

[17]莫春:暮春。莫,同"暮"。

[18]"浴乎沂"三句:在沂水边沐浴,在舞雩台上吹风,一路唱着歌回来。舞雩,雩坛。

[19]与:赞同。

3. 文章简析

《侍坐》是《论语·先进篇》的一章,看起来文字不多,篇幅不长,但在语录体的《论语》中算得上是难得的长篇了。

《论语》全书共 20 篇,498 章(按朱熹说),计约 12700 字。每章大都篇制短小,甚至只有片言只语。唯《侍坐》结构首尾完整,形象较为鲜明,通过对话表达了各自不同的意趣、性格和志向,读后耐人寻味。平淡自然,含意深隽,丝毫没有斧凿痕迹,却在眼前平易事中信手勾勒一幅先贤论志的图画。当然,我们不必像宋儒那样去津津乐道本篇中的所谓"曾点气象""圣贤气象"〔《四书集注》朱熹引程子曰:"孔子与(曾)点,盖与圣人之志同,便是尧舜气象也。"〕,却不能不承认本篇是《论语》中文学性最强的一章。尤其是本篇所记载的富有个性的人物语言和对于人物的不同神态的刻画,不仅体现了《论语》蕴藉含蓄、简淡不厌的语言特色,代表了全书的文学成就,而且可以说是魏晋时那种速写式的逸事体小说的滥觞。

◁◁◁ **思 考 探 究** ▷▷▷

1. 文章的主题是什么,结构怎样?

2. 文中包括哪些人物,其性格特点各是什么样的?

3. 如何理解文中的"吾与点也"?

◁◁◁ **趣 味 链 接** ▷▷▷

孔子及《论语》课件。

哀 郢[1]

屈 原

皇天之不纯命兮[2],何百姓之震愆[3]?
民离散而相失兮,方仲春而东迁[4]。
去故乡而就远兮[5],遵江夏以流亡[6]。
出国门而轸怀兮[7],甲之朝吾以行[8]。
发郢都而去闾兮[9],怊荒忽其焉极[10]?
楫齐扬以容与兮[11],哀见君而不再得[12]。
望长楸而太息兮[13],涕淫淫其若霰[14]。
过夏首而西浮兮[15],顾龙门而不见[16]。
心婵媛而伤怀兮[17],眇不知其所跖[18]。
顺风波以从流兮[19],焉洋洋而为客[20]。
凌阳侯之泛滥兮[21],忽翱翔之焉薄[22]?
心绲结而不解兮[23],思蹇产而不释[24]。
将运舟而下浮兮[25],上洞庭而下江[26]。
去终古之所居兮[27],今逍遥而来东[28]。
羌灵魂之欲归兮[29],何须臾而忘反[30]?
背夏浦而西思兮[31],哀故都之日远[32]。
登大坟以远望兮[33],聊以舒吾忧心[34]。
哀州土之平乐兮[35],悲江介之遗风[36]。
当陵阳之焉至兮[37],淼南渡之焉如[38]?
曾不知夏之为丘兮[39],孰两东门之可芜[40]?
心不怡之长久兮[41],忧与愁其相接。
惟郢路之辽远兮[42],江与夏之不可涉[43]。
忽若去不信兮[44],至今九年而不复[45]。
惨郁郁而不通兮[46],蹇侘傺而含慼[47]。
外承欢之绰约兮[48],谌荏弱而难持[49]。
忠湛湛而愿进兮[50],妒被离而鄣之[51]。
尧舜之抗行兮[52],瞭杳杳而薄天[53]。
众谗人之嫉妒兮,被以不慈之伪名[54]。
憎愠忳之修美兮[55],好夫人之慷慨[56]。
众踥蹀而日进兮[57],美超远而逾迈[58]。
乱曰[59]:
曼余目以流观兮[60],冀壹反之何时[61]?
鸟飞反故乡兮[62],狐死必首丘[63]。
信非吾罪而弃逐兮[64],何日夜而忘之[65]?

> 知人论世

1. 作者

屈平,字原,通常称为屈原,又自云名正则,字灵均,战国末期楚国丹阳(今湖北秭归)人,楚武王熊通之子屈瑕的后代。屈原虽忠事楚怀王,却屡遭排挤,怀王死后又因顷襄王听信谗言而被流放,最终投汨罗江而死。世界文化名人。他创立了"楚辞"这种文体,也开创了"香草美人"的传统。代表作品有《离骚》《九歌》等。

2. 写作背景

《史记·屈原列传》载,楚顷襄王立,令尹子兰谗害屈原,屈原被放江南之野(郢都附近长江以南之地)。《楚世家》又载顷襄王元年,秦大破楚军"斩首五万,取析十五城而去"。秦军沿汉水而下,则郢都震动。屈原被流放,也就在此时。

屈原像

> 小导助学

1. 楚辞

楚辞,其本义是指楚地的歌辞,后来逐渐固定为两种含义:一是诗歌的体裁,二是诗歌总集的名称(在一定程度上也代表了楚国文学)。

从诗歌体裁来说,它是战国后期以屈原为代表的诗人,在楚国民歌基础上开创的一种新诗体。从总集名称来说,它是西汉刘向在前人基础上辑录的一部"楚辞"体的诗歌总集,收入战国楚人屈原、宋玉的作品以及汉代贾谊、淮南小山、严忌、东方朔、王褒、刘向诸人的仿骚作品。"楚辞"之名首见于《史记·酷吏列传》。可见"楚辞"在汉代前期已有这一名称。其本义,当是泛指楚地的歌辞,以后才成为专称,指以战国时楚国屈原的创作为代表的新诗体。这种诗体具有浓厚的地域文化色彩,由于屈原的《离骚》是楚辞的代表作,所以楚辞又被称为"骚"或"骚体"。汉代人还普遍把楚辞称为"赋"。楚辞的特征,宋代黄伯思在《校定楚辞序》中概括说:"盖屈宋诸骚,皆书楚语,作楚声,记楚地,名楚物,顾可谓之'楚辞'。"这一说法是正确的。除此之外,《楚辞》中屈、宋作品所涉及的历史传说、神话故事、风俗习惯以及所使用的艺术手段、浓郁的抒情风格,无不带有鲜明的楚文化色彩。这是楚辞的基本特征,它们是与中原文化交相辉映的楚文化的重要组成部分。从诗歌总集名称来说《楚辞》是《诗经》以后,我国古代又一部具有深远影响的诗歌总集,是我国第一部浪漫主义诗歌总集。

2. 题目解析

《哀郢》是屈原《九章》中的第三篇,郢是楚国的故都,在现在的湖北省荆州市荆州区西北。"哀郢"的含义主要有两种:一种说法是对郢都沦陷的哀悼。另一种说法是指屈原被楚王流放离开郢都,借对郢都痛惜表达强烈的思君念国情感。

3. 注释

[1]本文选自《四部丛书》影印本《楚辞》。《哀郢》选自《九章》,楚顷襄王二十一年(公元前278年),秦将白起攻破郢都(在今湖北省荆州市荆州区西北),国家迁都,百姓流亡,屈原写下了这首哀悼郢都沦亡

的诗篇,抒写自己对故都的眷恋之情。屈原(约前340—约前278):战国时期诗人。名平,字原,出身楚国贵族,楚武王熊通之子屈瑕的后代。

[2]皇天:上天,老天。皇是大之意。纯命:指天命有常。

[3]震:震动,震惊。愆(qiān)过失,罪过。震愆:指震惊、遭罪。这两句的意思是:上天变化无常,为何让百姓受震惊遭罪过?

[4]方:正当。仲春:夏历二月。迁:迁徙,指逃难。这两句的意思是:人民背井离乡,妻离子散,正当二月向东逃难。

[5]去:离开。故乡:指郢都。就:趋,往。

[6]遵:循,顺着。江夏:指长江和夏水。夏水是古水名,在今湖北省境内,是长江的分流。

[7]国门:国都之门。轸(zhěn)怀:悲痛地怀念。

[8]甲:古时是以干支纪日的,甲指干支纪日的起字是甲的那一天。朝,早晨。这两句的意思是:走出国门,我心里悲痛地怀念着郢都,甲日的早晨,我踏上了行程。

[9]闾(lú):本指里巷之门,代指里巷,里巷是居民区。

[10]荒忽:心绪茫然。一说指行程遥远。焉极:何极,何处是尽头。一说,极,至也。这两句的意思是:从郢都出发离开了所居住的里巷,心绪茫然,不知何处是尽头。或曰:前路茫茫,不知何往。

[11]楫(jí):船桨。齐扬:一同举起。容与:舒缓的样子。

[12]哀:悲伤。君:指楚王。这两句的意思是:双桨齐举,船儿缓行,我哀伤再没有见君王的机会了。

[13]楸(qiū):树名,落叶乔木。长楸:高大的楸树。太息:叹息。

[14]涕:泪。淫淫:泪流满面。霰(xiàn):雪粒。

[15]过:经过。夏首:地名,在今湖北省荆州市沙市区附近,夏水的起点,长江在此分出夏水。西浮:船向西漂行。

[16]顾:回顾,回头看。龙门:郢都的东门。这两句的意思是:经过夏首,向西浮行,回顾龙门,已望不见了。

[17]婵(chán)媛(yuán):心绪牵引,绵绵不绝。

[18]眇:同"渺",犹辽远。跖(zhí):践踏,指落脚之处。这两句的意思是:情思缠绵,心怀悲伤,前程邈远,不知何处是落脚之处。

[19]顺风波:顺风随波。从流:从流而下。

[20]焉:兼词,于是,于此。洋洋:漂泊不定。客:漂泊者。这两句的意思是:顺水随波,从流漂荡,从此漂泊无归,作客异乡。

[21]凌:乘。阳侯:传说中的波涛之神,这里指波涛。泛滥:大水横流涨溢。

[22]翱翔:飞翔的样子,这里比喻漂流的样子。焉:何。薄:止。这两句的意思是:乘着起伏汹涌的波涛前进,恍惚如鸟儿飞翔于天,何处是栖止之所?

[23]绲(guà):牵挂。结:郁结。解:解开。

[24]蹇产:结屈纠缠。释:解开,消除。这两句的意思是:心思牵挂郁结,不能解开,愁绪结屈纠缠,不能释然。

[25]运舟:行舟。下浮:向下游漂行。

[26]上洞庭:指进入洞庭湖。下江:下入长江。

[27]去:离开。终古之所居:祖先世代代居住的地方,指郢都。

[28]逍遥:无拘无束,自由自在的样子。这里指漂泊。

[29]羌(qiāng):发语词,楚方言,有乃之意。

[30]须臾:时间很短暂,犹言顷刻。反:同"返"。这两句的意思是:于是我的灵魂想回归故乡,我何曾有顷刻的时间忘记返乡。

[31]背:背对着,指离开。夏浦:地名,指夏口(在今湖北省武汉市)。西思:思念西方,指思念西面的郢都。

[32]故都:指郢都。

[33]坟:指水边高地。一说指水边高堤。

[34]聊:姑且。舒:舒展。

[35]州土:这里指楚国州邑乡土。平乐:和平快乐。或言土地平阔,人民安乐。

[36]江介:长江两岸。遗风:古代遗留下来的风气。这两句的意思是:看到国土辽阔,人民安乐和自古遗留下的淳朴民风,止不住悲伤感叹。

[37]当:值。陵阳:地名,在今安徽省青阳县。一说陵阳在今安徽省安庆南。焉至:至何处。一说,陵阳指大的波涛。这里指波涛不知从何处而来。

[38]淼(miǎo):大水茫茫的样子。焉如:何往。这两句的意思是:到了陵阳,还要到哪里去?南渡这茫茫大水,又往何方?

[39]曾不知:怎不知。夏:同"厦",大屋,这里当指楚都之宫殿。

[40]孰:谁。一作何。两东门:郢都东向有二门。这两句的意思是:没想到郢都繁华宫阙已经化为丘墟,有谁使郢都的两座东门变成一片荒芜?

[41]怡:乐。

[42]惟:发语词。郢路:通向郢都之路。辽远:遥远。

[43]江:长江。夏:夏水。涉:渡水。这两句的意思是:想那回郢都之路是多么遥远,长江和夏水又深不可渡。这两句的意思是:郢都不能回。

[44]忽:指时间过得快。信:相信。说"不信"是不被信任,下句的"不复"是不复被信任。

[45]复:指返回郢都。根据此句"九年"计算,屈原在顷襄王时被流放是在顷襄王十三年(公元前286年),至白起破郢的顷襄王二十一年(公元前278年)首尾正是九年。这两句的意思是:时间过得真快,仿佛令人难以相信,流放已九年未回郢都。

[46]郁郁:郁积的样子。不通:指心情不通畅。

[47]蹇:发语词,楚方言。侘傺(chàchì):怅然独立,形容失意者的茫无适从。感:同"戚",忧伤。这两句的意思是:我愁思郁积,心情不畅,怅然独立,内心伤悲。

[48]外:表面。承欢:指承君主之欢。绰约:美好的样子。

[49]谌:诚,实在。荏弱:软弱。持:同"恃"。难持,即很难依靠。这两句的意思是:指斥那些蔽贤误国的人,说他们表面上巧言令色,以奉承君王的欢心,实际上靠不住。

[50]湛湛:厚重的样子。进:进用。

[51]被:同"披"。被离,犹披离,纷乱的样子。鄣:同"障",阻碍,遮蔽。这两句的意思是:怀着深厚的忠心,愿意进用于君王,但嫉妒纷纷,阻塞了我的仕进之路。

[52]尧舜:传说中上古的两位圣明的君主。抗行:高尚伟大的行为。

[53]杳杳:遥远。薄:近。这两句的意思是:尧舜行为高尚,目光远大,几乎可接近上天。

[54]被:覆盖,这里犹加在身上。不慈之伪名:不慈爱的虚假的恶名。不慈:不爱儿子。尧、舜传位于贤人,不传儿子,又传说尧曾杀长子,所以战国时有人说他们不慈。《庄子·盗跖》篇曰:"尧不慈,舜不孝。"又曰:"尧杀长子,舜流母弟。"

[55]憎:憎恶。愠惀(yùn lǔn):心有所蕴积而不善表达。修美:高洁美好。

[56]好(hào):爱好,喜欢。夫(fú)人:彼人,那些人。慷慨:这里指装腔作势地发表激昂慷慨之言辞。这两句的意思是:君王憎恶忠诚老实、高洁美好的人,却喜欢小人装腔作势的慷慨激昂之辞。

[57]踥蹀(qièdié):小步行走貌。

[58]美:美人,指贤人。超远:远。逾迈:犹愈迈,越发远行。以上两句的意思是:小人奔走钻营,日益接近君王,贤人却越来越远离朝廷。

[59]乱:乐章最末叫乱,后来借用作为辞赋最后总结全篇内容的收尾。

[60]曼:眼光放远。流观:四处观望。

[61]冀:希望。壹反:即一返,返回一次。这两句的意思是:放开我的眼光向四方眺望,希望还能返回一次郢都,但何时才能实现?

[62]反:同"返"。

[63]必:必定。首丘:头向着所居住生长的山丘。这两句的意思是:鸟总是要飞回自己的故乡,狐狸到死时,头也要朝着自己出生的山丘。

[64]信:确实。弃逐:指放逐。

[65]之:指故乡郢都。这两句的意思是:确实不是我的罪过而遭到放逐,我何尝忘记过郢都!

4. 文章简析

　　《哀郢》是《楚辞》九章之一,作者屈原。所谓"哀郢",即哀悼楚国都被秦国攻陷、楚怀王受辱于秦、百姓流离失所之事,《哀郢》是一首诀别的哀歌,楚国郢都被秦将白起攻破而东迁时,诗人正遭流放,诗中描写了诗人夹在逃难的人群中出国门乘船南下时的情境以及离别后对祖国的牵挂与思念,这首诗展示的是一幅哀鸿图,表达的是一张忧思网。前者是别离的现实惨景,后者是心灵的抑郁沉痛。哀鸿图和忧思网折叠柔合,诗人把对祖国命运的忧虑,对遭难的人民的同情,对误国之贼的愤慨,以及个人流放的不幸遭遇的多重情感交织起来,以悲凉与凄婉的泣诉唱出这哀歌。全诗悲凉凄迷十分感人,直至结尾,诗人仍然还在悲恸欲绝中走不出来。全诗章法谨严,浑然天成。有直抒胸臆,有叙事见情,个人遭际与国家命运体切痛肤,深沉感人。

思 考 探 究

1. 概念解析"楚辞"。
2. 试阐述屈原的文学成就。
3. 谈谈屈原的人格魅力及其对后世的影响。
4. 总结一下《哀郢》一文的艺术特色。

趣 味 链 接

1. 拓展阅读

渔父(fǔ)
屈原

屈原既放,游于江潭,行吟泽畔,颜色憔悴,形容枯槁。

渔父见而问之曰:"子非三闾(lǘ)大夫与? 何故至于斯?"

屈原曰:"举世皆浊我独清,众人皆醉我独醒,是以见放。"

渔父曰:"圣人不凝滞于物,而能与世推移。世人皆浊,何不淈(gǔ)其泥而扬其波? 众人皆醉,何不铺(bū)其糟而歠(chuò)其醨(lí)? 何故深思高举,自令放为?"

屈原曰:"吾闻之,新沐者必弹冠,新浴者必振衣;安能以身之察察,受物之汶汶(mén)者乎? 宁赴湘流,葬于江鱼之腹中。安能以皓皓之白,而蒙世俗之尘埃乎?"

渔父莞尔而笑,鼓枻(yì)而去,歌曰:"沧浪之水清兮,可以濯吾缨;沧浪之水浊兮,可以濯吾足。"遂去,不复与言。

2. 《哀郢》课件。

白马篇[1]

曹植

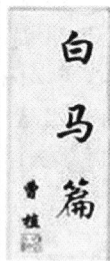

《白马篇》课文插图

白马饰金羁[2]，连翩西北驰[3]。

借问谁家子？幽并游侠儿[4]。

少小去乡邑[5]，扬声沙漠垂[6]。

宿昔秉良弓，楛矢何参差[7]。

控弦破左的[8]，右发摧月支[9]。

仰手接飞猱[10]，俯身散马蹄[11]。

狡捷过猴猿，勇剽若豹螭[12]。

边城多警急，虏骑数迁移[13]。

羽檄从北来[14]厉马登高堤[15]。

长驱蹈匈奴，左顾凌鲜卑[16]。

弃身锋刃端，性命安可怀[17]！

父母且不顾，何言子与妻！

名在壮士籍[18]，不得中顾私[19]。

捐躯赴国难，视死忽如归[20]。

知 人 论 世

1. 曹植的生平

曹植（192—232），字子建，曹丕的同母弟弟。曾封为陈王，谥"思"，故世称"陈思王"。曹植生于乱世，幼年即随曹操四方征战。他自称"生乎乱，长乎军"，在时代的熏陶和曹操的影响下，以"戮力上国，流惠下民"自期。曹植天资聪颖，才思敏捷，深得曹操宠信，曹操曾经认为曹植在诸子中"最可定大事"，几次想要立他为太子。然而曹植行为放任，屡犯法禁，最终失宠。公元 220 年，曹丕即

曹植画像

位后,曹植几次被贬爵移封。曹叡即位后,曹植曾多次上书,希望能有报效国家的机会,但都未能如愿。最后在忧愤困顿中死去。在政治上,曹植是一位悲剧人物,然而政治上的悲剧客观上促成了他在诗歌创作上的卓越成就。

2. 曹植的创作

曹植的诗今存有 80 多首,以五言诗成就最高。其章表辞赋也很著名,其中以《洛神赋》为最佳。有《曹子建集》。

曹植的创作以曹丕即位为界,分为前后两期。

(1)前期作品主要抒发理想和抱负,洋溢着乐观、浪漫的情调,对前途充满信心。如《白马篇》。同时也写了一些反映社会动乱和表现人民疾苦的诗篇。《薤露行》《鰕䱇篇》等篇章,都表现了他追求理想和颖脱不群的性格。

(2)后期作品较多地反映了封建统治集团的内部矛盾,表现了自己备受压抑、有志不得伸的悲愤情绪。其代表作有《野田黄雀行》《七哀》等。

3. 曹植在文学史上的地位与影响

曹植作为杰出的诗人,与其父曹操、哥哥曹丕在文学史上并称为"三曹",是建安时期文学的代表性人物。他是五言诗的奠基者。

曹植的诗歌,既体现了《诗经》"哀而不伤"的庄雅,又蕴含着《楚辞》窈窈深邃的奇谲(jué);既继承了汉乐府反映现实的笔力,又保留了《古诗十九首》温丽悲远的情调,在诗歌中把抒情和叙事有机地结合起来,使五言诗既能描写复杂的事态变化,又能表达曲折的心理感受,达到了风骨与文采的完美结合。形成了自己独特的风格,完成了乐府民歌向文人诗的转变。成为当时诗坛最杰出的代表。南朝钟嵘在《诗品》中说曹植的诗"骨气奇高,词采华茂,情兼雅怨,体被文质"。

小 导 助 学

1. 解题

《白马篇》是作者前期作品。诗中塑造了一位武艺高强的少年英雄形象,歌颂他"捐躯赴国难,视死忽如归"的爱国精神。同时寄托了作者欲报效祖国、建功立业的凌云壮志。

2. 注释

[1]选自赵幼文《曹植集校注》(人民文学出版社 1998 年版)。《白马篇》,一名《游侠篇》,乐府歌辞,属《杂曲歌·齐瑟行》。无古辞,以篇首"白马"二字名篇。

[2]羁:马笼头。

[3]连翩:飞翔不停的样子。此形容白马疾驰。

[4]幽并:古代两个州名。幽州,今河北北部一带。并州,今山西、陕西北部一带。游侠儿:重义轻生的人。

[5]去乡邑:离开家乡。

[6]扬声:扬名。垂:同"陲",边疆。

[7]楛:树木名,可制作箭杆。

[8]控弦:拉弓。的:箭靶。

[9]摧:此指射穿。月支:又名素支,一种箭靶。

[10]接:迎射。猱:猿类动物,善攀树木,动作敏捷。

[11] 散:射碎。马蹄:一种箭靶。

[12] 剽(piāo):勇猛,强悍。螭(chī):相传为一种似龙的凶猛动物。

[13] 虏骑(jì):指鲜卑、匈奴的骑兵,一作"胡虏"。数(shuò):屡次。迁移:指流动骚扰。

[14] 羽檄:紧急征召的文书。檄,征召的文书,写在一尺二寸长的木简上,情况紧急时上插羽毛。

[15] 厉马:策马疾驰。

[16] 左顾:回看。凌:压倒。鲜卑:古代北方少数民族之一。

[17] 怀:爱惜。

[18] 在:一作"编"。籍:簿籍,指登记人名的册子。

[19] 中顾私:心中考虑私事。

[20] 忽:轻忽。

3. 文章简析

这首诗描写和歌颂了边疆地区一位武艺高强又富有爱国精神的青年英雄。(一说是指他的胞兄曹彰,另一说是指汉时骠骑将军霍去病。)借以抒发作者的报国之志。本诗中的英雄形象,既是诗人的自我写照,又凝聚和闪耀着时代的光辉,为曹植前期的重要代表作品。青春气息浓厚。

诗歌以曲折动人的情节,塑造了一个性格鲜明、生动感人的青年爱国英雄形象。开头两句以奇警飞动之笔,描绘出驰马奔赴西北战场的英雄身影,显示出军情紧急,扣动读者心弦;接着以"借问"领起,以铺陈的笔墨补叙英雄的来历,说明他是一个什么样的英雄形象;"边城"六句,遥接篇首,具体说明"西北驰"的原因和英勇赴敌的气概;末八句展示英雄捐躯为国、视死如归的崇高精神境界。

思 考 探 究

1. 本诗运用了什么样的写作顺序,这样写有什么作用?

2. 本诗从内容上看,可分为几个层次?请概括每个层次的内容。

3. 本诗运用了铺陈的笔法。这正是乐府诗突出的艺术特点。请结合诗歌的内容,举例分析运用这种手法的作用。

4. "长驱蹈匈奴,左顾凌鲜卑。弃身锋刃端,性命安可怀!父母且不顾,何言子与妻!"这几句诗运用了什么修辞手法,起什么作用?

5. 自曹植的《白马篇》之后,"白马"便被赋予了一种意向,其含义是什么?

趣 味 链 接

1. 拓展阅读

洛神赋

曹植

黄初三年,余朝京师,还济洛川。古人有言,斯水之神,名曰宓妃。感宋玉对楚王神女之事,遂作斯赋,其词曰:

余从京域,言归东藩,背伊阙,越轘辕,经通谷,陵景山。日既西倾,车殆马烦。尔乃税驾乎蘅皋，秣驷乎芝田，容与乎阳林，流眄乎洛川。于是情移神骇，忽焉思散。俯则未察，仰以殊观。睹一丽人，于岩之畔。乃援御者而告之曰："尔有觌于彼者乎？彼何人斯，若此之艳也！"御者对曰："臣闻河洛之神，名曰宓妃。然则君王之所见也，无乃是乎？其状若何，臣愿闻之。"

余告之曰：其形也，翩若惊鸿，婉若游龙，荣曜秋菊，华茂春松。髣髴兮若轻云之蔽月，飘飖兮若流风之回雪。远而望之，皎若太阳升朝霞。迫而察之，灼若芙蕖出渌波。秾纤得衷，修短合度。肩若削成，腰如约素。延颈秀项，皓质呈露，芳泽无加，铅华弗御。云髻峨峨，修眉联娟，丹唇外朗，皓齿内鲜。明眸善睐，靥辅承权，瑰姿艳逸，仪静体闲。柔情绰态，媚于语言。奇服旷世，骨像应图。披罗衣之璀粲兮，珥瑶碧之华琚。戴金翠之首饰，缀明珠以耀躯。践远游之文履，曳雾绡之轻裾。微幽兰之芳蔼兮，步踟蹰于山隅。

于是忽焉纵体，以遨以嬉。左倚采旄，右荫桂旗。攘皓腕于神浒兮，采湍濑之玄芝。

余情悦其淑美兮，心振荡而不怡。无良媒以接欢兮，托微波而通辞。愿诚素之先达兮，解玉佩以要之。嗟佳人之信修兮，羌习礼而明诗。抗琼珶以和予兮，指潜渊而为期。执眷眷之款实兮，惧斯灵之我欺。感交甫之弃言兮，怅犹豫而狐疑。收和颜而静志兮，申礼防以自持。

于是洛灵感焉，徙倚彷徨。神光离合，乍阴乍阳。竦轻躯以鹤立，若将飞而未翔。践椒涂之郁烈，步蘅薄而流芳。超长吟以永慕兮，声哀厉而弥长。尔乃众灵杂遝，命俦啸侣。或戏清流，或翔神渚，或采明珠，或拾翠羽。从南湘之二妃，携汉滨之游女。叹匏瓜之无匹兮，咏牵牛之独处。扬轻袿之猗靡兮，翳修袖以延伫。体迅飞凫，飘忽若神。凌波微步，罗袜生尘。动无常则，若危若安。进止难期，若往若还。转眄流精，光润玉颜。含辞未吐，气若幽兰。华容婀娜，令我忘餐。

于是屏翳收风，川后静波。冯夷鸣鼓，女娲清歌。腾文鱼以警乘，鸣玉鸾以偕逝。六龙俨其齐首，载云车之容裔。鲸鲵踊而夹毂，水禽翔而为卫。

于是越北沚，过南冈，纡素领，回清扬，动朱唇以徐言，陈交接之大纲。恨人神之道殊兮，怨盛年之莫当。抗罗袂以掩涕兮，泪流襟之浪浪。悼良会之永绝兮，哀一逝而异乡。无微情以效爱兮，献江南之明珰。虽潜处于太阴，长寄心于君王。忽不悟其所舍，怅神宵而蔽光。

于是背下陵高，足往神留。遗情想像，顾望怀愁。冀灵体之复形，御轻舟而上溯。浮长川而忘反，思绵绵而增慕。夜耿耿而不寐，沾繁霜而至曙。命仆夫而就驾，吾将归乎东路。揽騑辔以抗策，怅盘桓而不能去。

2.《白马篇》课件。

主题二　探寻的足迹

【主题二导读】

　　足迹,亦可理解为是已经流逝的岁月。同学们在高职学院所经历的学习生活,也许是同学们人生中的沧海一粟。但一位哲人说过:"人的思想是万物之因。播种一种观念就收获一种行为,播种一种行为就收获一种习惯,播种一种习惯就收获一种性格,播种一种性格就收获一种命运。"由此可见,思想决定命运,本单元"探寻的足迹"创设思路是要让学生在作品的引领下,学习思考,懂得探究,在过程中成长,有所收获。为同学们书写美好的人生奠定基础。

《诗经》二首

溱 洧[1]

《诗经·郑风》

溱与洧,方涣涣[2]兮。士与女,方秉蕳[3]兮。女曰:"观乎?"士曰:"既且[4]。""且[5]往观乎!"洧之外,洵订[6]且乐。维[7]士与女,伊[8]其相谑,赠之以勺药。

溱与洧,浏[9]其清矣。士与女,殷其盈矣[10]。女曰:"观乎?"士曰:"既且。""且往观乎!"洧之外,洵订且乐。维士与女,伊其将[11]谑,赠之以勺药。

《溱洧》课文插图

1. 创作背景

《溱洧》这是描写郑国三月上巳日青年男女在溱水和洧水岸边游春的诗。当时郑国的风俗,三月上巳日这天,人们要在东流水中洗去宿垢,祓除不祥,祈求幸福和安宁。薛汉《韩诗薛君章句》云:"郑国之俗,三月上巳之日,此两水(溱水、洧水)之上,招魂续魄,拂除不祥。"男女青年也借此机会互诉心曲,表达爱慕。来自民间的歌手满怀爱心和激情,讴歌了这个春天的节日,记下了人们的欢愉,肯定和赞美了纯真的爱情。

2. 注释

[1]选自《诗经》,上海古籍出版社2010版《诗经·国风·郑风》。溱、洧,郑国两条河的名字。

[2]涣涣:水流很大的样子。

[3]蕳(jiān):香草名,又名兰草。

[4]既且:已经去过了。既,已经。且,通"徂",去、往。

[5]且:再。

[6]订(xū):宽大、宽阔。

[7]维:语助词,无义。

[8]伊:语助词,无义。

[9]浏:水清的样子。

[10]殷其盈矣:人多,地方都满了。殷,众多。盈,满。

[11]将:同上面的"相",互相的意思。

3. 诗歌简析

《溱洧》描写的是三月三日民间上巳节溱洧河畔男女青年游春相戏、互结情好的动人情景。其实,中国情人节古已有之,即农历三月三日,称为上巳节,又称女儿节。上巳节的风俗是在春天聚会,在聚会时祭祀高禖和被契于水滨以求子,《诗经》中有许多恋歌是在这个节日里唱出的。

诗歌的内容很美,美在春天;美在爱情。尤其美的是两枝花的俏丽出现:"菛(兰)"与"勺药"。凭借着这两种芬芳的香草,作品完成了从风俗到爱情的转换,从自然界的春天到人生的青春的转换,也完成了从略写到详写的转换,从"全镜头"到"特写镜头"的转换。兰草与芍药,是支撑起全诗结构的两个支点。尽管小小的郑国常常受到大国的侵扰,该国的统治者也并不清明,但对于普普通通的人民来说,这个春天的日子仍使他们感到喜悦与满足,因为他们手中有"菛",有"勺药",有对美好生活的憧憬与信心。

关雎[1]

《诗经·国风·周南》

《关雎》课文插图

关关[2]雎鸠,在河之洲[3]。
窈窕淑女,君子好逑[4]。
参差荇菜[5],左右流之。
窈窕淑女,寤寐求之。
求之不得,寤[6]寐思服[7]。
悠哉悠哉,辗转反侧。
参差荇菜,左右采之。
窈窕淑女,琴瑟友之[8]。
参差荇菜,左右芼[9]之。
窈窕淑女,钟鼓乐之。

1. 创作背景

《国风·周南·关雎》这首短小的诗篇,在中国文学史上占据着特殊的位置。它是《诗经》的第一篇,而《诗经》是中国文学最古老的典籍。虽然从性质上判断,一些神话故事产生的年代应该还要早些,但作为书面记载,却是较迟的事情。所以差不多可以说,一翻开中国文学的历史,首先遇到的就是《关雎》。

2. 注释

[1]选自《诗经》,上海古籍出版社2010版《诗经·国风·周南》。关雎:篇名。它是从诗篇第一句中摘取来的。《诗经》的篇名都是这样产生的。

[2]关关:象声词,鸟的啼叫声。

[3]在河之洲:(雌雄雎鸠)在河中陆地上居住着。形容它们的融洽。

[4]好逑:等于说"佳偶"。逑,匹配。

[5]参差荇菜:长短不齐的荇菜。参差,长短高低、大小不齐。荇菜,水生植物,圆叶细茎,根生水底,叶浮在水面,可供食用。

[6]寤:醒着。寐:睡着了。

[7]思服:思念。服,想。

[8]琴瑟友之:弹琴鼓瑟来表达对她的爱慕。

[9]芼:择取。

3. 诗歌简析

这首诗很短很完整,既写对爱情求而不得的相思之苦,但又不陷于难以自拔的低沉哀吟,是一首古老而优秀的民歌作品。看来,冠于《诗经》之首的《关雎》的确名不虚传。

古人在解释这首诗时,曾进行封建礼教的涂饰,或说它是"美后妃之德",名义上是"以史证诗",实际上是一种歪曲。今天我们认为它作为爱情诗篇,它写思慕,写追求,写向往,既深刻细微,又止所当止。孔子说"《关雎》乐而不淫,哀而不伤",确有一定见地,对我们极有启发。

小 导 助 学

《诗经》简介

《诗经》是我国最早的一部诗歌总集,共收录诗歌305篇。原称"诗"或"诗三百",汉代儒生始称《诗经》。

据说《诗经》中的诗,当时都是能演唱的歌词。按所配乐曲的性质,可分成风、雅、颂三类。"风"包括周南、召南、邶、鄘、卫、王、郑、齐、魏、唐、秦、陈、桧、曹、豳等15国风,大部分是黄河流域的民歌,小部分是贵族加工的作品,共160篇。"雅"包括小雅和大雅,共105篇。"雅"基本上是贵族的作品,只有小雅的一部分来自民间。"颂"包括周颂、鲁颂和商颂,共40篇。颂是宫廷用于祭祀的歌词。一般来说,来自民间的歌谣,生动活泼,而宫廷贵族的诗作,相形见绌,诗味不多。

《诗经》是中国韵文的源头,是中国诗史的光辉起点。它形式多样:史诗、讽刺诗、叙事诗、恋歌、战歌、颂歌、节令歌以及劳动歌谣样样都有。它内容丰富,对周代社会生活的各个方面,如劳动与爱情、战争与徭役、压迫与反抗、风俗与婚姻、祭祖与宴会,甚至天象、地貌、动物、植物等各个方面都有所反映。可以说,《诗经》是周代社会的一面镜子。而《诗经》的语言是研究公元前11世纪到公元前6世纪汉语概貌的最重要的资料。

> 思 考 探 究

1. 试阐述《诗经》的艺术成就。
2. 说说《诗经》的内容包括哪些。
3. 比较阅读《溱洧》《关雎》,说说它们的共同点与不同点。

> 趣 味 链 接

《诗经》二首课件。

长恨歌[1]

白居易

汉皇[2]重色思倾国,御宇[3]多年求不得。
杨家有女[4]初长成,养在深闺人未识。
天生丽质[5]难自弃,一朝选在君王侧。
回眸一笑百媚生,六宫粉黛无颜色[6]。
春寒赐浴华清池[7],温泉水滑洗凝脂[8]。
侍儿[9]扶起娇无力,始是新承恩泽[10]时。
云鬓花颜金步摇[11],芙蓉帐[12]暖度春宵。
春宵[13]苦短日高起,从此君王不早朝。
承欢侍宴无闲暇,春从春游夜专夜。
后宫佳丽三千[14]人,三千宠爱在一身。
金屋[15]妆成娇侍夜,玉楼宴罢醉和春。
姊妹弟兄皆列土[16],可怜[17]光彩生门户。
遂令天下父母心,不重生男重生女[18]。
骊宫[19]高处入青云,仙乐风飘处处闻。
缓歌慢舞凝丝竹[20],尽日君王看不足。
渔阳鼙鼓[21]动地来,惊破霓裳羽衣曲[22]。
九重城阙[23]烟尘生,千乘万骑西南行[24]。

翠华摇摇行复止,西出都门百余里[25]。
六军[26]不发无奈何,宛转蛾眉[27]马前死。
花钿委地[28]无人收,翠翘金雀玉搔头[29]。
君王掩面救不得,回看血泪相和流。
黄埃散漫风萧索,云栈萦纡登剑阁[30]。
峨嵋山[31]下少人行,旌旗无光日色薄。
蜀江水碧蜀山青,圣主朝朝暮暮情。
行宫[32]见月伤心色,夜雨闻铃[33]肠断声。
天旋地转回龙驭[34],到此踌躇不能去。
马嵬坡下泥土中,不见玉颜空死处[35]。
君臣相顾尽沾衣,东望都门信马[36]归。
归来池苑皆依旧,太液芙蓉未央[37]柳。
芙蓉如面柳如眉,对此如何不泪垂。
春风桃李花开日,秋雨梧桐叶落时。
西宫南内[38]多秋草,落叶满阶红不扫。
梨园弟子[39]白发新,椒房阿监青娥[40]老。
夕殿萤飞思悄然,孤灯挑尽[41]未成眠。
迟迟[42]钟鼓初长夜,耿耿星河欲曙天[43]。
鸳鸯瓦冷霜华[44]重,翡翠衾寒谁与共[45]。
悠悠生死别经年,魂魄不曾来入梦。
临邛道士鸿都客,能以精诚致魂魄[47]。
为感君王辗转思,遂教方士[48]殷勤觅。
排空驭气[49]奔如电,升天入地求之遍。
上穷碧落下黄泉[50],两处茫茫皆不见。
忽闻海上有仙山[51],山在虚无缥缈间。
楼阁玲珑五云[52]起,其中绰约[53]多仙子。
中有一人字太真,雪肤花貌参差[54]是。
金阙西厢叩玉扃[55],转教小玉报双成[56]。
闻道汉家天子使,九华帐[57]里梦魂惊。
揽衣推枕起徘徊,珠箔银屏迤逦[58]开。
云鬓半偏新睡觉[59],花冠不整下堂来。
风吹仙袂[60]飘飘举,犹似霓裳羽衣舞。
玉容寂寞泪阑[61]干,梨花一枝春带雨。
含情凝睇[62]谢君王,一别音容两渺茫。
昭阳殿[63]里恩爱绝,蓬莱宫[64]中日月长。
回头下望人寰[65]处,不见长安见尘雾。
惟将旧物[66]表深情,钿合金钗寄将去[67]。
钗留一股合一扇,钗擘黄金合分钿[68]。
但教心似金钿坚,天上人间会相见。
临别殷勤重寄词[69],词中有誓两心知[70]。

七月七日长生殿[71]，夜半无人私语时。
在天愿作比翼鸟[72]，在地愿为连理枝[73]。
天长地久有时尽，此恨绵绵[74]无绝期。

知 人 论 世

1. 作者简介

白居易(772—846)：字乐天，晚年号香山居士。祖籍太原，到其曾祖父时迁居下邽，生于河南新郑。白居易是唐代伟大的现实主义诗人，主张"文章合为时而著，歌诗合为事而作"，肯定诗歌的教育意义和政治作用。唐代三大诗人之一。白居易与元稹共同倡导新乐府运动，世称"元白"，与刘禹锡并称"刘白"。白居易的诗歌题材广泛，形式多样，语言平易通俗，有"诗魔"和"诗王"之称。官至刑部尚书。公元 846 年，白居易在洛阳逝世，葬于香山。有《白氏长庆集》传世。

白居易画像

他的诗可分为三类：

讽喻诗，代表作《新乐府》《秦中吟》；

感伤诗，代表作《长恨歌》《琵琶行》；

闲适诗，代表作《大林寺桃花》《题浔阳楼》《读谢灵运诗》《宿简寂观》《咏意》。

2. 李隆基与杨玉环

公元 737 年，唐玄宗最宠爱的武惠妃死了，玄宗很悲痛，感情的空缺使他感到十分孤独，精神萎靡。心腹宦官高力士洞察其心思，到处寻找后终于物色到玄宗子寿王瑁的妃子杨玉环，她通晓音律，能歌善舞，美貌超群，且貌似武惠妃。唐玄宗见到杨玉环果然很高兴，但公开将儿媳据为己有似乎名不正言不顺，于是赐杨玉环道号"太真"，留居宫中时刻相会。到公元 745 年，正式册封为贵妃，地位仅次于皇后，真是集三千宠爱于一身。杨氏家族也飞黄腾达，杨贵妃的三个姐姐都封为国夫人，族兄杨国忠位居宰相。由于唐玄宗沉迷女色，不理朝政，纵容外戚专权，致使唐朝政治腐败，最终酿成一场灭顶之灾——安史之乱，马嵬坡兵变中杨贵妃被缢杀，浪漫的爱情最终成为悲剧。

《长恨歌》宴饮图

3. 马嵬兵变

天宝十四年(公元 755 年)，安禄山起兵范阳，六郡附之，次年长安失守，玄宗率 1300 人和 24 名宫女出逃，大将陈元礼护驾。西行至马嵬驿，将士们怨恨杨氏兄妹不肯前进，诬说杨国忠通敌谋反而杀之。陈又对皇帝说"既然杨国忠通敌，杨贵妃也不宜留下"，李隆基无可奈何，用白绫让其自缢，时 37 岁。

马嵬兵变

小导助学

1. 体裁

"歌行"是我国古代诗歌的一种体裁,是初唐时期在汉魏六朝乐府诗的基础上建立起来的。刘希夷的《代悲白头吟》与张若虚的《春江花月夜》的出现,可说是这种体裁正式形成的标志。明代文学家徐师曾在《文体明辨》中对"歌""行"及"歌行"做了如下解释:"放情长言,杂而无方者曰歌;步骤驰骋,疏而不滞者曰行;兼之者曰歌行。"《辞海》注曰:"行"有乐曲的意思;"歌"与"行"名称虽不同,但并无严格的区别,后来就有"歌行"一体。

2. 写作缘起

据白居易的朋友陈鸿说,他与白居易、王质夫三人于元和元年(公元806年)到仙游寺游玩。偶然间谈到了唐玄宗与杨贵妃的这段悲剧故事,大家都很感叹。于是王质夫就请白居易写一首长诗,请陈鸿写一篇传记,二者相辅相成,以传后世。因为长诗的最后两句是"天长地久有时尽,此恨绵绵无绝期",所以他们就称这首诗叫《长恨歌》,称那篇传叫《长恨歌传》。虽然作者的立意是"欲惩尤物",但在读者心中却成了一首爱情的颂歌。

古人评之"一篇长恨有风情"。

3. 注释

[1]选自《白氏长庆集》,吉林出版社2005年版。长,长久。恨,遗憾。歌,古诗体裁。

[2]汉皇:原指汉武帝刘彻。此处借指唐玄宗李隆基。唐人文学创作常以汉称唐。重色:爱好女色。倾国:绝色女子。汉代李延年对汉武帝唱了一首歌:"北方有佳人,绝世而独立。一顾倾人城,再顾倾人国。宁不知倾国与倾城,佳人难再得。"后来,"倾国倾城"就成为美女的代称。

[3]御宇:驾御宇内,即统治天下。汉贾谊《过秦论》:"振长策而御宇内"。

[4]杨家有女:蜀州司户杨玄琰,有女杨玉环,自幼由叔父杨玄珪抚养,十七岁被册封为玄宗之子寿王李瑁之妃。二十六岁被玄宗册封为贵妃。白居易此谓"养在深闺人未识",是作者有意为帝王避讳的说法。

[5]丽质:美丽的姿质。

[6]六宫粉黛:指宫中所有嫔妃。粉黛:粉黛本为女性化妆用品,粉以抹脸,黛以描眉。此代指六宫中的女性。无颜色:意谓相形之下,都失去了美好的姿容。

[7]华清池:即华清池温泉,在今西安市临潼区南的骊山西北麓。唐贞观十八年(公元644年)建汤泉宫,咸亨二年(公元671年)改名温泉宫,天宝六年(公元747年)扩建后改为华清宫。唐玄宗每年冬、春季都到此居住。

[8]凝脂:形容皮肤白嫩滋润,犹如凝固的脂肪。《诗经·卫风·硕人》语"肤如凝脂"。

[9]侍儿:宫女。

[10]新承恩泽:刚得到皇帝的宠幸。

[11]云鬓:《木兰诗》:"当窗理云鬓,对镜贴花黄"。形容女子鬓发盛美如云。金步摇:一种金首饰,用金银丝盘成花之形状,上面缀着垂珠之类,插于发鬓,走路时摇曳生姿。

[12]芙蓉帐:绣着莲花的帐子。形容帐之精美。

[13]春宵:新婚之夜。

[14]佳丽三千:《后汉书·皇后纪》:自武元之后,世增淫费,乃至掖庭三千。言后宫女子之多。据《旧唐书·宦官传》等记载,开元、天宝年间,长安大内、大明、兴庆三宫,皇子十宅院,皇孙百孙院,东都大内、上阳两宫,大率宫女四万人。

[15]金屋:《汉武故事》记载,武帝幼时,他姑妈将他抱在膝上,问他要不要她的女儿阿娇做妻子。他

笑着回答说:"若得阿娇,当以金屋藏之。"

[16]列土:分封土地。

[17]可怜:可爱,值得羡慕。

[18]不重生男重生女:陈鸿《长恨歌传》云,当时民谣有"生女勿悲酸,生男勿喜欢""男不封侯女作妃,看女却为门上楣"等。

[19]骊宫:骊山华清宫。骊山在今陕西临潼。

[20]凝丝竹:指弦乐器和管乐器伴奏出舒缓的旋律。

[21]渔阳:郡名,辖今北京市平谷区和天津市的蓟州区等地,当时属于平卢、范阳、河东三镇节度使安禄山的辖区。天宝十四载(公元755年)冬,安禄山在范阳起兵叛乱。鼙鼓:古代骑兵用的小鼓,此借指战争。

[22]霓(ní)裳羽衣曲:舞曲名,据说为西凉节度使杨敬述所献,经唐玄宗润色并制作歌词,改用此名。乐曲着意表现虚无缥缈的仙境和仙女形象。

[23]九重城阙:九重门的京城,此指长安。烟尘生:指发生战事。阙,意为古代宫殿门前两边的楼,泛指宫殿或帝王的住所。《楚辞·九辩》:君之门以九重。

[24]千乘万骑西南行:天宝十五载(公元756年)六月,安禄山破潼关,逼近长安。玄宗带领杨贵妃等出延秋门向西南方向逃去。当时随行护卫并不多,"千乘万骑"是夸大之词。乘:一人一骑为一乘。

[25]翠华两句:李隆基西奔至距长安百余里的马嵬驿(今陕西兴平),扈从禁卫军发难,不再前行,请诛杨国忠、杨玉环兄妹以平民怨。玄宗为保自身,只得照办。

翠华:用翠鸟羽毛装饰的旗帜,皇帝仪仗队用。司马相如《上林赋》:建翠华之旗,树灵鼍之鼓。百余里:指到了距长安一百多里的马嵬驿。

[26]六军:指天子军队。

[27]宛转:形容美人临死前哀怨缠绵的样子。蛾眉:古代美女的代称,此指杨贵妃。《诗经·卫风·硕人》:螓首蛾眉。

[28]花钿:用金翠珠宝等制成的花朵形首饰。委地:丢弃在地上。

[29]翠翘:首饰,形如翡翠鸟尾。金雀:金雀钗,钗形似凤(古称朱雀)。玉搔头:玉簪。《西京杂记》卷二:武帝过李夫人,就取玉簪搔头。自此后宫人搔头皆用玉。

[30]云栈:高入云霄的栈道。萦纡(yíngyū):萦回盘绕。剑阁:又称剑门关,在今四川剑阁县北,是由秦入蜀的要道。此地群山如剑,峭壁中断处,两山对峙如门。诸葛亮相蜀时,凿石架凌空栈道以通行。

[31]峨嵋山:在今四川省峨眉山市。玄宗奔蜀途中,并未经过峨嵋山,这里泛指蜀中高山。

[32]行宫:皇帝离京出行在外的临时住所。

[33]夜雨闻铃:《明皇杂录·补遗》:"明皇既幸蜀,西南行。初入斜谷,属霖雨涉旬,于栈道雨中闻铃音与山相应。上既悼念贵妃,采其声为《雨淋铃曲》以寄恨焉。"这里暗指此事。后《雨淋铃》成为宋词词牌名。

[34]天旋地转:指时局好转。肃宗至德二年(公元757年),郭子仪军收复长安。回龙驭:皇帝的车驾归来。

[35]不见玉颜空死处:据《旧唐书·后妃传》载:玄宗自蜀还,令中使祭奠杨贵妃,密令改葬于他所。初瘗时,以紫褥裹之,肌肤已坏,而香囊仍在,内官以献,上皇视之凄惋,乃令图其形于别殿,朝夕视焉。

[36]信马:意思是无心鞭马,任马前进。

[37]太液:汉宫中有太液池。未央:汉有未央宫。此皆借指唐长安皇宫。

[38]西宫南内:皇宫之内称为大内。西宫即西内太极宫,南内为兴庆宫。玄宗返京后,初居南内。上元元年(公元760年),权宦李辅国假借肃宗名义,胁迫玄宗迁往西内,并流贬玄宗亲信高力士、陈玄礼等人。

[39]梨园弟子:指玄宗当年训练的乐工舞女。梨园:据《新唐书·礼乐志》:唐玄宗时宫中教习音乐的机构,曾选"坐部伎"三百人教练歌舞,随时应诏表演,号称"皇帝梨园弟子"。

[40]椒房:后妃居住之所,因以花椒和泥抹墙,故称。阿监:宫中的侍从女官。青娥:年轻的宫女。据《新唐书·百官志》,内官官正有阿监、副监,视七品。

[41]孤灯挑尽:古时用油灯照明,为使灯火明亮,过了一会儿就要把浸在油中的灯草往前挑一点。挑尽,说明夜已深。唐时宫廷夜间燃烛而不点油灯,此处旨在形容玄宗晚年生活环境的凄苦。

[42]迟迟:迟缓。报更钟鼓声起止原有定时,这里用以形容玄宗长夜难眠时的心情。

[43]耿耿:微明的样子。欲曙天:长夜将晓之时。

[44]鸳鸯瓦:屋顶上俯仰相对合在一起的瓦。《三国志·魏书·方技传》载:文帝梦殿屋两瓦堕地,化为双鸳鸯。房瓦一俯一仰相合,称阴阳瓦,亦称鸳鸯瓦。霜华:霜花。

[45]翡翠衾:布面绣有翡翠鸟的被子。《楚辞·招魂》:翡翠珠被,烂齐光些。言其珍贵。谁与共:与谁共。

[46]临邛道士鸿都客:意谓有个从临邛来长安的道士。鸿都:东汉都城洛阳的宫门名,这里借指长安。《后汉书·灵帝纪》:光和元年二月,始置鸿都门学士。

[47]致魂魄:招来杨贵妃的亡魂。

[48]方士:有法术的人。这里指道士。殷勤:尽力。

[49]排空驭气:即腾云驾雾。

[50]穷:穷尽,找遍。碧落:即天空。黄泉:指地下。

[51]海上有仙山:《史记·封禅书》:自威、宣、燕昭使人入海求蓬莱、方丈、瀛洲,此三神山者,其传在渤海中。

[52]玲珑:华美精巧。五云:五彩云霞。

[53]绰约:体态轻盈柔美。《庄子·逍遥游》:藐姑射之山,有神人居焉,肌肤若冰雪,绰约如处子。

[54]参差:仿佛,差不多。

[55]西厢:《尔雅·释宫》:室有东西厢曰庙。西厢在右。玉扃(jiōng):玉门。

[56]转教小玉报双成:意谓仙府庭院重重,须经辗转通报。小玉:吴王夫差女。双成:传说中西王母的侍女。这里皆借指杨贵妃在仙山的侍女。

[57]九华帐:绣饰华美的帐子。九华:重重花饰的图案。言帐之精美。《宋书·后妃传》:自汉氏昭阳之轮奂,魏室九华之照耀。

[58]珠箔:珠帘。银屏:饰银的屏风。迤逦:接连不断的。

[59]新睡觉:刚睡醒。觉,醒。

[60]袂(mèi):衣袖。

[61]玉容寂寞:此指神色黯淡凄楚。阑干:纵横交错的样子。这里形容泪痕满面。

[62]凝睇(dì):凝视。

[63]昭阳殿:汉成帝宠妃赵飞燕的寝宫。此借指杨贵妃住过的宫殿。

[64]蓬莱宫:这里指贵妃在仙山的居所。

[65]人寰(huán):人间。

[66]旧物:指生前与玄宗定情的信物。

[67]寄将去:托道士带回。

[68]钗留二句:把金钗、钿盒分成两半,自留一半。擘:分开。合分钿:将钿盒上的图案分成两部分。

[69]重寄词:贵妃在告别时重又托他捎话。

[70]两心知:只有玄宗、贵妃二人心里明白。

[71]长生殿:在骊山华清宫内,天宝元年(公元742年)造。"七月"以下六句为作者虚拟之词。陈寅恪在《元白诗笺证稿·长恨歌》中云:"长生殿七夕私誓之为后来增饰之物语,并非当时真确之事实""玄宗临幸温汤必在冬季、春初寒冷之节。今详检两唐书玄宗记无一次于夏日炎暑时幸骊山"。而所谓长生殿者,亦非华清宫之长生殿,而是长安皇宫寝殿之习称。

[72]比翼鸟:传说中的鸟名,据说只有一目一翼,雌雄并在一起才能飞。

[73]连理枝:两株树木树干相抱。古人常用此二物比喻情侣相爱、永不分离。

[74]恨:遗憾。绵绵:连绵不断。

4.课文简析

《长恨歌》是白居易作品中脍炙人口的名篇,在这首长篇叙事诗里,作者以精练的语言,优美的形象,叙事和抒情结合的手法,叙述了唐玄宗、杨贵妃在安史之乱中的爱情悲剧,唐玄宗、杨贵妃都是历史上的人物,诗人并不拘泥于历史,而是借着历史的一点影子,根据当时人们的传说,街坊的歌唱,从中蜕化出一个回旋曲折、婉转动的人故事,用回环往复、缠绵悱恻的艺术形式,描摹、歌咏出来。由于诗中的故事、人物都是艺术化的,是现实中人的复杂真实的再现,所以能够在历代读者的心中漾起阵阵涟漪。

思 考 探 究

1.谁长恨,长恨什么?

2.通读《长恨歌》全诗,作者写这种"长恨"目的何在,分析诗歌是怎样来表现"长恨"主题的?

3.诗歌塑造了怎样的人物形象?

4.中国自古以来就有"女色误国"论,结合白居易的《长恨歌》谈谈你对这一论调的看法,并谈谈你从白居易的《长恨歌》中感悟到的爱情真谛是什么? 说说你的爱情观。

趣 味 链 接

1.白居易趣事

相传白居易三岁时就开始念诗,五岁就写出许多首诗,至九岁时,已经能掌握诗的韵律,且善于对句了。十岁生日那天,亲朋好友都来祝贺。饭后,其舅父叫白居易到堂上对句:"曹子建七步成诗。"

白居易稍一思索,便有了腹稿,但他故意默然不语。舅父以为他对不上来,取笑他道:"神童神童,今日如虫。"白居易笑着说:"我早已对上,只未说出而已。"众人大奇,催白居易快说,白居易便说道:"白居易一时无对。"舅父听了颇为高兴。

白居易长大后,舅父带他到长安向当时年已花甲的名诗人顾况求教。白居易见到顾况说:"顾大人,我是来向您请教的。我写了一卷诗,请大人指教!"

顾况一见是乡下来的,很不耐烦。当他看到诗卷上的名字是"白居易"时,更觉得可笑,说:"长安米贵,'白居'不'易'啊! 你还是快回乡下去吧!"

"我是在乡下居住,很快就要回去。只是听说您是很有学识的人,想请您过过目。要是您重任在身,来不及看,我可先读一首,请您听一听。"说罢,白居易翻出一首诗,读了起来:"离离原上草,一岁一枯荣。野火烧不尽,春风吹又生……"

当顾况听到"野火烧不尽,春风吹又生"时,不由自主地站了起来,他伸过手去,把诗卷接了过来,并收白居易为弟子。顾况对白居易说:"你能写出这么好的诗,'居'天下何难!"

2.《长恨歌》课件。

《呐喊》自序[1]

鲁　迅[2]

我在年青时候也曾经做过许多梦,后来大半忘却了,但自己也并不以为可惜。所谓回忆者,虽说可以使人欢欣,有时也不免使人寂寞,使精神的丝缕还牵着已逝的寂寞的时光,又有什么意味呢,而我偏苦于不能全忘却,这不能全忘的一部分,到现在便成了《呐喊》的来由。

我有四年多,曾经常常,——几乎是每天,出入于质铺和药店里,年纪可是忘却了,总之是药店的柜台正和我一样高,质铺的是比我高一倍,我从一倍高的柜台外送上衣服或首饰去,在侮蔑里接了钱,再到一样高的柜台上给我久病的父亲去买药。回家之后,又须忙别的事了,因为开方的医生是最有名的,以此所用的药引也奇特:冬天的芦根,经霜三年的甘蔗,蟋蟀要原对的,结子的平地木,……多不是容易办到的东西。然而我的父亲终于日重一日的亡故了。

有谁从小康人家而坠入困顿的么,我以为在这途路中,大概可以看见世人的真面目;我要到 N 进 K 学堂去了[3],仿佛是想走异路,逃异地,去寻求别样的人们。我的母亲没有法,办了八元的川资,说是由我的自便;然而伊哭了,这正是情理中的事,因为那时读书应试是正路,所谓学洋务,社会上便以为是一种走投无路的人,只得将灵魂卖给鬼子,要加倍的奚落而且排斥的,而况伊又看不见自己的儿子了。然而我也顾不得这些事,终于到 N 去进了 K 学堂了,在这学堂里,我才知道世上还有所谓格致,算学,地理,历史,绘图和体操。生理学并不教,但我们却看到些木版的《全体新论》和《化学卫生论》之类了。我还记得先前的医生的议论和方药,和现在所知道的比较起来,便渐渐的悟得中医不过是一种有意的或无意的骗子[4],同时又很起了对于被骗的病人和他的家族的同情;而且从译出的历史上,又知道了日本维新是大半发端于西方医学的事实。

因为这些幼稚的知识,后来便使我的学籍列在日本一个乡间的医学专门学校里了。我的梦很美满,预备卒业回来,救治像我父亲似的被误的病人的疾苦,战争时候便去当军医,一面又促进了国人对于维新的信仰。我已不知道教授微生物学的方法,现在又有了怎样的进步了,总之那时是用了电影,来显示微生物的形状的,因此有时讲义的一段落已完,而时间还没有到,教师便映些风景或时事的画片给学生看,以用去这多余的光阴。其时正当日俄战争的时候,关于战事的画片自然也就比较的多了,我在这一个讲堂中,便须常常随喜我那同学们的拍手和喝采。有一回,我竟在画片上忽然会见我久违的许多中国人了,一个绑在中间,许多站在左右,一样是强壮的体格,而显出麻木的神情。据解说,则绑着的是替俄国做了军事上的侦探,正要被日军砍下头颅来示众,而围着的便是来赏鉴这示众的盛举的人们。

这一学年没有完毕,我已经到了东京了,因为从那一回以后,我便觉得医学并非一件紧要事,凡是愚弱的国民,即使体格如何健全,如何茁壮,也只能做毫无意义的示众的材料和看客,病死多少是不必以为不幸的。所以我们的第一要著,是在改变他们的精神,而善于改变精神的是,我那时以为当然要推文艺,于是想提倡文艺运动了。在东京的留学生很有学法政理化以至警察工业的,但没有人治文学和美术;可是在冷淡的空气中,也幸而寻到几个同志了,此外又邀集了必须的几个人,商量之后,第一步当然是出杂志,名目是取"新的生命"的意思,因为我们那时大抵带些复古的倾向,所以只谓之《新生》。

《新生》的出版之期接近了,但最先就隐去了若干担当文字的人,接着又逃走了资本,结果只剩下不名一钱的三个人。创始时候既已背时,失败时候当然无可告语,而其后却连这三个人也都为各自的运命所驱策,不能在一处纵谈将来的好梦了,这就是我们的并未产生的《新生》的结局。

我感到未尝经验的无聊,是自此以后的事。我当初是不知其所以然的;后来想,凡有一人的主张,得了赞和,是促其前进的,得了反对,是促其奋斗的,独有叫喊于生人中,而生人并无反应,既非赞同,也无反对,如置身毫无边际的荒原,无可措手的了,这是怎样的悲哀呵,我于是以我所感到者为寂寞。

这寂寞又一天一天的长大起来,如大毒蛇,缠住了我的灵魂了。

然而我虽然自有无端的悲哀,却也并不愤懑,因为这经验使我反省,看见自己了:就是我决不是一个振臂一呼应者云集的英雄。

只是我自己的寂寞是不可不驱除的,因为这于我太痛苦。我于是用了种种法,来麻醉自己的灵魂,使我沉入于国民中,使我回到古代去,后来也亲历或旁观过几样更寂寞更悲哀的事,都为我所不愿追怀,甘心使他们和我的脑一同消灭在泥土里的,但我的麻醉法却也似乎已经奏了功,再没有青年时候的慷慨激昂的意思了。

S会馆[5]里有三间屋,相传是往昔曾在院子里的槐树上缢死过一个女人的,现在槐树已经高不可攀了,而这屋还没有人住;许多年,我便寓在这屋里钞古碑[6]。客中少有人来,古碑中也遇不到什么问题和主义,而我的生命却居然暗暗的消去了,这也就是我唯一的愿望。夏夜,蚊子多了,便摇着蒲扇坐在槐树下,从密叶缝里看那一点一点的青天,晚出的槐蚕又每每冰冷的落在头颈上。

那时偶或来谈的是一个老朋友金心异[7],将手提的大皮夹放在破桌上,脱下长衫,对面坐下了,因为怕狗,似乎心房还在怦怦的跳动。

"你钞了这些有什么用?"有一夜,他翻着我那古碑的钞本,发了研究的质问了。

"没有什么用。"

"那么,你钞他是什么意思呢?"

"没有什么意思。"

"我想,你可以做点文章……"

我懂得他的意思了,他们正办《新青年》,然而那时仿佛不特没有人来赞同,并且也还没有人来反对，我想，他们许是感到寂寞了，但是说：

"假如一间铁屋子，是绝无窗户而万难破毁的，里面有许多熟睡的人们，不久都要闷死了，然而是从昏睡入死灭，并不感到就死的悲哀。现在你大嚷起来，惊起了较为清醒的几个人，使这不幸的少数者来受无可挽救的临终的苦楚，你倒以为对得起他们么？"

"然而几个人既然起来，你不能说决没有毁坏这铁屋的希望。"

是的，我虽然自有我的确信，然而说到希望，却是不能抹杀的，因为希望是在于将来，决不能以我之必无的证明，来折服了他之所谓可有，于是我终于答应他也做文章了，这便是最初的一篇《狂人日记》。从此以后，便一发而不可收，每写些小说模样的文章，以敷衍朋友们的嘱托，积久就有了十余篇。

在我自己，本以为现在是已经并非一个切迫而不能已于言的人了，但或者也还未能忘怀于当日自己的寂寞的悲哀罢，所以有时候仍不免呐喊几声，聊以慰藉那在寂寞里奔驰的猛士，使他不惮于前驱。至于我的喊声是勇猛或是悲哀，是可憎或是可笑，那倒是不暇顾及的；但既然是呐喊，则当然须听将令的了，所以我往往不恤用了曲笔，在《药》的瑜儿的坟上平空添上一个花环，在《明天》里也不叙单四嫂子竟没有做到看见儿子的梦，因为那时的主将是不主张消极的。至于自己，却也并不愿将自以为苦的寂寞，再来传染给也如我那年青时候似的正做着好梦的青年。

这样说来，我的小说和艺术的距离之远，也就可想而知了，然而到今日还能蒙着小说的名，甚而至于且有成集的机会，无论如何总不能不说是一件侥幸的事，但侥幸虽使我不安于心，而悬揣人间暂时还有读者，则究竟也仍然是高兴的。

所以我竟将我的短篇小说结集起来，而且付印了，又因为上面所说的缘由，便称之为《呐喊》。

一九二二年十二月三日，鲁迅记于北京。

知 人 论 世

1. 作者

鲁迅是中国伟大的文学家、思想家和革命家，新文化运动的奠基人。鲁迅著作二十卷，博大精深。1918 年发表了中国文学史上第一篇白话小说《狂人日记》，随后连续发表《孔乙己》《药》《故乡》等小说，显示了文学革命的实绩，奠定了新文学的基础；1921 年发表代表作《阿 Q 正传》，为新文学史树立了一座丰碑，对中国作家和世界作家产生了巨大影响，成为世界不朽的名著。1923 年编成了小说集《呐喊》，为现实主义小说奠定了基础。他卓越的文学成就，不仅丰富了民族的新文化宝库，而且也是对世界文学的巨大贡献。

鲁迅像

2.背景介绍

《呐喊》共收作品十五篇,起于 1918 年的《狂人日记》,迄于 1922 年的《社戏》。作品的选材"多采自病态社会的不幸的人们中,意思是在揭出病苦,引起疗救的注意"。(鲁迅《南腔北调集·我怎么做起小说来》)而当时的鲁迅认为最需急切疗救的,正如这篇自序所言,是人的"病态"的灵魂。因此,《〈呐喊〉自序》是鲁迅作品中一篇十分重要的作品。我们要理解鲁迅忧愤深广的思想和简括鲜明的艺术风格,都应该从这篇序文入手。

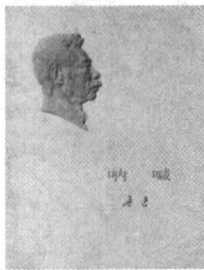

《呐喊》集

小 导 助 学

1.了解"序"这种文体

"序"这种文体,分为两种形式,一种叫自序,一种叫代序。自序是作者在自己著作正文前写的文章,一般说明自己书写的宗旨和经过;代序是代为别人的著作写序言。多介绍作者或评论书的内容,也可把与本书相关的文章放在书前来代替序言。序言内容广泛,形式自由,感情色彩较浓厚。

2.注释

[1]选自《呐喊》(《鲁迅全集》第 1 卷,人民文学出版社 1981 年版)。原题为"自序"。《呐喊》是鲁迅第一部小说集,收录有《狂人日记》《药》《孔乙己》等。

[2]鲁迅(1881—1936):原名周树人,浙江绍兴人,中国文学家、思想家和革命家,著有《彷徨》《坟》等。

[3]N 指南京,K 学堂指江南水师学堂。作者于 1898 年到南京江南水师学堂肄业,第二年改入江南陆师学堂附设的矿务铁路学堂,1902 年毕业后即由清政府派赴日本留学。

[4]作者对中医的看法,可参看《朝花夕拾》中《父亲的病》。

[5]S 会馆指绍兴县馆,在北京宣武门外。从 1912 年 5 月到 1919 年 11 月,作者住在这会馆里。

[6]鲁迅寓居绍兴县馆时,常于公余(当时他在教育部工作)荟集和研究中国古代的造像及墓志等金石拓本,后来辑成《六朝造像目录》和《六朝墓志目录》两种(后者未完成)。在寓居县馆期间,他还曾经从事中国文学古籍的纂辑和校勘工作,成书的有谢承《后汉书》《嵇康集》等。

[7]金心异指钱玄同,当时《新青年》的编辑委员之一。

3.文章简析

这篇序文的写作特点,突出地体现出作者的用笔素朴、简括,不事铺排。这种笔触,与他深沉冷峻的思想桴鼓相应。

这篇序文中,作者主要写了他前半生的生活经历,即写年轻的时候做过的两个"梦",为了写这两个"梦",又从小时候写起。按生活和思想的发展历程来写,自然归结到《呐喊》的创作和命名的来由。就本文的写作动机而论,写明"《呐喊》的来由"是近因,述"梦"是远因。这样写,就使文章内容丰富,同时又线索分明、主题鲜明集中。

思 考 探 究

1. 文章开篇就说"我在年青时候也曾经做过许多梦",这里的"梦"指什么,在文章中有何作用?

2. 认真阅读《呐喊》自序,探讨鲁迅的人生经历及其伴随的思想发展过程。

3. 文中关于"铁屋子"的争论比喻贴切,寓意深远,试说明"铁屋子""熟睡的人们""大嚷起来,惊起了较为清醒的几个人"各比喻什么?

4. 鲁迅为什么把他的第一部小说集命名为《呐喊》,其含义是什么?

趣 味 链 接

1. 拓展阅读

药

鲁迅

一（老栓买药）

秋天的后半夜,月亮下去了,太阳还没有出,只剩下一片乌蓝的天;除了夜游的东西,什么都睡着。华老栓忽然坐起身,擦着火柴,点上遍身油腻的灯盏,茶馆的两间屋子里,便弥满了青白的光。

"小栓的爹,你就去么?"是一个老女人的声音。里边的小屋子里,也发出一阵咳嗽。

"唔。"老栓一面听,一面应,一面扣上衣服;伸手过去说,"你给我罢。"

华大妈在枕头底下掏了半天,掏出一包洋钱,交给老栓,老栓接了,抖抖的装入衣袋,又在外面按了两下;便点上灯笼,吹熄灯盏,走向里屋子去了。那屋子里面,正在悉悉窣窣的响,接着便是一通咳嗽。老栓候他平静下去,才低低的叫道,"小栓……你不要起来。……店么? 你娘会安排的。"

老栓听得儿子不再说话,料他安心睡了;便出了门,走到街上。街上黑沉沉的一无所有,只有一条灰白的路,看得分明。灯光照着他的两脚,一前一后的走。有时也遇到几只狗,可是一只也没有叫。天气比屋子里冷得多了;老栓倒觉爽快,仿佛一旦变了少年,得了神通,有给人生命的本领似的,跨步格外高远。而且路也愈走愈分明,天也愈走愈亮了。

老栓正在专心走路,忽然吃了一惊,远远里看见一条丁字街,明明白白横着。他便退了几步,寻到一家关着门的铺子,蹩进檐下,靠门立住了。好一会,身上觉得有些发冷。

"哼,老头子"。

"倒高兴……"

老栓又吃一惊,睁眼看时,几个人从他面前过去了。一个还回头看他,样子不甚分明,但很像久饿的人见了食物一般,眼里闪出一种攫取的光。老栓看看灯笼,已经熄了。按一按衣袋,硬硬的还在。仰起头两面一望,只见许多古怪的人,三三两两,鬼似的在那里徘徊;定睛再看,却也看不出什么别的奇怪。

没有多久,又见几个兵,在那边走动;衣服前后的一个大白圆圈,远地里也看得清楚,走过面前的,并且看出号衣上暗红色的镶边。——一阵脚步声响,一眨眼,已经拥过了一大簇人。那三三两两的人,也忽然合作一堆,潮一般向前进;将到丁字街口,便突然立住,簇成一个半圆。

老栓也向那边看,却只见一堆人的后背;颈项都伸得很长,仿佛许多鸭,被无形的手捏住了的,向上提着。静了一会,似乎有点声音,便又动摇起来,轰的一声,都向后退;一直散到老栓立着的地方,几乎将他挤倒了。

"喂!一手交钱,一手交货!"一个浑身黑色的人,站在老栓面前,眼光正像两把刀,刺得老栓缩小了一半。那人一只大手,向他摊着;一只手却撮着一个鲜红的馒头,那红的还是一点一点的往下滴。

老栓慌忙摸出洋钱,抖抖的想交给他,却又不敢去接他的东西。那人便焦急起来,嚷道,"怕什么?怎的不拿!"老栓还踌躇着;黑的人便抢过灯笼,一把扯下纸罩,裹了馒头,塞与老栓;一手抓过洋钱,捏一捏,转身去了。嘴里哼着说,"这老东西……"

"这给谁治病的呀?"老栓也似乎听得有人问他,但他并不答应;他的精神,现在只在一个包上,仿佛抱着一个十世单传的婴儿,别的事情,都已置之度外了。他现在要将这包里的新的生命,移植到他家里,收获许多幸福。太阳也出来了;在他面前,显出一条大道,直到他家中,后面也照见丁字街头破匾上"古□亭口"这四个黯淡的金字。

二(小栓吃药)

老栓走到家,店面早经收拾干净,一排一排的茶桌,滑溜溜的发光。但是没有客人;只有小栓坐在里排的桌前吃饭,大粒的汗,从额上滚下,夹袄也帖住了脊心,两块肩胛骨高高凸出,印成一个阳文的"八"字。老栓见这样子,不免皱一皱展开的眉心。他的女人,从灶下急急走出,睁着眼睛,嘴唇有些发抖。

"得了么?"

"得了。"

两个人一齐走进灶下,商量了一会;华大妈便出去了,不多时,拿着一片老荷叶回来,摊在桌上。老栓也打开灯笼罩,用荷叶重新包了那红的馒头。小栓也吃完饭,他的母亲慌忙说:"小栓——你坐着,不要到这里来。"一面整顿了灶火,老栓便把一个碧绿的包,一个红红白白的破灯笼,一同塞在灶里;一阵红黑的火焰过去时,店屋里散满了一种奇怪的香味。

"好香!你们吃什么点心呀?"这是驼背五少爷到了。这人每天总在茶馆里过日,来得最早,去得最迟,此时恰恰蹩到临街的壁角的桌边,便坐下问话,然而没有人答应他。"炒米粥么?"仍然没有人应。老栓匆匆走出,给他泡上茶。

"小栓进来罢!"华大妈叫小栓进了里面的屋子,中间放好一条凳,小栓坐了。他的母亲端过一碟乌黑的圆东西,轻轻说:

"吃下去罢,——病便好了"。

小栓撮起这黑东西,看了一会,似乎拿着自己的性命一般,心里说不出的奇怪。十分小心的拗开了,焦皮里面窜出一道白气,白气散了,是两半个白面的馒头。——不多工夫,已经全在肚里了,却全忘了什么味;面前只剩下一张空盘。他的旁边,一面立着他的父亲,一面立着他的母亲,两人的眼光,都仿佛要在他身里注进什么又要取出什么似的;便禁不住心跳起来,按着胸膛,又是一阵咳嗽。

"睡一会罢,——便好了"。

小栓依他母亲的话,咳着睡了。华大妈候他喘气平静,才轻轻的给他盖上了满幅补钉的夹被。

三(茶客谈药)

店里坐着许多人,老栓也忙了,提着大铜壶,一趟一趟的给客人冲茶;两个眼眶,都围着一圈黑线。

"老栓,你有些不舒服么? ——你生病么?"一个花白胡子的人说。

"没有。"

"没有? ——我想笑嘻嘻的,原也不像……"花白胡子便取消了自己的话。

"老栓只是忙。要是他的儿子……"驼背五少爷话还未完,突然闯进了一个满脸横肉的人,披一件玄色布衫,散着纽扣,用很宽的玄色腰带,胡乱捆在腰间。刚进门,便对老栓嚷道:

"吃了么? 好了么? 老栓,就是运气了你! 你运气,要不是我信息灵……"

老栓一手提了茶壶,一手恭恭敬敬的垂着;笑嘻嘻的听。满座的人,也都恭恭敬敬的听。华大妈也黑着眼眶,笑嘻嘻的送出茶碗茶叶来,加上一个橄榄,老栓便去冲了水。

"这是包好! 这是与众不同的。你想,趁热的拿来,趁热的吃下。"横肉的人只是嚷。

"真的呢,要没有康大叔照顾,怎么会这样……"华大妈也很感激的谢他。

"包好,包好! 这样的趁热吃下。这样的人血馒头,什么痨病都包好!"

华大妈听到"痨病"这两个字,变了一点脸色,似乎有些不高兴;但又立刻堆上笑,搭赸着走开了。这康大叔却没有觉察,仍然提高了喉咙只是嚷,嚷得里面睡着的小栓也合伙咳嗽起来。

"原来你家小栓碰到了这样的好运气了。这病自然一定全好;怪不得老栓整天的笑着呢。"花白胡子一面说,一面走到康大叔面前,低声下气的问道,"康大叔——听说今天结果的一个犯人,便是夏家的孩子,那是谁的孩子? 究竟是什么事?"

"谁的? 不就是夏四奶奶的儿子么? 那个小家伙!"康大叔见众人都耸起耳朵听他,便格外高兴,横肉块块饱绽,越发大声说,"这小东西不要命,不要就是了。我可是这一回一点没有得到好处;连剥下来的衣服,都给管牢的红眼睛阿义拿去了。——第一要算我们栓叔运气;第二是夏三爷赏了二十五两雪白的银子,独自落腰包,一文不花。"

小栓慢慢的从小屋子里走出,两手按了胸口,不住的咳嗽;走到灶下,盛出一碗冷饭,泡上热水,坐下便吃。华大妈跟着他走,轻轻的问道,"小栓,你好些么? ——你仍旧只是肚饿? ……"

"包好,包好!"康大叔瞥了小栓一眼,仍然回过脸,对众人说,"夏三爷真是乖角儿,要是他不先告官,连他满门抄斩。现在怎样? 银子! ——这小东西也真不成东西! 关在牢里,还要劝牢头造反。"

"阿呀,那还了得。"坐在后排的一个二十多岁的人,很现出气愤模样。

"你要晓得红眼睛阿义是去盘盘底细的,他却和他攀谈了。他说:这大清的天下是我们大家的。你想:这是人话么? 红眼睛原知道他家里只有一个老娘,可是没有料到他竟会这么穷,榨不出一点油水,已经气破肚皮了。他还要老虎头上搔痒,便给他两个嘴巴!"

"义哥是一手好拳棒,这两下,一定够他受用了。"壁角的驼背忽然高兴起来。

"他这贱骨头打不怕,还要说可怜可怜哩。"

花白胡子的人说,"打了这种东西,有什么可怜呢?"

康大叔显出看他不上的样子,冷笑着说,"你没有听清我的话;看他神气,是说阿义可怜哩!"

听着的人的眼光,忽然有些板滞;话也停顿了。小栓已经吃完饭,吃得满身流汗,头上都冒出蒸气来。

"阿义可怜——疯话,简直是发了疯了。"花白胡子恍然大悟似的说。

"发了疯了。"二十多岁的人也恍然大悟的说。

店里的坐客,便又现出活气,谈笑起来。小栓也趁着热闹,拼命咳嗽;康大叔走上前,拍他肩膀说:

"包好! 小栓——你不要这么咳。包好!"

"疯了!"驼背五少爷点着头说。

四(老妇上坟)

西关外靠着城根的地面,本是一块官地;中间歪歪斜斜一条细路,是贪走便道的人,用鞋底造成的,但却成了自然的界限。路的左边,都埋着死刑和瘐毙的人,右边是穷人的丛冢。两面都已埋到层层叠叠,宛然阔人家里祝寿时的馒头。

这一年的清明,分外寒冷;杨柳才吐出半粒米大的新芽。天明未久,华大妈已在右边的一坐新坟前面,排出四碟菜,一碗饭,哭了一场。化过纸,呆呆的坐在地上;仿佛等候什么似的,但自己也说不出等候什么。微风起来,吹动他短发,确乎比去年白得多了。

小路上又来了一个女人,也是半白头发,褴褛的衣裙;提一个破旧的朱漆圆篮,外挂一串纸锭,三步一歇的走。忽然见华大妈坐在地上看他,便有些踌躇,惨白的脸上,现出些羞愧的颜色;但终于硬着头皮,走到左边的一坐坟前,放下了篮子。

那坟与小栓的坟,一字儿排着,中间只隔一条小路。华大妈看他排好四碟菜,一碗饭,立着哭了一通,化过纸锭;心里暗暗地想,"这坟里的也是儿子了。"那老女人徘徊观望了一回,忽然手脚有些发抖,跄跄踉踉退下几步,瞪着眼只是发怔。

华大妈见这样子,生怕他伤心到快要发狂了;便忍不住立起身,跨过小路,低声对他说,"你这位老奶奶不要伤心了,——我们还是回去罢。"

那人点一点头,眼睛仍然向上瞪着;也低声痴痴的说道,"你看,——看这是什么呢?"

华大妈跟了他指头看去,眼光便到了前面的坟,这坟上草根还没有全合,露出一块一块的黄土,煞是难看。再往上仔细看时,却不觉也吃一惊;——分明有一圈红白的花,围着那尖圆的坟顶。

他们的眼睛都已老花多年了,但望这红白的花,却还能明白看见。花也不很多,圆圆的排成一个圈,不很精神,倒也整齐。华大妈忙看他儿子和别人的坟,却只有不怕冷的几点青白小花,零星开着;便觉得心里忽然感到一种不足和空虚,不愿意根究。那老女人又走近几步,细看了一遍,自言自语的说,"这没有根,不像自己开的。——这地方有谁来呢? 孩子不会来玩;——亲戚本家早不来了。——这是怎么一回事呢?"他想了又想,忽又流下泪来,大声说道:

"瑜儿,他们都冤枉了你,你还是忘不了,伤心不过,今天特意显点灵,要我知道么?"他四面一看,只见一只乌鸦,站在一株没有叶的树上,便接着说,"我知道了。——瑜儿,可怜他们坑了你,他们将来总有报应,天都知道;你闭了眼睛就是了。——你如果真在这里,听到我的话,——便教这乌鸦飞上你的坟顶,给我看罢。"

微风早经停息了;枯草支支直立,有如铜丝。一丝发抖的声音,在空气中愈颤愈细,细到没有,周围便都是死一般静。两人站在枯草丛里,仰面看那乌鸦;那乌鸦也在笔直的树枝间,缩着头,铁铸一般站着。

许多的工夫过去了;上坟的人渐渐增多,几个老的小的,在土坟间出没。

华大妈不知怎的,似乎卸下了一挑重担,便想到要走;一面劝着说,"我们还是回去罢。"

那老女人叹一口气,无精打采的收起饭菜;又迟疑了一刻,终于慢慢地走了。嘴里自言自语的说,"这是怎么一回事呢?……"

他们走不上二三十步远,忽听得背后"哑——"的一声大叫;两个人都悚然的回过头,只见那乌鸦张开两翅,一挫身,直向着远处的天空,箭也似的飞去了。

一九一九年四月

2.《呐喊》自序课件。

容忍与自由[1]

胡适

十七八年前,我最后一次会见我的母校康耐儿大学的史学大师布尔先生(George Lincoln Burr)。我们谈到英国史学大师阿克顿(Lord Acton)一生准备要著作一部《自由之史》,没有写成他就死了。布尔先生那天谈话很多,有一句话我至今没有忘记。他说,"我年纪越大,越感觉到容忍(tolerance)比自由更重要"。

布尔先生死了十多年了,他这句话我越想越觉得是一句不可磨灭的格言。我自己也有"年纪越大,越觉得容忍比自由还更重要"的感想。有时我竟觉得容忍是一切自由的根本;没有容忍,就没有自由。

我十七岁的时候(1908)曾在《竞业旬报》上发表几条《无鬼丛话》,其中有一条是痛骂小说《西游记》和《封神榜》的,我说:

《王制》[2]有之:"假于鬼神时日卜筮以疑众,杀。"吾独怪夫数千年来之排治权者,之以济世明道自期者,乃懵然不之注意,惑世诬民之学说得以大行,遂举我神州民族投诸极黑暗之世界!

这是一个小孩子很不容忍的"卫道"态度。我在那时候已是一个无鬼论者、无神论者,所以发出那种摧除迷信的狂论,要实行《王制》(《礼记》的一篇)的"假于鬼神时日卜筮以疑众,杀"的一条经典!

我在那时候当然没有梦想到说这话的小孩子在十五年后(1923)会很热心的给《西游记》作两万字的考证!我在那时候当然更没有想到那个小孩子在二、三十年后还时时留心搜求可以考证《封神榜》的作者的材料!我在那时候也完全没有想想《王制》那句话的历史意义。那一段《王制》的全文是这样的:

析言破律,乱名改作,执左道以乱政,杀。作淫声异服奇技奇器以疑众,杀。行伪而坚,言伪而辩,学非而博,顺非而泽以疑众,杀。假于鬼神时日卜筮以疑众,杀。此四诛者,不以听。

我在五十年前,完全没有懂得这一段话的"诛"正是中国专制政体之下禁止新思想、新学术、新信仰、新艺术的经典的根据。我在那时候抱着"破除迷信"的热心,所以拥护那"四诛"之中的第四诛:"假于鬼神时日卜筮以疑众,杀。"我当时完全没有梦到第四诛的"假于鬼神……以疑众"和第一诛的"执左道以乱政"的两条罪名都可以用来摧残宗教信仰的自由。我当时也完全没有注意到郑玄注里用了公输般作"奇技异器"的例子;更没有注意到孔颖达《正义》里举了"孔子为鲁司寇七日而诛少正卯"的例子来解释"行伪而坚,言伪而辩,学非而博,顺非而泽以疑众,杀"。故第二诛可以用来禁绝艺术创作的自由,也可以用来"杀"许多发明"奇技异器"的科学家。故第三诛可以用来摧残思想的自由,言论的自由,著作出版的自由。

我在五十年前引用《王制》第四诛,要"杀"《西游记》《封神榜》的作者。那时候我当然没有想到十年之后我在北京大学教书时就有一些同样"卫道"的正人君子也想引用《王制》的第三诛,要"杀"我和我的朋友们。当年我要"杀"人,后来人要"杀"我,动机是一样的:都只因为动了一点正义的火气,就完全失掉容忍的度量了。

我自己叙述五十年前主张"假于鬼神时日卜筮以疑众,杀"的故事,为的是要说明我年纪越大,越觉得"容忍"比"自由"还更重要。

我到今天还是一个无神论者,我不信有一个有意志的神,我也不信灵魂不朽的说法。但我的无神论与共产党的无神论有一点最根本的不同。我能够容忍一切信仰有神的宗教,也能够容忍一切诚心信仰宗教的人。共产党自己主张无神论,就要消灭一切有神的信仰,要禁绝一切信仰有神的宗教,——这就是我五十年前幼稚而又狂妄的不容忍的态度了。

我自己总觉得,这个国家,这个社会,这个世界,绝大多数人是信神的,居然能有这雅量,能容忍我的无神论,能容忍我这个不信神也不信灵魂不灭的人,能容忍我在国内和国外自由发表我的无神论的思想,从没有人因此用石头掷我,把我关在监狱里,或把我捆在柴堆上用火烧死。我在这个世界里居然享受了四十多年的容忍与自由。我觉得这个国家,这个社会,这个世界对我的容忍度量是可爱的,是可以感激的。

所以我自己总觉得我应该用容忍的态度来报答社会对我的容忍。所以我自己不信神,但我能诚心的谅解一切信神的人,也能诚心的容忍并且敬重一切信仰有神的宗教。

我要用容忍的态度来报答社会对我的容忍,因为我年纪越大,我越觉得容忍的重要意义。若社会没有这点容忍的气度,我决不能享受四十多年大胆怀疑的自由,公开主张无神论的自由。

在宗教自由史上,在思想自由史上,在政治自由史上,我们都可以看见容忍的态度是最难得,最稀有的态度。人类的习惯总是喜同而恶异的,总不喜欢和自己不同的信仰、思想、行为。这就是不容忍的根源。不容忍只是不能容忍和我自己不同的新思想和新信仰。一个宗教团体总相信自己的宗教信仰是对的,是不会错的,所以它总相信那些和自己不同的宗教信仰必定是错的,必定是异端,邪教。一个政治团体总相信自己的政治主张是对的,是不会错的,所以它总相信那些和自己不同的政治见解必定是错的,必定是敌人。

一切对异端的迫害,一切对"异己"的摧残,一切宗教自由的禁止,一切思想言论的被压迫,都由于这一点深信自己是不会错的心理。因为深信自己是不会错的,所以不能容忍任何和自己不同的思想信仰了。

试看欧洲的宗教革新运动的历史。马丁路德(Martin Luther)和约翰高尔文(John Calvin)等人起来革新宗教,本来是因为他们不满意于罗马旧教的种种不容忍,种种不自由。

但是新教在中欧北欧胜利之后,新教的领袖们又都渐渐走上了不容忍的路上去,也不容许别人起来批评他们的新教条了。高尔文在日内瓦掌握了宗教大权,居然会把一个敢独立思想,敢批评高尔文的教条的学者塞维图斯(Servetus)定了"异端邪说"的罪名,把他用铁链镇在木桩上,堆起柴来,慢慢的活烧死。这是 1553 年 10 月 23 日的事。

这个殉道者塞维图斯的惨史,最值得人们的追念和反省。宗教革新运动原来的目标是要争取"基督教的人的自由"和"良心的自由"。何以高尔文和他的信徒们居然会把一位独立思想的新教徒用慢慢的火烧死呢? 何以高尔文的门徒(后来继任高尔文为日内瓦的宗教独裁者)柏时(de Beze)竟会宣言"良心的自由是魔鬼的教条"呢?

基本的原因还是那一点深信我自己是"不会错的"的心理。像高尔文那样虔诚的宗教改革家,他自己深信他的良心确是代表上帝的命令,他的口和他的笔确是代表上帝的意志,那末他的意见还会错吗? 他还有错误的可能吗? 在塞维图斯被烧死之后,高尔文曾受到不少人的批评。1554 年,高尔文发表一篇文字为他自己辩护,他毫不迟疑的说:"严厉惩治邪说者的权威是无可疑的,因为这就是上帝自己说话。……这工作是为上帝的光荣战斗"。

上帝自己说话,还会错吗? 为上帝的光荣作战,还会错吗? 这一点"我不会错"的心理,就是一切不容忍的根苗。深信我自己的信念没有错误的可能(infallible),我的意见就是"正义",反对我的人当然都是"邪说"了。我的意见代表上帝的意旨,反对我的人的意见当然都是"魔鬼的教条"了。

这是宗教自由史给我们的教训:容忍是一切自由的根本;没有容忍"异己"的雅量,就不会承认"异己"的宗教信仰可以享受自由。但因为不容忍的态度是基于"我的信念不会错"的心理习惯,所以容忍"异己"是最难得,最不容易养成的雅量。

在政治思想上,在社会问题的讨论上,我们同样的感觉到不容忍是常见的,而容忍总是很稀有的。我试举一个死了的老朋友的故事作例子。四十多年前,我们在《新青年》杂志上开始提倡白话文学的运动,我曾从美国寄信给陈独秀,我说:

此事之是非,非一朝一夕所能定,亦非一二人所能定。甚愿国中人士能平心静气与吾辈同力研究此问题。讨论既熟,是非自明。各辈已张革命之旗,虽不容退缩,然亦绝不敢以吾辈所主张为必是而不容他人之匡正也。

独秀在《新青年》上答我道:

鄙意容纳异议,自由讨论,固为学术发达之原则,独于改良中国文学当以白话为正宗之说,其是非甚明,必不容反对者有讨论之余地;必以吾辈所主张者为绝对之是,而不容他人之匡正也。

我当时看了就觉得这是很武断的态度。现在在四十多年之后,我还忘不了独秀这一句话,我还觉得这种"必以吾辈所主张者为绝对之是"的态度是很不容忍的态度,是最容易引起别人的恶感,是最容易引起反对的。

我曾说过,我应该用容忍的态度来报答社会对我的容忍。我现在常常想,我们还得戒律自己:我们若想别人容忍谅解我们的见解,我们必须先养成能够容忍谅解别人的见解的度量。至少至少我们应该戒约自己决不可"以吾辈所主张者为绝对之是"。我们受过实验主义的训练的人,本来就不承认有"绝对之是",更不可以"以吾辈所主张者为绝对之是"。

> **知 人 论 世** ▶▶

1. 作者简介

胡适(1891—1962),初名嗣穈,学名洪骍,字适之。安徽绩溪人。现代著名诗人、文史学者、思想家。青年时代留学美国,攻读哲学、文学,受赫胥黎、杜威思想影响较大。1917年回国,就任北京大学教授,宣扬民主、科学,倡导反封建的新文化运动,发表《文学改良刍议》《文学进化观念与戏剧改良》等文章,率先从事白话新诗与文学史的写作,成为五四新文学运动的主要代表人物。

胡适在我国哲学史、文学史、古典小说和古籍整理等多个领域的研究工作中,都有重要成果。主要著作有《尝试集》《白话文学史》《中国哲学史大纲》《中国章回小说考证》《胡适文存》(四集)等。

1. 从学术行为上有以下几个方面:

(1)作为学者,提倡杜威的实验主义精神,提倡"少谈些主义,多谈些问题",客观上为各种理论实践提供了依据,成为许多民主人士的信条。

(2)任北大校长期间坚持了兼收并蓄,兼容并包的理念,引进了多方面的人才。

(3)作为参政者,坚持民主,反对国共双方的集权统治,甚至因此开罪蒋介石。

(4)任驻美大使期间不接受国家的津贴,为国家节约开支,同时为中国在国际上争取支持。

2. 个人行为上:

(1)鼓励青年人"大胆的假设,小心的求证",包容不同观点。

(2)在家庭方面颇多忍让,虽有"妻管严"之名,但家庭十分和睦。

(3)蒋介石先生评价胡适是"新文化中旧道德的楷模,旧伦理中新思想的师表"。

3. 胡适名言

(1)大胆的假设,小心的求证;认真的做事,严肃的做人。

(2)身行万里半天下,眼高四海空无人。

(3)对人事可疑处不疑,对原则不疑处存疑。

(4)有几分证据说几分话,有七分证据不说八分话。

(5)多谈些问题,少谈些主义。

(6)美国人来了,有面包,有自由;苏联人来了,有面包,无自由;他们来了,无面包,无自由。

(7)You can not beat something with nothing.

(8)宽容比自由更重要。

(9)发明不是发财,是为人类。

(10)做学问要在不疑处有疑,待人要在有疑处不疑。

小 导 助 学

1. 写作背景

国民党政府反攻大陆的迷梦已经破灭,对内则采取高压政策,用伪三民主义压制"五四"以来的各种思想。胡适、雷震等以"言论自由"为旗帜,办起了《自由中国》这样一本半月刊。由于《自由中国》兼具反共色彩,开始时国民党还能忍受。1958年12月,蒋介石第三次连任"总统",《自由中国》发文章,暗责蒋介石"违宪"。1959年3月3日,台北地方法院借口传讯了雷震。

两天后,胡适向雷震表示要辞去发行人并认为"应该检讨自己的编辑方法是否完善"。3月12日,胡适写定了《容忍与自由》。在11月20日《自由中国》十周年纪念会上又作了同题演讲。由此可见,《容忍与自由》是作为自由知识分子领袖的胡适对于专制政府的一次上谏,同时对同道者发出了一种规劝,指出一条"温和"的道路,以期获得政府的"容忍"。

雷震坚持自由观点,被判刑十二年。胡适为雷震说情,蒋介石却冷言以对:"胡先生同我向来是感情很好的。但是这一两年来,胡先生好像只相信雷儆寰,不相信我们政府。"此后的处境便十分艰难。1961年胡适在亚东区科学教育会议上的讲演,并不涉及政治,却被责为"贬低中国古老文明,力主向西方现代文明看齐",胡适从此病倒。三个月后,他在一次会上刚提及此事便突然发病,心跳骤停。

虽然《容忍与自由》对于时局于事地补,甚至对于胡适自己的处境也于事无补,但由该文引发的讨论,在当时国民党高压下的中国台湾仍可以说是死水巨波,其影响一直延续至30年后,借用林毓生的话说,这"是中国自由主义发展史上的一件大事。"

2. 注释

[1]本文选自潘光哲主编的《容忍与自由:胡适读本》2011年版。

[2]《王制》:出自《礼记》。《礼记》是秦汉以前各种礼仪论著的选集,共有《礼运》《学记》《乐记》《大学》《中庸》《王制》等49篇。相传是西汉戴圣所编纂。《王制》就是大王有关封侯、爵禄、朝觐、丧祭、巡狩、行政、学校等的典章制度。

3. 文章简析

胡适的《容忍与自由》一文及其思想,既有胡适个人思想演进的清晰脉络,更有胡适自己对于国民党在大陆的彻底失败以及败退到中国台湾地区之后依然未能彻底改变、特别是继续沿袭专制威权体制、不容异见的社会现实的不满、失望和郁闷。而胡适所谓的文章难写,其实应该不是就思想本身而言,而是一个现实表述的问题,是一个表述策略、一个传播学意义上的问题:如何将自己有关自由与容忍的思想,在一个尚不开放自由的社会文化舆论环境中传播出来,并达到传播者所期待的目的。这才应该是真正困扰胡适并让他颇费心思的问题所在。胡适甚至认为"容忍"既为一种自由的精神,同时又是一种民主的精神,或者说它就是自由之根本。容忍既是自由存在可能的前提,也是自由最后所成就或者所归属的社会秩序形态和个人思想行为的重要准则。换言之,一个健康的社会,只有容忍不同的思想存在,容忍有不同的声音,才能使人人都有思想的自由。在这两篇文献中,胡适旗帜鲜明地提出了反对不容忍、主张容忍异己、容忍反对党的主张。

在胡适看来,如果一个社会缺少容忍精神,不能容忍不同的思想和不同的声音,那么这个社会必定会产生唯我主义,而走向极权专制。

　　胡适不仅认为容忍比自由更重要,他甚至还认为,容忍是一切自由的根本:没有容忍,就没有自由。

思 考 探 究

　　1.胡适为什么要引用《礼记·王制》"四诛"的全文,通过对"四诛"的现代阐释,胡适巧妙地阐明了自己的什么思想?
　　2.胡适为什么要将中国古代的"四诛"与西方的宗教迫害并列为例?
　　3.胡适是在怎样的历史背景下提出"容忍比自由还更重要"的论断的? 他所提倡的"容忍"与他所追求的"自由",各自的内涵是什么?

趣 味 链 接

《容忍与自由》课件。

主题三　心灵的感动

【主题三导读】

　　生活中有光明也有阴影,有快乐也有忧伤。当我们的心被琐碎的生活磨砺得麻木不仁,当我们的情感让冷漠的现实浸染得面目全非,我们不要让阴霾挡住了光明,不要让冷漠孤独了灵魂,不要让消沉阻碍了前进的步伐,我们要学会与人相互靠近,给彼此更多的温暖与快乐。

　　让我们共同走进作品,让作者们的宽厚仁爱的胸襟来激励我们年轻人追求进取、乐观向上!

触龙说赵太后[1]

《战国策》

《触龙说赵太后》课文插图

赵太后新用事，秦急攻之。赵氏求救于齐，齐曰："必以长安君为质[2]，兵乃出。"太后不肯，大臣强谏。太后明谓左右："有复言令长安君为质者，老妇必唾其面。"

左师触龙愿见太后[3]，太后盛气而揖[4]之。入而徐趋，至而自谢，曰："老臣病足，曾不能疾走，不得见久矣。窃自恕，而恐太后玉体之有所郄[5]也，故愿望见太后。"太后曰："老妇恃辇而行。"曰："日食饮得无衰乎？"曰："恃鬻[6]耳。"曰："老臣今者殊不欲食，乃自强步，日三四里，少益耆[7]食，和于身也。"太后曰："老妇不能。"太后之色少解。

左师公曰："老臣贱息[8]舒祺最少，不肖；而臣衰，窃爱怜之。愿令得补黑衣[9]之数，以卫王宫[10]。没死[11]以闻。"太后曰："敬诺。年几何矣？"对曰："十五岁矣。虽少，愿及未填沟壑[12]而托之。"太后曰："丈夫亦爱怜其少子乎？"对曰："甚于妇人。"太后笑曰："妇人异甚。"对曰："老臣窃以为媪之爱燕后[13]贤于长安君。"曰："君过矣！不若长安君之甚。"左师公曰："父母之爱子，则为之计深远。媪之送燕后也，持其踵[14]，为之泣，念悲其远也，亦哀之矣。已行，非弗思也，祭祀必祝之，祝曰：'必勿使反[15]。'岂非计久长，有子孙相继为王也哉？"太后曰："然。"

左师公曰："今三世以前[16]，至于赵之为赵[17]，赵主之子孙侯者，其继有在者乎？"曰："无有。"曰："微独[18]赵，诸侯有在者乎？"曰："老妇不闻也。""此其近者祸及身，远者及其子孙。岂人主之子孙则必不善哉？位尊而无功，奉厚而无劳，而挟重器[19]多也。今媪尊长安君之位，而封之以膏腴之地，多予之重器，而不及今令有功于国，一旦山陵崩[20]，长安君何以自托于赵？老臣以媪为长安君计短也，故以为其爱不若燕后。"太后曰："诺，恣君之所使之。"

于是为长安君约车百乘，质于齐，齐兵乃出。

子义[21]闻之，曰："人主之子也，骨肉之亲也，犹不能恃无功之尊，无劳之奉，而守金玉之重也，而况人臣乎！"

▷▷▷ 知 人 论 世 ▷▷▷

1.赵太后

赵太后即历史上赫赫有名的赵威后。《战国策·齐策》的《赵威后问齐使》一文中记录，赵威后接见齐国使臣，先问收成，后问百姓，最后才问到君王，致使齐使不悦，认为她是先卑贱而后尊贵，而赵威后道出"苟无岁，何以有民？苟无民，何以有君？故有问舍本而问末者耶？"的千古名言。从此，赵太后威风八面，名垂青史。

2. 触龙

战国时赵国大臣。官左师。

3. 刘向

刘向(约前77—前6)，本名更生，字子政。汉皇族楚元王刘交四世孙。沛(今江苏沛县)人，世居京兆长安(今陕西西安)。西汉官吏，目录学家，文学家。

所撰《别录》，是我国最早的图书公类目录。所作辞赋三十三篇，大多亡佚，唯有《九叹》为完篇。另有《新序》《说苑》《列女传》，其著作《五经通义》已佚，清马国翰《玉函山房辑佚书》辑存一卷。

刘向像

小导助学

1. 文学常识

《战国策》是一部国别体史学著作，也是一部重要的散文集。最初有《国策》《国事》《短长》《事语》《长书》《修书》等名称，原书由各诸侯国史官或策士辑录，编次混乱，名称繁多。后经西汉末年刘向编校，除去重复的地方，将其编订为33篇，定名为《战国策》。全书分为西周、东周、秦、齐、楚、赵、魏、韩、燕、宋、卫、中山十二国策。记载了周贞定王十七年(前452)至秦始皇三十一年(前216)236年间各国政治、军事、外

《战国策》

交方面的一些动态，其中以记载谋臣策士的言论和活动为主要内容，广泛地反映了当时的社会矛盾和复杂的斗争，保存了战国时代的大量富有价值的史料。同时，《战国策》语言精练，文笔委婉生动，人物形象鲜明，富有浓厚的文学意味，是我国古代有文学价值的散文著作。

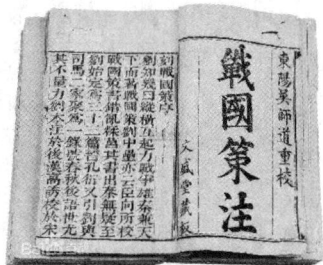

2. 写作背景

《触龙说赵太后》这个故事大约发生在赵孝成王元年(公元前265年)。公元前266年，赵国国君惠文王去世，他的儿子孝成王继承了王位，因当时孝成王还小，所以由赵威后执政。当时的赵国，虽然有廉颇、蔺相如、平原君等人在支撑门面，但赵太后刚执政，处于新旧交替之际，国内动荡不安，国势大不如前。秦国认为有机可乘，便发兵东下，一举攻占了赵国的三座城池，赵国危在旦夕，太后不得不向齐国求援。齐国虽答应出兵，但按当时惯例提出了一个条件：即赵国必须派太后的幼子长安君到齐国做人质。太后是如何考虑这件事的，触龙又是怎样巧妙地说服太后使长安君质于齐的呢？

3. 注释

[1]本文选自《战国策》汇校汇注本上海古籍出版社1985年版。赵太后：赵惠文王威后，赵孝成王之母。

[2]长安君：赵太后幼子的封号。质：古代诸侯国求助于别国时，每以公子抵押，即人质。

[3]左师：春秋战国时宋、赵等国官制，有左师、右师，为掌实权的执政官。触龙言：原作"触詟"二字，据《史记·赵世家》改。

[4]揖：辞让。《史记·赵世家》"揖"作"胥"，胥为等待之意。

[5]郄(xì)：通"隙"。有所郄，是身体有所不正常的委婉说法。

[6]鬻：粥的本字。

[7]耆(shì)：通"嗜"，喜爱。

[8]贱息:对自己儿子的谦称。

[9]黑衣:赵国侍卫穿的衣服,用以指代宫廷卫士。

[10]宫:原作"官",从《史记·赵世家》改。

[11]没死:冒着死罪。臣对君的谦卑用语。

[12]填沟壑:对自己"死"的谦称。自比为贱民奴隶,野死弃尸于溪谷。

[13]燕后:赵太后之女,远嫁燕国为后。

[14]踵:足跟。女嫁乘舆辇将行,母不忍别,在车下抱其足而泣。

[15]反:同"返"。古代诸侯嫁女于他国为后,若非失宠被废、夫死无子、或亡国失位,是不回国的。

[16]三世以前:指赵武灵王。孝成王之父为惠文王,惠文王之父为武灵王。

[17]赵之为赵:前"赵"指赵氏,周穆王赐造父以赵城,始有赵氏;后"赵"指赵国。

[18]微独:非独,不仅,不但。微,非、不。

[19]重器:指象征国家权力的贵重器皿。

[20]山陵:喻帝王,此处指赵太后。崩:喻帝王死。

[21]子义:赵国贤人。

4. 课文简析

《触龙说赵太后》是《战国策》中的名篇。主要讲述了战国时期,秦国趁赵国政权交替之机,大举攻赵,并已占领赵国三座城市。赵国形势危急,向齐国求援。齐国一定要赵威后的小儿子长安君为人质,才肯出兵。赵威后溺爱长安君,执意不肯,致使国家危机日深。

本文写的就是在强敌压境、赵太后又严厉拒谏的危急形势下,触龙因势利导,以柔克刚,用"爱子则为之计深远"的道理,说服赵太后,让她的爱子出质于齐,换取救兵,解除国家危难的故事,歌颂了触龙以国家利益为重的品质和触龙善于做思想工作的才能。

5. 课文结构图解

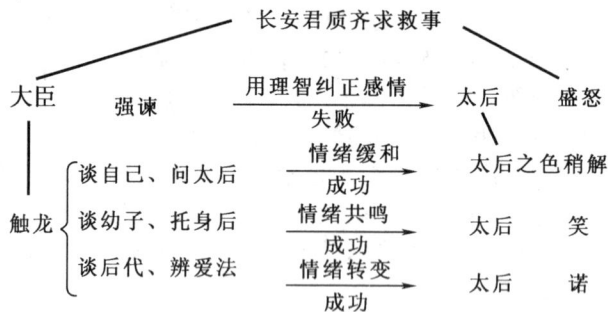

思 考 探 究

1. 齐国为什么一定要把长安君作为人质?

2. 精读课文,用原文回答问题

(1)触龙说赵太后的背景是什么?

(2)从文中找出触龙对太后关心的句子。

(3)听了触龙一番嘘寒问暖的话语后,赵太后的表情有何变化?

(4)从课文中找出触龙爱怜舒祺的句子。

(5)关于男人和女人谁更爱幼子的问题,触龙和赵太后是如何争论的?

(6)触龙是怎样看待太后对子女的爱的?

(7)触龙哪些话最终打动了太后?

3. 试分析触龙游说的技巧。

4. 谈一谈你如何理解"父母之爱子,则为之计深远"这句话的。

> 趣 味 链 接

《触龙说赵太后》课件。

宋词两首

江城子[1]乙卯正月二十日夜记梦[2]

苏轼

十年生死两茫茫[3],不思量[4],自难忘。千里孤坟[5],无处话凄凉。纵使相逢应不识[6],尘满面,鬓如霜[7]。

夜来幽梦忽还乡[8],小轩窗[9],正梳妆。相顾无言[10],惟有泪千行。料得年年肠断处[11],明月夜,短松冈[12]。

> 知 人 论 世

1.苏轼

苏轼(1037-1101),北宋文学家、书画家、美食家。字子瞻,号东坡居士,眉州眉山(今属四川)人。一生仕途坎坷,学识渊博,天资极高,诗文书画皆精。其文汪洋恣肆,明白畅达,与欧阳修并称欧苏,为"唐宋八大家"之一;诗清新豪健,善用夸张、比喻,艺术表现独具风格,与黄庭坚并称苏黄;词开豪放一派,对后世有巨大影响,与辛弃疾并称苏辛;书法擅长行书、楷书,能自创新意,用笔丰腴跌宕,有天真烂漫之趣,与黄庭坚、米芾、蔡襄并称宋四家;画学文同,论画主张神似,提倡"士人画"。著有《苏东坡全集》和《东坡乐府》等。

苏轼画像

2.王弗

王弗,苏轼的结发之妻,四川眉州青神人,幼承庭训,颇通诗书。十六岁时,嫁给苏轼。她堪称苏轼的得力助手,有"幕后听言"的故事。治平二年五月(1065)卒,年仅二十七岁。

王弗像

王弗聪慧谦谨,知书达礼,刚嫁给苏轼时,未曾说自己读过书。婚后,每当苏轼读书时,她便陪伴在侧,终日不去;苏轼偶有遗忘,她便从旁提醒。苏轼问她其他书,她都说略微知道。王弗对苏轼关怀备至,二人情深意笃,恩爱有加。

小 导 助 学

1. 写作背景

苏东坡十九岁时,与年方十六的王弗结婚。王弗年轻美貌,且侍亲甚孝,二人恩爱情深。可惜天命无常,王弗二十七岁就去世了。这对东坡是绝大的打击,其心中的沉痛,精神上的痛苦,是不言而喻的。苏轼在《亡妻王氏墓志铭》里说:"治平二年五月丁亥,赵郡苏轼之妻王氏,卒于京师。六月甲午,殡于京城之西。其明年六月壬午,葬于眉之东北彭山县安镇乡可龙里先君先夫人墓之西北八步。"于平静语气下,寓绝大沉痛。公元1075年(熙宁八年),东坡来到密州,这一年正月二十日,他梦见爱妻王氏,便写下了这首"有声当彻天,有泪当彻泉"(陈师道语)且传诵千古的悼亡词。

2. 注释

[1]江城子:词牌名。

[2]乙卯(mǎo):公元1075年,即北宋熙宁八年。

[3]十年:指结发妻子王弗去世已十年。

[4]思量:想念。"量liàng"按格律应念平声liáng。

[5]千里:王弗葬地四川眉山与苏轼任所山东密州相隔遥远,故称"千里"。孤坟:其妻王氏之墓。

[6]纵使:即使。

[7]尘满面,鬓如霜:形容饱经沧桑,面容憔悴。

[8]幽梦:梦境隐约,故云幽梦。

[9]小轩窗:指小室的窗前。小轩:有窗槛的小屋。

[10]顾:看。

[11]料得:料想,想来。肠断处:一作"断肠处"。

[12]明月夜,短松冈:苏轼葬妻之地。短松:矮松。

3. 作品简析

《江城子·乙卯正月二十日夜记梦》是宋代大文学家苏轼为悼念原配妻子王弗而写的一首悼亡词,表现了绵绵不尽的哀伤和思念。此词情意缠绵,字字血泪。上阕写词人对亡妻的深沉的思念,写实;下阕记述梦境,抒写了词人对亡妻执着不舍的深情,写虚。上阕记实,下阕记梦,虚实结合,衬托出对亡妻的思念,加深全词的悲伤基调。词中采用白描手法,出语如话家常,却字字从肺腑镂出,自然而又深刻,平淡中寄寓着真淳。全词思致委婉,境界层出,情调凄凉哀婉,为脍炙人口的名作。

思 考 探 究

1．题目为"乙卯正月二十日夜记梦"，但是上阕并没有记梦，那它的作用是什么？

2．促成作者夜梦亡妻的因素有哪几个方面？（结合上阕词文回答）

3．"夜来幽梦忽还乡，小轩窗，正梳妆。"这一描写表达了作者怎样的思想感情，在文中起到了什么作用？

4．概括本词的艺术特色。

钗头凤[1]

陆游

红酥手，黄縢酒[2]，满城春色宫墙柳[3]。东风恶[4]，欢情薄。一怀愁绪，几年离索[5]。错，错，错。

春如旧，人空瘦，泪痕红浥鲛绡透[6]。桃花落，闲池阁[7]。山盟虽在[8]，锦书难托[9]。莫，莫，莫[10]！

《钗头凤》课文插图

1．陆游

陆游（1125—1210），南宋爱国诗人、词人。字务观，号放翁，越州山阴（今浙江绍兴）人。绍兴中应殿试，为秦桧所黜。孝宗即位，赐进士出身，曾任镇江、隆兴通判。乾道六年（1170）入蜀，任夔州通判。乾道八年（1172）入四川宣抚使王炎幕府。官至宝谟阁待制。晚年退居家乡。工诗、词、文，长于史学。与尤袤、杨万里、范成大并称南宋四大家。其诗今存九千余首，清新圆润，格力恢宏，有《剑南诗稿》《渭南文集》《南唐书》《老学庵笔记》《放翁词》《渭南词》等。

2．历史背景

陆游的原配夫人是同郡唐姓士族的一个大家闺秀唐氏（有人说唐氏即陆游的表妹唐琬）。结婚以后，他们"伉俪相得""琴瑟甚和"，是一对情投意合的恩爱夫妻。不料，作为婚姻包办人之一的陆母却对儿媳产生了厌恶感，逼迫陆游休弃唐氏。

在陆游百般劝谏、哀求而无效的情况下，二人终于被迫分离，唐氏改嫁"同郡宗子"赵士程,彼此之间也就音讯全无了。几年以后的一个春日,陆游在家乡山阴(今浙江绍兴)禹迹寺附近的沈园,与偕夫同游的唐氏邂逅。唐氏安排酒肴,聊表对陆游的抚慰之情。陆游见人感事,心中感触很深,遂乘醉吟赋这首词,信笔题于园壁之上。

小 导 助 学

1.注释

[1]钗头凤:词牌名。原名"撷芳词",相传取自北宋政和间宫苑撷芳园之名。后因有"可怜孤似钗头凤"词句,故名。又名"折红英"。双调六十字,上下阕各七仄韵,两叠韵,两部递换。

[2]黄滕(téng):此处指美酒。宋代官酒以黄纸为封,故以黄封代指美酒。

[3]官墙:南宋以绍兴为陪都,绍兴的某一段围墙,故有官墙之说。

[4]东风:喻指陆游的母亲。

[5]离索:离群索居的简括。

[6]浥(yì):湿润。鲛(jiāo)绡(xiāo):神话传说鲛人所织的绡,极薄,后用以泛指薄纱,这里指手帕。绡,生丝,生丝织物。

[7]池阁:池上的楼阁。

[8]山盟:旧时常用山盟海誓,指对山立盟,指海起誓。

[9]锦书:写在锦上的书信。

[10]莫:相当于今"罢了"意。

2.课文简析

谁道最是离恨苦? 相逢时更添上一重哀怨之情,往日欢情已被东风吹散,景物依旧徒增烦恼,一怀愁绪无处交托,空余下一叠声的感慨,一叠声的哽咽,二字一顿,心中数年的思念刚要涌出又和着泪吞下,可谓是字字见血,相对无言,欲言又止,这份深情、这份憾恨沈园旧地又岂能承载得住。

思 考 探 究

读《千年绝唱,陆游和唐琬的故事》后回答下列问题。

1.比较陆游的《钗头凤》和唐琬的《钗头凤》在情感上有什么不同?

2.两首词在表现手法上有何异同?

趣 味 链 接

1.千年绝唱,陆游和唐琬的故事

陆游生于两宋之交,自幼聪慧过人,成长在矛盾激化的南宋,先后师从毛德昭、韩有功、陆彦远等人,因长辈有功以恩荫被授予登仕郎之职。

陆游二十岁之时在父母的安排下迎娶表妹唐琬为妻。陆游的父亲曾任转运副使,舅舅任光州通判,既是门当户对又是亲上加亲,陆游与唐琬虽然是父母之命媒妁之言的婚姻,却是超乎寻常的幸福。因为陆游参加科举考试在十六岁和十九岁时曾在舅舅家读书,与唐琬一起度过了很多快乐的时光。

由于陆游的母亲是这场婚姻的主导者,在唐琬来到陆家不到三年就对她厌恶不已,逼着陆游把唐琬赶出陆家,陆游的母亲、唐琬的姑姑身为这桩婚姻的一手策划者为何又这般讨厌唐琬呢? 陆游在结婚之前两度参加科举都名落孙山。

因为科举失败,陆游的父母认为陆游年岁不小了不如先成家,成家之后自然可以安心读书。可是陆游母亲发现在婚后陆游不但没有收敛心志专心读书,反而更加贪玩,整天与唐琬在房中吟诗作画,把科举忘得一干二净。

陆游的祖上世代务农,到高祖一代以科举发家,之后的祖父、父亲一辈都考中科举。陆游作为陆家的后代有责任和义务参加科举并考中进士。而且此时的陆游父亲已赋闲在家,虽然挂了一个名头,领取的只不过是一份微薄的俸禄,因此振兴陆家的希望就全部寄托在陆游的身上。陆游的母亲见他如此不务正业沉湎女色,着实焦虑不安。

母亲心疼儿子不忍心责备,便找唐琬,唐琬也是千金小姐,自小也娇纵惯了,对婆婆的话也未放在心上。一来二去,陆游的母亲就对自己儿媳妇开始不满,最后变成驱之而后快。另外唐琬婚后两年多,竟然没有给陆家生下一男半女,这在古代可是非常严重的罪过。于是唐琬背负了让陆游倦于科举、影响仕途还不能传宗接代这两大罪过。陆母最终下令将唐琬驱逐出陆家。

陆游不敢违抗母亲又不忍伤害唐琬,于是陆游在山阴找了个偏僻的地方租了一栋宅院让唐琬住了下来。可不知怎么被陆游的母亲知道了,于是唐氏叫人将陆游骗回家然后自己带上丫鬟仆妇赶到那个宅院把唐琬直接送回临安娘家。

唐琬的父亲得知一切之后极为生气。在唐琬父亲看来就算是唐琬不能生育是可以纳妾来解决传宗接代的问题,至于陆游厌倦读书又与女儿何干,两家本是至亲,做事竟然如此决绝,于是唐琬回到家中不久,父亲就把唐琬嫁给了皇族宗亲赵士程。

数月之后陆游的母亲也给陆游安排了一桩婚事,王氏虽然门第不如唐家,可也算是仕宦之家,而且过门第二年就生了一个儿子。陆母很高兴。四年之间,王氏前后生下三个儿子。

陆游既畏惧母亲的封建礼法又对唐琬深深愧疚。陆游后来知道唐琬再嫁远胜陆家的皇族宗亲赵士程,陆游只能把心中的失落埋藏起来。后来陆游外出游学做官偶然在春末游览沈园,巧遇唐琬,并写下流传千古的《钗头凤》。

红酥手,黄縢酒,满城春色宫墙柳。东风恶,欢情薄,一怀愁绪,几年离索,错,错,错。

春如旧,人空瘦,泪痕红浥鲛绡透。桃花落,闲池阁,山盟虽在,锦书难托,莫,莫,莫。

陆游写罢,潸然泪下,独自离去。

唐琬读了此诗,悲恸欲绝,她提笔附和:

世情薄,人情恶,雨送黄昏花易落。晓风干,泪痕残,欲笺心事,独语斜阑,难,难,难。

人成各,今非昨,病魂常似秋千索。角声寒,夜阑珊,怕人寻问,咽泪装欢,瞒,瞒,瞒。

回家后的唐琬,很快就一病不起,当年秋便抑郁而终。

太爱也是一种罪,唐琬用"世情薄,人情恶"两句,抒写了对于在封建礼教支配下的世故人情的愤恨之情。也暗喻了自己备受摧残的凄凉处境,为人子女难,做妻子难,而被丈夫休弃再嫁的女子,难上加难。她与陆游留下的两首《钗头凤》,被后世追求爱的真谛的人传唱不衰。

陆游在七十五岁时,便住到沈园的附近,"每入城,必登寺眺望,不能胜情",写下绝句两首,即《沈园》诗二首。

城上斜阳画角哀,沈园非复旧池台。伤心桥下春波绿,曾是惊鸿照影来。

梦断香消四十年,沈园柳老不吹绵。此身行作稽山土,犹吊遗踪一泫然。

唐琬留给陆游的是五十年的惊鸿旧梦。

其实,对于骤然中断的感情,人在年轻的时候也许很快就能适应,反而越是到了晚年,越是惆怅,这也就是为什么,陆游晚年的时候屡屡写诗怀念唐琬。

人只有到了这个时候,才会意识到什么是终身遗憾,可是已经晚了。

王弗墓志铭
苏轼

治平二年五月丁亥,赵郡苏轼之妻王氏,卒于京师。六月甲午,殡于京城之西。其明年六月壬午,葬于眉之东北彭山县安镇乡可龙里先君先夫人墓之西北八步。轼铭其墓曰:君讳弗,眉之青神人,乡贡进士方之女。生十有六年而归于轼。有子迈。君之未嫁,事父母,既嫁,事吾先君、先夫人,皆以谨肃闻。其始,未尝自言其知书也。见轼读书,则终日不去,亦不知其能通也。其后轼有所忘,君辄能记之。问其他书,则皆略知之。由是始知其敏而静也。从轼官于凤翔,轼有所为于外,君未尝不问知其详。曰:"子去亲远,不可以不慎。"日以先君之所以戒轼者相语也。轼与客言于外,君立屏间听之,退必反覆其言曰:"某人也,言辄持两端,惟子意之所向,子何用与是人言。"有来求与轼亲厚甚者,君曰:"恐不能久。其与人锐,其去人必速。"已而果然。将死之岁,其言多可听,类有识者。其死也,盖年二十有七而已。始死,先君命轼曰:"妇从汝于艰难,不可忘也。他日汝必葬诸其姑之侧。"未期年而先君没,轼谨以遗令葬之。铭曰:君得从先夫人于九原,余不能。呜呼哀哉!余永无所依怙。君虽没,其有与为妇何伤乎?呜呼哀哉!

2.《宋词两首》课件。

江城子　　　　　　　　钗头凤

仓央嘉措情诗

那一世

仓央嘉措

那一天，
我闭目在经殿的香雾中，
蓦然听见，
你诵经中的真言；

那一月，
我摇动所有的经简，
不为超度，
只为触摸你的指尖；

那一年，
磕长头匍匐在山路，
不为觐见，
只为贴着你的温暖；

那一世，
转山转水转佛塔，
不为修来世，
只为途中与你相见；

那一夜，
我听了一宿梵唱，
不为参悟，
只为寻你的一丝气息；

那一月，
我转过所有经简，
不为超度，
只为触摸你的指纹；

那一年，
我磕长头拥抱尘埃，
不为朝佛，
只为贴着你的温暖；

那一世，
我翻遍十万大山，
不为修来世，
只为路中能与你相遇；

那一瞬，
我飞升成仙，
不为长生，
只为佑你平安喜乐；

只是，
就在那一夜，
我忘却了所有，
抛却了信仰，
舍弃了轮回，
只为，
那曾在佛前哭泣的玫瑰，
早已失去旧日的光泽。

知 人 论 世

仓央嘉措（1683 － 1706），中国藏族僧人、诗人，第六世达赖喇嘛。仓央嘉措是西藏最具代表的民歌诗人，写了很多细腻真挚的诗歌，代表作品：《那一世》《问佛》《不负如来不负卿》《十诫诗》等。

小 导 助 学

1. 诗人仓央嘉措

仓央嘉措，1683 年出生于西藏门隅地区。仓央嘉措 14 年的乡村生活，使他有了大量尘世生活经历及他本人对自然的热爱，激发了他诗的灵感，写下了许多缠绵的"情歌"。他的诗歌有六十余首，因其内容除几首颂歌外，大多是描写男女爱情的忠贞、欢乐，遭挫折时的哀怨,所以一般都译成《情歌》。《情歌》的藏文原著广泛流传,有的以口头形式流传,有的以手抄本问世,有的以木刻本印出,足见藏族读者喜爱之深。

2. 诗歌特色

(1)内容之美

仓央嘉措的诗歌表现了他短暂而传奇一生的爱与憎、苦与乐、行与思、感与悟,在一定程度上反映了他追求自由美好生活的愿望,主题积极深刻,其思想内容上的特点主要如下:

大胆的写实性。仓央嘉措是宗教领袖人物,但他敢于写出自己的现实行动、内心感受和生活理想,大胆地向传统势力挑战,表现出巨大的勇气。

真挚的情感性。仓央嘉措的诗歌大多是描写男女爱情的,诗中有初识乍遇的羞怯,有两情相悦的欢欣,有失之交臂的惋惜,有山盟海誓的坚贞,也有对于负心背离的怨尤,充分表达了作者对爱情生活的热切渴望与真挚追求。

深刻的哲理性。仓央嘉措的诗歌,有不少在叙事的同时,概括出丰富的人生哲理,通俗中透着深刻,给读者以启发。

(2)形式之美

和谐的音乐美。仓央嘉措的诗歌运用了语言本身的抑扬节奏和藏族“谐体”民歌的特点,使诗歌韵律极强,呈现出一种和谐的音乐美,读起来朗朗上口,铿锵悦耳。主要表现在:一是运用民歌“谐体”的特点和语音的抑扬顿挫来体现韵律美。仓诗大多每首四句,每句六个音节,句法整齐,每两个音节一“顿”,每句分为三个“顿”,即“四句六音三顿”,再加上一、三句表示语气未完的“扬式”和二、四句收尾的“降式”,就显得节奏清晰,起伏跌宕,简短有力,形成一种优美的音乐效果。

悠远的意境美。仓央嘉措的诗歌大量地运用了比拟、双关、象征、排比等手法,以此烘托渲染气氛,塑造鲜明的艺术形象,创设出悠远的艺术境界,取得了完美的艺术效果。仓央嘉措堪称使用意象传情达意的巨匠,诗歌作品中各类意象比比皆是。事实上,意象的丰富性已经构成了仓央嘉措诗歌的显著特点之一。

通俗的自然美。仓央嘉措所处的时代,文人多受“年阿”诗体的影响,崇尚典雅深奥、讲求辞藻堆砌之风盛行,而他却坚持将通俗的语言写入诗篇,使《情歌》语言简洁清新,平淡质朴,自然流畅,柔美委婉。

3. 课文简析

本诗选自《仓央嘉措诗传全集》,中国华侨出版社 2011 年 6 月版。

这首诗彰显出了一个世人眼中的仓央嘉措。他细腻、温柔,是拉萨街头翩翩少年,是雪域青天下的英俊男儿。为那句“我摇动所有的经筒,不为超度,只为触摸你的指尖”,有无数痴于情爱的红尘男女,试图倾听这位忧郁的王者灵魂寂静的叹息。

这是一首爱的挽歌,作者在时光的感慨中体味着爱情的渐淡、渐远……从中,我们读到的不仅仅是作者的感伤,同时还包括对那朵“早已失去旧日的光泽”的“哭泣的玫瑰”的哀叹——时间的力量更改了爱的誓言,时间的无情让爱变得苍白。

趣 味 链 接

1.拓展阅读

问 佛

仓央嘉措

我问佛:为何不给所有女子羞花闭月的容颜?
佛曰:那只是昙花的一现,用来蒙蔽世俗的眼,
没有什么美可以抵过一颗纯净仁爱的心,
我把它赐给每一个女子,
可有人让它蒙上了灰。

我问佛:世间为何有那么多遗憾?
佛曰:这是一个婆娑世界,婆娑即遗憾,
没有遗憾,给你再多幸福也不会体会快乐。

我问佛:如何让人们的心不再感到孤单?
佛曰:每一颗心生来就是孤单而残缺的,
多数带着这种残缺度过一生,
只因与能使它圆满的另一半相遇时,
不是疏忽错过,就是已失去了拥有它的资格。

我问佛:如果遇到了可以爱的人,却又怕不能把握该怎么办?
佛曰:留人间多少爱,迎浮世千重变,
和有情人,做快乐事,
别问是劫是缘。

我问佛:如何才能如你般睿智?
佛曰:佛是过来人,人是未来佛,佛把世间万物分为十界:佛,菩萨,声闻,缘觉,天,阿修
罗,人,畜生,饿鬼,地狱;
天,阿修罗,人,畜生,饿鬼,地狱,为六道众生;
六道众生要经历因果轮回,从中体验痛苦。
在体验痛苦的过程中,只有参透生命的真谛,才能得到永生。
凤凰,涅槃。

佛曰,人生有八苦:生,老,病,死,爱别离,怨长久,求不得,放不下。
佛曰:命由己造,相由心生,世间万物皆是化相,心不动,万物皆不动,心不变,万物皆

不变。

佛曰:坐亦禅,行亦禅,一花一世界,一叶一如来,春来花自青,秋至叶飘零,无穷般若心自在,语默动静体自然。

佛说:万法皆生,皆系缘分,偶然的相遇,暮然的回首,注定彼此的一生,只为眼光交汇的刹那。

缘起即灭,缘生已空。

我也曾如你般天真。

佛门中说一个人悟道有三阶段:"勘破、放下、自在。"

的确,一个人必须要放下,才能得到自在。

我问佛:为什么总是在我悲伤的时候下雪?

佛说:冬天就要过去,留点记忆。

我问佛:为什么每次下雪都是我不在意的夜晚?

佛说:不经意的时候人们总会错过很多真正的美丽。

我问佛:那过几天还下不下雪?

佛说:不要只盯着这个季节,错过了今冬。

2.《仓央嘉措情诗》课件。

金岳霖先生[1]

汪曾祺[2]

西南联大有许多很有趣的教授,金岳霖先生是其中的一位。金先生是我的老师沈从文先生的好朋友。沈先生当面和背后都称他为"老金"。大概时常来往的熟朋友都这样称呼他。

关于金先生的事,有一些是沈先生告诉我的。我在《沈从文先生在西南联大》一文中提到过金先生。有些事情在那篇文章里没有写进,觉得还应该写一写。

金先生的样子有点怪。他常年戴着一顶呢帽,进教室也不脱下。每一学年开始,给新的一班学生上课,他的第一句话总是:"我的眼睛有毛病,不能摘帽子,并不是对你们不尊重,请原谅。"他的眼睛有什么病,我不知道,只知道怕阳光。

因此他的呢帽的前檐压得比较低,脑袋总是微微地仰着。他后来配了一副眼镜,这副眼镜一只的镜片是白的,一只是黑的。这就更怪了。后来在美国讲学期间把眼睛治好了,——好一些了,眼镜也换了,但那微微仰着脑袋的姿态一直还没有改变。他身材相当高大,经常穿一件烟草黄色的麂皮夹克,天冷了就在里面围一条很长的驼色的羊绒围巾。联大的教授穿衣服是各色各样的。闻一多先生有一阵穿一件式样过时的灰色旧夹袍,是一个亲戚送给他的,领子很高,袖口极窄。联大有一次在龙云的长子、蒋介石的干儿子龙绳武家里开校友会,——龙云的长媳是清华校友,闻先生在会上大骂"蒋介石,王八蛋!混蛋!"那天穿的就是这件高领窄袖的旧夹袍。

朱自清先生有一阵披着一件云南赶马人穿的蓝色毡子的一口钟。除了体育教员,教授里穿夹克的,好像只有金先生一个人。他的眼神即使是到美国治了后也还是不大好,走起路来有点深一脚浅一脚。他就这样穿着黄夹克,微仰着脑袋,深一脚浅一脚地在联大新校舍的一条土路上走着。

金先生教逻辑。逻辑是西南联大规定文学院一年级学生的必修课,班上学生很多,上课在大教室,坐得满满的。在中学里没有听说有逻辑这门学问,大一的学生对这课很有兴趣。金先生上课有时要提问,那么多的学生,他不能都叫得上名字来,——联大是没有点名册的,他有时一上课就宣布:"今天,穿红毛衣的女同学回答问题。"

于是所有穿红衣的女同学就都有点紧张,又有点兴奋。那时联大女生在蓝阴丹士林旗袍外面套一件红毛衣成了一种风气。——穿蓝毛衣、黄毛衣的极少。问题回答得流利清楚,也是件出风头的事。金先生很注意地听着,完了,说:"Yes!请坐!"

学生也可以提出问题,请金先生解答。学生提的问题深浅不一,金先生有问必答,很耐心。有一个华侨同学叫林国达,操广东普通话,最爱提问题,问题大都奇奇怪怪。他大概觉得逻辑这门学问是挺"玄"的,应该提点怪问题。有一次他又站起来提了一个怪问题,金先生想了一想,说:"林国达同学,我问你一个问题:' Mr. 林国达 is perpenticular to the blackboard(林国达君垂直于黑板),这什么意思?"

林国达傻了。林国达当然无法垂直于黑板,但这句话在逻辑上没有错误。

林国达游泳淹死了。金先生上课,说:"林国达死了,很不幸。"这一堂课,金先生一直没有笑容。

有一个同学,大概是陈蕴珍,即萧珊,曾问过金先生:"您为什么要搞逻辑?"逻辑课的前一半讲三段论,大前提、小前提、结论、周延、不周延、归纳、演绎……还比较有意思。后半部全是符号,简直像高等数学。她的意思是:这种学问多么枯燥!金先生的回答是:"我觉得它很好玩。"

除了文学院大一学生必修逻辑,金先生还开了一门"符号逻辑",是选修课。这门学问对我来说简直是天书。选这门课的人很少,教室里只有几个人。学生里最突出的是王浩。金先生讲着讲着,有时会停下来,问:"王浩,你以为如何?"这堂课就成了他们师生二人的对话。王浩现在在美国。前些年写了一篇关于金先生的较长的文章,大概是论金先生之学的,我没有见到。

王浩和我是相当熟的。他有个要好的朋友王景鹤,和我同在昆明黄土坡一个中学教学,王浩常来玩。来了,常打篮球。大都是吃了午饭就打。王浩管吃了饭就打球叫"练盲肠"。王浩的相貌颇"土",脑袋很大,剪了一个光头,——联大同学剪光头的很少,说话带山东口音。他现在成了洋人——美籍华人,国际知名的学者,我实在想象不出他现在是什么样子。前年他回国讲学,托一个同学要我给他画一张画。我给他画了几个青头菌、牛肝菌,一根大葱,两头蒜,还有一块很大的宣威火腿。——火腿是很少入画的。我在画上题了几句话,有一句是"以慰王浩异国乡情"。王浩的学问,原来是师承金先生的。一个人一生哪怕只教出一个好学生,也值得了。当然,金先生的好学生不止一个人。

金先生是研究哲学的,但是他看了很多小说。从普鲁斯特到福尔摩斯,都看。听说他很爱看平江不肖生的《江湖奇侠传》。有几个联大同学住在金鸡巷,陈蕴珍、王树藏、刘北汜、施载宣(萧荻)。楼上有一间小客厅。沈先生有时拉一个熟人去给少数爱好文学、写写东西的同学讲一点什么。金先生有一次也被拉了去。他讲的题目是《小说和哲学》。题目是沈先生给他出的。大家以为金先生一定会讲出一番道理。不料金先生讲了半天,结论却是:小说和哲学没有关系。有人问:那么《红楼梦》呢? 金先生说:"红楼梦里的哲学不是哲学。"他讲着讲着,忽然停下来:"对不起,我这里有个小动物。"他把右手伸进后脖颈,捉出了一个跳蚤,捏在手指里看看,甚为得意。

金先生是个单身汉(联大教授里不少光棍,杨振声先生曾写过一篇游戏文章《释鳏》,在教授间传阅),无儿无女,但是过得自得其乐。他养了一只很大的斗鸡(云南出斗鸡)。这只斗鸡能把脖子伸上来,和金先生一个桌子吃饭。他到处搜罗大梨、大石榴,拿去和别的教授的孩子比赛。比输了,就把梨或石榴送给他的小朋友,他再去买。

金先生朋友很多,除了哲学的教授外,时常来往的,据我所知,有梁思成、林徽因夫妇,沈从文,张奚若……君子之交淡如水,坐定之后,清茶一杯,闲话片刻而已。金先生对林徽因的谈吐才华,十分欣赏。现在的年轻人多不知道林徽因。她是学建筑的,但是对文学的趣味极高,精于鉴赏,所写的诗和小说如《窗子以外》《九十九度中》风格清新,一时无二。林徽因死后,有一年,金先生在北京饭店请了一次客,老朋友收到通知,都纳闷:老金为什么请客? 到了之后,金先生才宣布:"今天是徽因的生日。"

金先生晚年深居简出。毛主席曾经对他说:"你要接触接触社会。"金先生已经八十岁了,怎么接触社会呢? 他就和一个蹬平板三轮车的约好,每天蹬着他到王府井一带转一大圈。

我想象金先生坐在平板三轮上东张西望,那情景一定非常有趣。王府井人挤人,熙熙攘攘,谁也不会知道这位东张西望的老人是一位一肚子学问,为人天真、热爱生活的大哲学家。

金先生治学精深,而著作不多。除了一本大学丛书里的《逻辑》,我所知道的,还有一本《论道》。其余还有什么,我不清楚,须问王浩。

我对金先生所知甚少。希望熟知金先生的人把金先生好好写一写。

联大的许多教授都应该有人好好地写一写。

一九八七年二月二十三日

知人论世

1. 汪曾祺

汪曾祺(1920—1997),江苏高邮人,中国当代作家、散文家、戏剧家、京派作家的代表人物。被誉为"抒情的人道主义者,中国最后一个纯粹的文人,中国最后一个士大夫"。汪曾祺在短篇小说创作上颇有成就,对戏剧与民间文艺也有深入研究。作品有《受戒》《晚饭花集》《逝水》《晚翠文谈》等。

2. 金岳霖(1895—1984),字龙荪,湖南长沙人。中国哲学家、逻辑学家,他把西方哲学与中国哲学相结合,建立了独特的哲学体系,著有《论道》《逻辑》和《知识论》。

汪曾祺像

小 导 助 学

1. 注释

[1]选自《蒲桥集》,作家出版社 1994 年版。

[2]汪曾祺(1920—1997):江苏高邮人,当代作家、戏剧家。代表作品有《受戒》《大淖记事》等。

2. 文章简析

这篇文章所写内容琐细复杂,但都是围绕着金岳霖先生独特的个性来写的,都集中地表现了他美好人性的一面。伟大的品格在琐细的小事上得以体现。全文以一个"趣"字为线索,描写了金先生有趣的外表穿着,所教有趣的学科,有趣的提问,有趣的答问,有趣的讲学,有趣的爱孩子的方式,有趣的爱人的方式,有趣的接触社会的方式等来展现一个哲学家的全貌。整篇文章读来清新自然、实在深远,可以弹掉人世间的浮躁之气,能够荡涤人的心灵。整篇文章看起来短小随意,却在精致中渗透人生,以小见大地写出了金岳霖先生最美好的人性。

思 考 探 究

1. 这是一篇回忆性散文,第一段总领全文,其中有个句子是全文的核心句,这一核心句中有个词是全文的文眼,请同学们找出来。

2. 金岳霖先生是如何有趣的呢?请同学们快速浏览课文,结合下面 6 个问题提示思考:

(1)金先生有何奇特的外貌?

(2)金先生有何奇特的行为举止?

(3)金先生有何独特的教学风格?

(4)金先生与学生对逻辑学专业的见解有何不同?

（5）金先生对友情有何独特表现？

（6）金先生的业余生活是怎样度过的？（讨论小结）

3."有趣"是金先生的主要特色,在其身上,还有重情的一面,试做分析。

4.通过以上有关金岳霖先生行事的描写,表现了人物怎样的性格特点？

趣 味 链 接

1.拓展阅读

暮年金岳霖重谈林徽因

陈　宇

　　找个机会去拜访金岳霖先生,是心仪已久的事。这不仅仅因他是中国现代哲学和逻辑学开山祖师式人物,还因为他有许多奇闻轶事令我好奇与疑惑。

　　金岳霖一九一四年毕业于清华学校,后留学美国、英国,又游学欧洲诸国,回国后主要执教于清华和北大。他从青年时代起就饱受欧风美雨的沐浴,生活相当西化。西装革履,加上一米八的高个头,仪表堂堂,极富绅士气度。然而他又常常不像绅士。他酷爱养大斗鸡,屋角还摆着许多蛐蛐缸。吃饭时,大斗鸡堂而皇之地伸脖啄食桌上菜肴,他竟安之若泰,与鸡平等共餐。听说他眼疾怕光,长年戴着像网球运动员的一圈大檐儿帽子,连上课也不例外。他的眼镜,据传两边不一样,一边竟是黑的。而在所有关于金岳霖的传闻中,最引人注目的一件事,是他终生未娶。阐释的版本相当一致:他一直恋着建筑学家、诗人林徽因。

　　一九八三年,我跟我的老师陈钟英先生开始着手林徽因诗文首次编纂结集工作。林徽因已于五十年代去世,其文学作品几乎湮没于世。为收集作品,了解作者生平,这年夏天我们到北京访问金岳霖。这时他已八十八高龄,跟他同辈的几位老人说,他有冠心病,几年来,因肺炎住院已是几进几出了。他身体衰弱,行动不便,记性也不佳,一次交谈只能十来分钟,谈长点就睡着了。几年前,在老友们的怂恿催促下,他开始写些回忆文字,但每天只能写百多字。这一年由于体力精力不济,已停笔了。听了这些话,我的心凉了半截。不过,一位熟知他的老太太的话却给了我们一丝希望与鼓舞:"那个老金呀,早年的事情是近代史,现在的事情是古代史。"

　　我们找到北京东城区干面胡同金岳霖寓所。进了他的房间,见他深坐在一张低矮宽扶手大沙发里。头上依旧戴着一圈宽檐遮光帽,头顶上露出绺绺白发,架着黑框眼镜。瘦长的双手摊在扶手上,手背上暴起一根根青筋。两脚套着短袜,伸直搁在一张矮凳上。他的听力不佳,对我们进来似乎没有什么反应。我们坐近他身边,对着他耳朵,一字一句地说明来意。我趁陈钟英先生跟他慢慢解释的当儿,打量着屋里的摆设。屋里右边,一张老式横案桌上摆着一些书,桌边挂着一根手杖,还斜靠着一根拳头粗、一人多高、顶端雕有兽头的漆金权杖,大概是学生们送的。作为哲学界和逻辑学界的权威与泰斗,这根金色的权杖,于他是颇具象征性的礼品。屋子右边,则摆着一个有靠背的坐式马桶。他要靠人扶着就此如厕。这金色的权杖与暗淡的马桶所形成的巨大反差,顿令我感到人生易老,时光无情。

　　我们对着他耳边问谁了解林徽因的作品时,他显得黯然,用浓重沙哑的喉音缓缓地说:"可惜有些人已经过去了!"我们把一本用毛笔大楷抄录的林徽因诗集给他看,希望从他的回忆里,得到一点诠释的启迪。他轻轻地翻着,回忆道:"林徽因啊,这个人很特别,我常常不知道她在想什么。好多次她在急,好像做诗她没做出来。有句诗叫什么,哦,好像叫'黄水塘的白鸭',大概后来诗没做成……"慢慢地,他翻到了另一页,忽然高喊起来:"哎呀,八月的忧愁!"我吃了一惊,怀疑那高八度的惊叹声,竟是从那衰弱的躯体里发出的。只听他接着念下去:"哎呀,'黄水塘里游着白鸭,高粱梗油青的刚过了头……'"他居然一句一句把诗读下去。末了,他扬起头,欣慰地说:"她终于写成了,她终于写成了!"林徽因这首《八月的忧愁》是优美的田园诗,发表于一九三六年,构思当是更早。事隔已半个世纪,金岳霖怎么对第一句记得这么牢? 定是他时时关注着林徽因的创作,林徽因酝酿中反复吟咏这第一句,被他熟记心间。我看他慢慢兴奋了起来,兴奋催发了他的记忆与联想,他又断断续续地记起一些诗句,谈起林徽因的写作情况。翻完那本抄录的诗,他连连说:"好事情啊,你们做了一件好事情! 你们是从哪儿来的?"我们刚刚告诉过他,是从林徽因家乡福州来的,显然他倏忽间就忘了。已经谈了十来分钟,他并没瞌睡,我庆幸地看着小录音机一直在转动着。我们取出一张泛黄的 32 开大的林徽因照片,问他拍照的时间背景。他接过手,大概以前从未见过,凝视着,嘴角渐渐往下弯,像是要哭的样子。他的喉头微微动着,像有千言万语梗在那里。他一语不发,紧紧捏着照片,生怕影中人飞走似的。许久,他才抬起头,像小孩求情似的对我们说:"给我吧!"我真担心老人犯起犟劲,赶忙反复解释说,这是从上海林徽因堂妹处借用的,以后翻拍了,一定送他一张。待他听明白后,生怕我们食言或忘了,作拱手状,郑重地说:"那好,那好,那我先向你们道个谢!"继而,他的眼皮慢慢耷拉下来,累了,我们便退了出来。

很久以来,关于金岳霖对林徽因感情上的依恋我听了不少。林徽因、梁思成夫妇都曾留学美国,加之家学渊源,他们中西文化造诣都很深,在知识界交游也广,家里几乎每周都有沙龙聚会。而金岳霖孑然一身,无牵无挂,始终是梁家沙龙座上常客。他们文化背景相同,志趣相投,交情也深,长期以来,一直是毗邻而居,常常是各踞一幢房子的前后进。偶尔不在一地,例如抗战时在昆明、重庆,金岳霖每有休假,总是跑到梁家居住。金岳霖对林徽因人品才华赞美至极,十分呵护;林徽因对他亦十分钦佩敬爱,他们之间的心灵沟通可谓非同一般,这是我早有所闻的。不过,后来看了梁思成的续弦林洙先生的文章,更增添了具体了解。据她说,一次林徽因哭丧着脸对梁思成说,她苦恼极了,因为自己同时爱上了两个人,不知如何是好。林徽因对梁思成毫不隐讳,坦诚得如同小妹求兄长指点迷津一般。梁思成自然矛盾痛苦至极,苦思一夜,比较了金岳霖优于自己的地方,他终于告诉妻子:她是自由的,如果她选择金岳霖,祝他们永远幸福。林徽因又原原本本把一切告诉了金岳霖。金岳霖的回答更是率直坦诚得令凡人惊异:"看来思成是真正爱你的。我不能去伤害一个真正爱你的人。我应该退出。"

从那以后,他们三人毫无芥蒂,金岳霖仍旧跟他们毗邻而居,相互间更加信任,甚至梁思成林徽因吵架,也是找理性冷静的金岳霖仲裁。

几天后,我跟陈钟英先生再次访问了金岳霖。进了屋,刚刚跟护理阿姨寒暄几句,想不到金岳霖闻声竟以相当纯正的福州方言喊我们:"福州人!"我们不胜惊讶。这肯定是当年受林徽因"耳濡目染"的结果。我们的话题自然从林徽因谈起。他讲着他们毗邻而居生活的种种琐事,讲梁家沙龙谈诗论艺的情况,讲当年出入梁家的新朋旧友。我发现他称赞人时喜欢竖起大拇指。他夸奖道:"林徽因这个人了不起啊,她写了篇叫《窗子以外》还是《窗子以内》的文章,还有《在九十九度中》,那完全是反映劳动人民境况的,她的感觉比我们快多了。她有多方面的才能,在建筑设计上也很有才干,参加过国徽和人民英雄纪念碑设计,不要抹杀了她其他方面的创作啊……"讲着,讲着,他声音渐小,渐慢,断断续续。我们赶紧劝他歇一歇。他闭目养了一会儿神。我们取出另一张林徽因照片问他。他看了一会儿回忆道:"那是在伦敦照的,那时徐志摩也在伦敦。——哦,忘了告诉你们,我认识徽因还是通过徐志摩的。"于是,话题转到了徐志摩。徐志摩在伦敦邂逅了才貌双全的林徽因,不禁为之倾倒,竟然下决心跟发妻离婚,后来追林徽因不成,失意之下又掉头追求陆小曼。金岳霖谈了自己的感触:"徐志摩是我的老朋友,但我总感到他滑油,油油油,滑滑滑——"我不免有点愕然,他竟说得有点像顺口溜。我拉长耳朵听他讲下去,"当然不是说他滑头。"经他解释,我们才领会,他是指徐志摩感情放纵,没遮没拦。他接着说:"林徽因被她父亲带回国后,徐志摩又追到北京。临离伦敦时他说了两句话,前面那句忘了,后面是'销魂今日进燕京'。看,他满脑子林徽因,我觉得他不自量啊。林徽因梁思成早就认识,他们是两小无猜,两小无猜啊。两家又是世交,连政治上也算世交。两人父亲都是研究系的。徐志摩总是跟着要钻进去,钻也没用!徐志摩不知趣,我很可惜徐志摩这个朋友。"他说:"比较起来,林徽因思想活跃,主意多,但构思画图,梁思成是高手,他画线,不看尺度,一分一毫不差,林徽因没那本事。他们俩的结合,结合得好,这也是不容易的啊!"徐志摩、金岳霖、林徽因、梁思成之间都有过感情纠葛,但行止却大相径庭。徐志摩完全为诗人气质所驱遣,致使狂烈的感情之火烧熔了理智。而金岳霖自始至终都以最高的理智驾驭自己的感情,显出一种超脱凡俗的襟怀与品格,这使我想起了柏拉图的那句话:"理性是灵魂中最高贵的因素。"

后来,我们的话题渐渐转到了林徽因的病和死。他眯缝着眼,坠入沉思,慢慢地说:"林徽因死在同仁医院,就在过去哈德门的附近。对她的死,我的心情难以描述。对她的评价,可用一句话概括:'极赞欲何词'啊"林徽因一九五五年去世,时年五十一岁。那年,建筑界正批判"以梁思成为代表的唯美主义的复古主义建筑思想",林徽因自然脱不了干系。虽然林徽因头上还顶着北京市人大代表等几个头衔,但追悼会的规模和气氛都是有节制的,甚至带上几分冷清。亲朋送的挽联中,金岳霖的别有一种炽热颂赞与激情飞泻的不凡气势。上联是:"一身诗意千寻瀑",下联是:"万古人间四月天"。此处的"四月天",取自林徽因一首诗的题目《你是人间四月天》。这"四月天"在西方通常指艳日、丰硕与富饶。金岳霖"极赞"之意,溢于言表。金岳霖回忆到追悼会时说:"追悼会是在贤良寺开的,我很悲哀,我的眼泪没有停过……"他沉默了下来,好像已把一本书翻到了最后一页。金岳霖对林徽因的至情深藏于一生。林徽因死后多年,一天金岳霖郑重其事地邀请一些至交好友到北京饭店赴宴,众人大惑不解。开席前他宣布说:"今天是林徽因的生日!"顿使举座感叹唏嘘。

林徽因死后金岳霖仍旧独身,我很想了解这一行为背后意识观念层面上的原因。但这纯属隐私,除非他主动说,我不能失礼去问。不过,后来了解到了一件事,却不无收获。有个金岳霖钟爱的学生,突受婚恋挫折打击,萌生了自杀念头。金岳霖多次亲去安慰,苦口婆心地开导,让那学生认识到:恋爱是一个过程,恋爱的结局,结婚或不结婚,只是恋爱过程中一个阶段,因此,恋爱的幸福与否,应从恋爱的全过程来看,而不应仅仅从恋爱的结局来衡量。最后,这个学生从痛不欲生精神危机中解脱了出来。由是我联想到了金岳霖,对他的终生未娶,幡然产生了新的感悟。

一九八三年十二月,我们编纂好林徽因诗文样本,到北京人民文学出版社送书稿,又再次去拜望金岳霖先生。

天已转冷,金岳霖仍旧倚坐在那张大沙发里,腿上加盖了毛毯,显得更清瘦衰弱。我们坐近他身旁,见他每挪动一下身姿都皱一下眉,现出痛楚的样子,看了令人难过。待老人安定一会儿后,我们送他几颗福建水仙花头,还有一张复制的林徽因大照片。他捧着照片,凝视着,脸上的皱纹顿时舒展开了,喃喃自语:"啊,这个太好了!这个太好了!"他似乎又一次跟逝去三十年的林徽因"神会"了;神经又兴奋了起来。坐在这位垂垂老者的身边,你会感到,他虽已衰残病弱,但精神一直有所寄托。他现在跟林徽因的儿子梁从诫一家住在一起。我们不时听到他提高嗓门喊保姆:"从诫几时回来啊?"隔一会儿又亲昵地问:"从诫回来没有?"他的心境和情绪,没有独身老人的孤独常态。他对我们说:"过去我和梁思成林徽因住在北总布胡同,现在我和梁从诫住在一起。"我听从诫夫人叫他时都是称"金爸"。梁家后人以尊父之礼相待,难怪他不时显出一种欣慰的神情。

看着瘦骨嶙峋、已经衰老的金岳霖,我们想,见到他实不容易,趁他记忆尚清楚时交谈更不容易。于是取出编好的林徽因诗文样本请他过目。金岳霖摩挲着,爱不释手。陈钟英先生趁机凑近他耳边问,可否请他为文集写篇东西附于书中。然而,金岳霖金口迟迟不开。等待着,等待着,时间一秒一秒地过去了,我担心地看着录音磁带一圈又一圈地空转过去。我无法讲清当时他的表情,只能感觉到,半个世纪的情感风云在他脸上急剧蒸腾翻滚。终于,他一字一顿、毫不含糊地告诉我们:"我所有的话,都应该同她自己说,我不能说,"他停了一下,显得更加神圣与庄重,"我没有机会同她自己说的话,我不愿意说,也不愿意有这种话。"他说完,闭上眼,垂下了头,沉默了。

林徽因早已作古,对一切都不会感知了。但金岳霖仍要深藏心曲,要跟林徽因直接倾诉。大概,那是寄望大去之日后在另一个世界里两个灵魂的对语吧。啊,此情只应天上有,今闻竟在人世间。我想,林徽因若在天有灵,定当感念涕零,泪洒江天!

第二年的一天,偶然听到广播,好像说金岳霖去世,顿感怅然。找来报纸核对,几行黑字攫住了我的心。

也许是天意吧。林徽因一九五五年去世,因其参加国徽和人民英雄纪念碑设计有贡献,建坟立碑,安葬于八宝山革命公墓二墓区。梁思成"文革"中含冤去世,"文革"后平反,因其生前是全国人大常委会委员,骨灰安放于党和国家领导人专用骨灰堂,跟林徽因墓只一箭之遥。最后去世的金岳霖,骨灰也安放于八宝山革命公墓。他们三个,在另一个世界里,又毗邻而居了。金岳霖从人间带去的话,终有机会跟林徽因说了……

2.《金岳霖先生》课件。

主题四　生活的写意

【主题四导读】

　　人类是大自然的产物,当年轮被岁月的车辙带走,人们更多的是看到了自己灵魂深处,得以让自己明白生活,留下的斑斑痕迹。那些在记忆深处流露出来的成分,我们就有种莫名的伤感和欣慰,聊以慰藉地可能是生活的波澜不惊和思绪的变化万千,我们最应该做的还是要让自己保持良好状态,永远感激世界,宽容一切,世间除了生死,都是小事。最懂生活的人应该是那些无论何时都笑口常开的人,包容一切,原谅一切,感恩一切……

杂诗十二首[1]

陶渊明

其二

白日沦西河(阿)[2]，素月出东岭[3]。

遥遥万里晖，荡荡空中景[4]。

风来入房户[5]，夜中枕席冷。

气变悟时易， 不眠知夕永[6]。

欲言无予和[7]，挥杯劝孤影。

日月掷人去，有志不获骋[8]。

念此怀悲凄，终晓不能静[9]。

知 人 论 世

陶渊明(352 或 365—427)，字元亮，号五柳先生，私谥靖节，又名潜。东晋诗人、文学家、辞赋家、散文家。东晋浔阳柴桑(今江西省九江市西南)人。曾做过几年小官，后辞官回家，从此隐居，田园生活是陶渊明诗的主要题材，相关作品有《饮酒》《归园田居》《桃花源记》《五柳先生传》《归去来兮辞》《桃花源诗》等。

陶渊明像

小 导 助 学

1. 创作背景

这组诗共十二首，前八首"辞气一贯"，当作于同一年内，约作于陶渊明 54 岁时，后四首约作于陶渊明 37 岁时。因此，后人也有称陶渊明杂诗八首的。

这组杂诗，实即"不拘流例，遇物即言"(《文选》李善注)的杂感诗。可以说，慨叹人生之无常，感喟生命之短暂，是《杂诗十二首》的基调。

这种关于"人生无常""生命短暂"的叹喟，是在《诗经》《楚辞》中即已能听到的，但只是到了汉末魏晋时代，这种悲伤才在更深更广的程度上扩展开来，从《古诗十九首》到三曹，从竹林七贤到二陆，从刘琨到陶渊明，这种叹喟变得越发凄凉悲怆，越发深厚沉重，以至成为整个时代的典型音调。这种音调，在今天看来不无消极悲观的意味，但在当时特定的社会条件下，却反映了人的觉醒，是时代的进步。

2. 注释

[1]选自龚斌《陶渊明集校笺》(上海古籍出版社 1996 年版)。

[2]沦:落下。阿:山岭。西阿:西山。

[3]素月:白月。

[4]万里晖:指月光。荡荡:广阔的样子。景:同"影"，指月轮。这两句是说万里光辉，高空清影。

[5]房户:房门。这句和下句是说风吹入户,枕席生凉。

[6]时易:季节变化。夕永:夜长。这两句是说气候变化了,因此领悟到季节也变了,睡不着觉,才了解到夜是如此之长。

[7]无予和:没有人和我答话。和,去声。这句和下句是说想倾吐隐衷,却无人和我谈论,只能举杯对着只身孤影饮酒。

[8]日月掷人去,有志不获骋:时光飞快流逝,我空有壮志却不能得到伸展。掷,抛开。骋,驰骋。这里指大展宏图。

[9]终晓:直到天亮。

3.诗歌简析

陶渊明的诗歌,往往能揭示出一种深刻的人生体验。这种体验,是对生命本身之深刻省察。对于人类生活来说,其意义乃是永恒的。《杂诗十二首》的第二首《杂诗·白日沦西阿》与第五首《杂诗·忆我少壮时》,所写光阴流逝,自己对生命已感到有限,而志业无成,生命之价值尚未能实现之忧患意识,就具有此种意义。

此诗,作者将素月辉景荡荡万里之奇境,与日月掷人有志未骋之悲慨,打成一片。素月万里之境界,实为渊明襟怀之呈露。有志未骋之悲慨,亦是心灵中之一境界。所以诗的全幅境界,自然融为一境。诗中光风霁月般的志士襟怀,光阴流逝志业未成、生命价值未能实现之忧患意识,其陶冶人类心灵,感召、激励人类心灵之意义,乃是常青的,不会过时的。渊明此诗深受古往今来众多读者之喜爱,根源即在于此。

◣ 思 考 探 究 ◢

1.概述诗歌中的意象及意味。

2.探究诗歌的主旨。

3.如何看待陶渊明的人生选择?

◣ 趣 味 链 接 ◢

1.拓展阅读

《杂诗》其五

陶渊明

忆我少壮时,无乐自欣豫。猛志逸四海,骞翮思远翥。

荏苒岁月颓,此心稍已去。值欢无复娱,每每多忧虑。

气力渐衰损,转觉日不如。壑舟无须臾,引我不得住。

前途当几许,未知止泊处。古人惜寸阴,念此使人惧。

陶渊明辞官

陶渊明,一名陶潜,浔阳柴桑(今江西九江西南)人。他出生在一个没落的官僚家庭中。他的曾祖父就是东晋著名的大将军陶侃;祖父陶茂做过武昌太守,父亲陶逸任安成太守。年幼时,家庭衰微,十二岁父亲病逝,与母妹三人度日。到他的少年时代,陶家已经败落,生活贫困。

尽管如此,陶渊明从小还是受到了很好的家庭教育,他博览群书,养成了寡言少语、厌恶虚荣、不贪富贵的高洁性格。这种个性影响了他的仕途生涯,一生中,只在十三年当中断断续续地做了几次小官。

直到二十九岁时,陶渊明才谋得江州祭酒一职,却因忍受不了官场的繁文缛节,早早辞了职。在家闲居了五六年后,三十五岁时,到了荆州,在刺史桓玄属下当一名小吏,不到一年工夫,又因母亲去世辞职归家,一住又是五六年。

陶渊明终究是名将的后代,官场里知道他的人很多。公元405年,又被推荐到彭泽当了县令。

好不容易在彭泽当了几十天县令,一天,陶渊明得到一个消息:东晋的权臣刘裕已封自己为车骑将军,总督各州军事,这个野心家只差一步就要夺取皇位了。

陶渊明预感到晋朝已经是名存实亡了,他十分灰心,便离开衙门回家去了。

妻子翟氏见陶渊明一副闷闷不乐的样子,不好多问。翟氏端上酒菜,可陶渊明却不动筷,仍然坐在那里叹气。过了一会儿,陶渊明冷不丁地说:"我想辞官回家乡!"

翟氏一听就知道他又在官场上受气了,因为像这种辞官回家的话,陶渊明不知讲过多少次了。几个月前,陶渊明曾想辞官,还是翟氏提醒他,上百亩官田就要种上稻子了,待收成以后再辞吧。当时陶渊明总算听了妻子的话,口气缓了下来。这次翟氏仍然用官田收稻之事来劝他,陶渊明听了以后,长长叹了一口气:"唉,真没办法,难道我还是要做粮食的奴隶!"在翟氏体贴的劝慰下,陶渊明这才举起了酒杯。

时局的因素,加上陶渊明一副傲骨,他的辞官念头始终没有打消过。一天,衙役来报:过几天郡里派的督邮要到彭泽来视察。那个督邮陶渊明认识,是个专门依仗权势、阿谀逢迎,却又无知无识的花花公子。陶渊明想到自己将要整冠束带、强作笑脸去迎候这种小人,实在忍受不了。他的倔脾气又发作了:"我怎么能为了这五斗米官俸,去向那种卑鄙小人折腰呢?"

于是,陶渊明离开衙门,板着脸回到了家,冲着翟氏道:"收拾行装,回乡!"

翟氏告诉他,稻谷只差几天就要收割了。

"随它去吧!"这回陶渊明已经铁了心要辞官了。翟氏问清缘由后,也就不再劝说了,默默地去收拾行装。

第二天,陶渊明乘船离开了彭泽。他出任彭泽令,在任仅八十余日,十三年的仕途生涯终就这样结束。

从此,陶渊明在家乡过着隐居生活。对于官场,他丝毫没有眷恋之心,辞官后,反而有一种重获自由的怡然自得。他每天饮酒、写诗。他归田后的二十多年,是创作最丰富的时期,主要作品有:《归去来辞》《归园田居五首》《桃花源记》《饮酒二十首》《挽歌诗三首》等。

其中,《桃花源记》更鲜明地体现了陶渊明的思想境界和艺术高度。诗文中通过虚构的手法,把桃花源描绘成一个鲜花盛开、绿树成行、男女老幼辛勤耕织、祥和无忧的安定社会。陶渊明以此寄托他的美好向往,以及对当时混乱时世、黑暗政治现实的不满。

陶渊明的诗文辞赋,在中国文学史上占据了一个重要的地位。

2.《杂诗十二首(其二)》课件。

论快乐

钱锺书

在旧书铺里买回来维尼(Vigny)的《诗人日记》(Journald'unpo te),信手翻开,就看见有趣的一条。他说,在法语里,喜乐(bonheur)一个名词是"好"和"钟点"两字拼成,可见好事多磨,只是个把钟头的玩意儿。我们联想到我们本国话的说法,也同样的意味深永,譬如快活或快乐的快字,就把人生一切乐事的飘瞥难留,极清楚地指示出来。所以我们又慨叹说:"欢娱嫌夜短!"因为人在高兴的时候,活得太快,一到困苦无聊,愈觉得日脚像跛了似的,走得特别慢。德语的沉闷(langweile)一词,据字面上直译,就是"长时间"的意思。《西游记》里小猴子对孙行者说:"天上一日,下界一年。"这种神话,确反映着人类的心理。天上比人间舒服欢乐,所以神仙活得快,人间一年在天上只当一日过。从此类推,地狱里比人间更痛苦,日子一定愈加难度;段成式《西阳杂俎》就说:"鬼言三年,人间三日。"嫌人生短促的人,真是最快活的人;反过来说,真快活的人,不管活到多少岁死,只能算是短命夭折。所以,做神仙也并不值得,在凡间已经三十年做了一世的人,在天上还是个未满月的小孩。但是这种"天算",也有占便宜的地方:譬如戴君孚《广异记》载崔参军捉狐妖,"以桃枝决五下",长孙无忌说罚得太轻,崔答:"五下是人间五百下,殊非小刑。"可见卖老祝寿等等,在地上最为相宜,而刑罚呢,应该到天上去受。

"永远快乐"这句话,不但渺茫得不能实现,并且荒谬得不能成立。快过的决不会永久;我们说永远快乐,正好像说四方的圆形,静止的动作同样地自相矛盾。在高兴的时候,我们空对瞬息即逝的时间喊着说:"逗留一会儿罢! 你太美了!"那有什么用? 你要永久,你该向痛苦里去找。不讲别的,只要一个失眠的晚上,或者有约不来的下午,或者一课沉闷的听讲——这许多,比一切宗教信仰更有效力,能使你尝到什么叫作"永生"的滋味。人生的刺,就在这里,留恋着不肯快走的,偏是你所不留恋的东西。

快乐在人生里,好比引诱小孩子吃药的方糖,更像跑狗场里引诱狗赛跑的电兔子。几分钟或者几天的快乐赚我们活了一世,忍受着许多痛苦。我们希望它来,希望它留,希望它再来——这三句话概括了整个人类努力的历史。在我们追求和等候的时候,生命又不知不觉地偷渡过去。也许我们只是时间消费的筹码,活了一世不过是为那一世的岁月充当殉葬品,根本不会想到快乐。但是我们到死也不明白是上了当,我们还理想死后有个天堂,在那里——谢上帝,也有这一天! 我们终于享受到永远的快乐。你看,快乐的引诱,不仅像电兔子和方糖,使我们忍受了人生,而且仿佛钓钩上的鱼饵,竟使我们甘心去死。这样说来,人生虽痛苦,却不悲观,因为它终抱着快乐的希望;现在的账,我们预支了将来去付。为了快活,我们甚至于愿意慢死。

穆勒曾把"痛苦的苏格拉底"和"快乐的猪"比较。假使猪真知道快活,那么猪和苏格拉底也相去无几了。猪是否能快乐得像人,我们不知道;但是人会容易满足得像猪,我们是常看见的。把快乐分肉体的和精神的两种,这是最糊涂的分析。一切快乐的享受都属于精神的,尽管快乐的原因是肉体上的物质刺激。小孩子初生了下来,吃饱了奶就乖乖地睡,并不知道什么是快活,虽然它身体感觉舒服。缘故是小孩子时的精神和肉体还没有分化,只是混沌的星云状态。洗一个澡，看一朵花，吃一顿饭，假使你觉得快活，并非全因为澡洗得干净，花开得好，或者符合你口味，主要因为你心上没有挂碍，轻松的灵魂可以专注肉体的感觉，来欣赏，来审定。要是你精神不痛快，像将离别时的宴席，随它怎样烹调得好，吃来只是土气息，泥滋味。那时刻的灵魂，仿佛害病的眼怕见阳光，撕去皮的伤口怕接触空气，虽然空气和阳光都是好东西。快乐时的你一定心无愧怍。假如你犯罪而真觉快乐，你那时候一定和有道德、有修养的人同样心安理得。有最洁白的良心，跟全没有良心或有最漆黑的良心，效果是相等的。

发现了快乐由精神来决定，人类文化又进一步。发现这个道理，和发现是非善恶取决于公理而不取决于暴力，一样重要。公理发现以后，从此世界上没有可被武力完全屈服的人。发现了精神是一切快乐的根据，从此痛苦失掉它们的可怕，肉体减少了专制。精神的炼金术能使肉体痛苦都变成快乐的资料。于是，烧了房子，有庆贺的人；一箪食，一瓢饮，有不改其乐的人；千灾百毒，有谈笑自若的人。所以我们前面说，人生虽不快乐，而仍能乐观。譬如从写《先知书》的所罗门直到做《海风》诗的马拉梅（Mallarmé），都觉得文明人的痛苦，是身体困倦。但是偏有人能苦中作乐，从病痛里滤出快活来，使健康的消失有种赔偿。苏东坡诗就说："因病得闲殊不恶，安心是药更无方。"王丹麓《今世说》也记毛稚黄善病，人以为忧，毛曰："病味亦佳，第不堪为燥热人道耳！"在着重体育的西洋，我们也可以找着同样达观的人。工愁善病的诺凡利斯（Novalis）在《碎金集》里建立一种病的哲学，说病是"教人学会休息的女教师"。罗登巴煦（Rodenbach）的诗集《禁锢的生活》（Les Vies Encloses）里有专咏病味的一卷，说病是"灵魂的洗涤（puration）"。身体结实、喜欢活动的人采用了这个观点，就对病痛也感到另有风味。顽健粗壮的十八世纪德国诗人白洛柯斯（B. H. Brockes）第一次害病，觉得是一个"可惊异的大发现（Einebewunderung swrdige Erfindung）"。对于这种人，人生还有什么威胁？这种快乐，把忍受变为享受，是精神对于物质的最大胜利。灵魂可以自主——同时也许是自欺。能一贯抱这种态度的人，当然是大哲学家，但是谁知道他不也是个大傻子？

是的，这有点矛盾。矛盾是智慧的代价。这是人生对于人生观开的玩笑。

知 人 论 世

1. 作者简介

钱锺书（1910—1998），字默存，号槐聚，曾用笔名中书君。因他周岁"抓周"时抓得一本书，故取名为"锺书"。江苏无锡人。中国现当代著名学者、作家。钱锺书学贯中西，渊博而睿智，在诸多领域成就卓著。他的主要著作有：《写在人生边上》《人·兽·鬼》《围城》《谈艺录》《宋诗选注》《旧文四篇》《管锥编》等。这些著述已被人们当作"钱学"来学习和研究。散文大都收入《写在人生边上》一书。《谈艺录》是一部具有开创性的中西比较诗论。所著多

钱锺书像

卷本《管锥编》，对中国著名的经史子籍进行考释，并从中西文化和文学的比较上阐发、辨析。钱锺书先生一生淡泊名利、甘于寂寞、著作等身，培养和影响了几代学人，深为世人所景仰。

2.走进作者

（1）偏才钱锺书

钱锺书出生诗书世家,自幼受到经史的教育,中学时擅长中英文,数学等理科成绩极差。报考清华大学时,数学仅得15分,但因国文、英文成绩突出,其中英文更是获得满分,于1929年被清华大学外文系破格录取。在这一时期,他刻苦学习,广泛接触世界各国的文化学术成果。1933年大学毕业。1935年考取公费留学生资格,在牛津大学英文系攻读两年,又到法国巴黎大学进修法国文学一年,于1938年回国。曾先后在多所大学任教。

（2）记忆力惊人的钱锺书

钱锺书记忆力惊人,书读一遍即能成诵,当年在清华大学文学院读书时甚至提出了"横扫清华图书馆",有人称他记忆为照相式记忆。有一次中文系的一位同学从图书馆回寝室大喊大嚷:"不得了! 不得了!"大家惊问怎么回事,原来这位同学是研究唐诗的,他为了考证一个典故,在图书馆中遍寻未获,正巧碰到了钱锺书先生,便上前请教。钱先生笑着对他说,你到那一个架子的那一层,那一本书中便可查出这个典故。这位同学按图索骥,果然找到了这个冷僻的典故,因此他大为惊讶。传说有学生将拼凑的论文交给他,他未置评价,只将文章内容出处一一列举出来。

（3）勤奋刻苦的钱钟书

钱锺书还有读大部头字典的兴趣,时时读得开怀大笑。每读一书,他都要做读书笔记,摘出精华,指出谬误,供自己写作时连类征引。杨绛在1973年为钱锺书整理读书笔记时,有整整五大麻袋之多。

钱先生的读书笔记,从1936年留学牛津时起始一直做到20世纪90年代,时间很长。人们都说钱锺书先生博学、记性好,却不知道他读书多么勤奋刻苦用功,这七万多页的读书心得笔记实是最好的见证。

钱锺书身上体现了中国优秀知识分子与生俱来的突出要求和愿望:守住自己的精神园地,保持自己的个性尊严,即使"人生在世不称意",但也要乐天知命,坚忍不拔。

渊博和睿智是钱锺书的两大精神支柱,他热爱人生而超然物外,洞达世情而一尘不染,兰心蕙质,特立独行。

◁ 小 导 助 学 ▷▷

1.本文选自《写在人生边上》,辽宁人民出版社/辽海出版社出版发行,2000年版。

2.本文的写作背景

20世纪40年代,日本帝国主义侵略中国的步伐遭到中国人民强烈的反抗,中国的抗日战争进入相持阶段。一方面,抗日军民正进一步积聚力量,准备将日本侵略者最终赶出中国;另一方面,日本侵略者及汉奸、走狗,四处散布日本"必胜论",中国"必亡论",妄图从思想上、精神上瓦解中国人民的抗日意志。

《论快乐》一文强调对"快乐"的"希望"是人生永不悲观的精神源泉——实际上就是鼓励人们永不丢弃理想与追求。文章宣告,世界上就"没有可被武力完全屈服的人"——这更是当时抗日到底的精神写照。

由于抗战,人们的生活遇到了很大的困难。文章强调人的快乐来自精神,"精神是一切快乐的根据",这对鼓舞人们克服各种困难也不无益处。

文章通篇引经据典、谈笑自若、大开大阖、触类旁通,又为当时困境中的文人树起了一个楷模;从而在坚持抗战、不忘学业上使人受到种种启发。

3. 课文简析

钱锺书是我国现当代著名的文学家,《论快乐》是他的散文随笔集《写在人生边上》中的一篇哲思性散文。文中钱锺书对"快乐"这一生活中的常见现象有感而发,他针对现实生活中芸芸众生对"快乐"的曲解提出了自己的看法,他觉得:快乐是一种心境,拥有了快乐的心境,就拥有了永久的快乐。

本文是一篇哲理意味浓厚、政论性也很强的随笔。思路奔放开阔,文意层层见深。作者从不同角度、不同层面上反复阐述了对快乐的种种理解。文笔精练,语言生动幽默,尤其是比喻的修辞手法的巧妙运用,不仅使得文章文采斐然,而且使得议论深入浅出,活泼灵动,通篇蕴含着浓郁的幽默情趣。可以说是作者以一种幽默的情趣,为之披上一件微笑的外衣,轻者令人莞尔,重者令人喷饭,笑过之后又让人沉思良久,再三咀嚼回味……且思路八方投射,行文跳跃性强,意脉贯通。

思 考 探 究

1. 本文是如何引出"快乐"这个话题的,你觉得这种方式怎样?

2. 作者认为"快"与"乐"之间是怎样的关系,由此,他又得出了哪些有趣的结论?

3. 快乐不能永存,那么它之于人生有何作用?

4. 作者认为快乐是由什么来决定的,为什么?

5. 作者说"发现了快乐由精神来决定,人类文化又进一步",这个发现对人生有何意义?

6. 谈谈你对快乐的理解,你所追求的快乐是什么样的,是否有局限性? 写一篇相关随笔。

趣 味 链 接

1. 钱锺书的代表作《围城》

《围城》是钱锺书唯一的长篇小说,于1944年动笔,1946年完成,1947年由晨光出版公司印行。这是作者在困顿之中"锱铢积累"而成的,小说"从他熟悉的时代、熟悉的地方、熟悉的社会阶层取材。但组成故事的人物和情节全属虚构。尽管某几个角色稍有真人的影子,事情都子虚乌有;某些情节略具真实,人物却全是捏造的。"(杨绛《记钱钟书与〈围城〉》)比如方鸿渐取材于两个亲戚:一个志大才疏,常满腹牢骚;一个狂妄自大,爱自吹自擂。但两个人都没有方鸿渐的经历,倒是作者自己的经历,比如出国留学、担任大学教授,与作品有相合之处,作者可能从他们身上获得了些启示,但并不能对号入座。

小说问世之后,颇受欢迎,不到两年就出了三版。1949年后,一度绝版30年,1980年再次重印,在青年中激起了强烈反响。

（1）内容介绍

围城故事发生于 1920 到 1940 年之间。主角方鸿渐是个从中国南方乡绅家庭走出的青年人，迫于家庭压力与同乡周家女子定亲。但在其上大学期间，周氏患病早亡。准岳父周先生被方所写的唁电感动，资助他出国求学。

方鸿渐在欧洲游学期间，不理学业。为了给家人一个交代，方于毕业前购买了虚构的"克莱登大学"的博士学位证书，并随海外学成的学生回国。在船上与留学生鲍小姐相识并热恋，但被鲍小姐欺骗感情。同时也遇见了大学同学苏文纨。

到达上海后，在已故未婚妻父亲周先生开办的银行任职。此时，方获得了同学苏文纨的青睐，又与苏的表妹唐晓芙一见钟情，整日周旋于苏、唐二人之间，其间结识了追求苏文纨的赵辛楣。方最终与苏、唐二人感情终结，苏嫁与诗人曹元朗，而赵也明白方并非其情敌，从此与方惺惺相惜。方鸿渐逐渐与周家不和。

抗战开始，方家逃难至上海的租界。在赵辛楣的引荐下，与赵辛楣、孙柔嘉、顾尔谦、李梅亭几人同赴位于内地的三闾大学任教。由于方鸿渐性格等方面的弱点，陷入了复杂的人际纠纷当中。后与孙柔嘉订婚，并离开三闾大学回到上海。在赵辛楣的帮助下，方鸿渐在一家报馆任职，与孙柔嘉结婚。

婚后，方鸿渐夫妇与方家、孙柔嘉姑母家的矛盾暴露并激化。方鸿渐辞职并与孙柔嘉吵翻，逐渐失去了生活的希望。

（2）作品评价

《围城》并不仅仅是一部爱情小说。它的内容是多方面的，它的主题和象征是多层次的。

《围城》的象征源自书中人物对话中引用的外国成语，"结婚仿佛金漆的鸟笼，笼子外面的鸟想住进去，笼内的鸟想飞出来；所以结而离，离而结，没有了局"。又说像"被围困的城堡，城外的人想冲进去，城里的人想逃出来"。但如果仅仅局限于婚姻来谈"围城"困境，显然不是钱钟书的本意。"围城"困境是贯穿于人生各个层次的。后来方鸿渐又重提此事，并评论道："我近来对人生万事，都有这个感想。"这就是点题之笔。钱锺书在全书安排了许多变奏，使得"围城"的象征意义超越婚姻层次，而形成多声部的共鸣。

《围城》从"围城"这个比喻开始，淋漓尽致地表现了人类的"围城"困境：不断的追求和对所追求到的成功的随之而来的不满足和厌烦，两者之间的矛盾和转换，其间交织着的希望与失望，欢乐与痛苦，执着与动摇——这一切构成的人生万事。"围城"困境告诉我们人生追求的结果很可能是虚妄的，这看起来好像有点儿悲观，但骨子里却是个严肃的追求，热忱深埋在冷静之下，一如钱锺书本人的一生。他揭穿了追求终极理想、终极目的的虚妄，这就有可能使追求的过程不再仅仅成为一种手段，而使它本身的重要意义得以被认识和承认，使我们明白追求与希望的无止境而义无反顾，不再堕入虚无。

但钱锺书并不是要简单地演绎这个比喻，他还要下一转语，不时地消除"围城"的象征。钱锺书的夫人杨绛曾经说，如果让方鸿渐与理想中的爱人唐晓芙结婚，然后两人再积爱成怨，以致分手，才真正符合"围城"的字面原义；钱锺书在《谈艺录》中批评王国维对《红楼梦》的误读时，也说过类似的话。方鸿渐想进入唐晓芙的围城却始终不得其门；苏文纨曾经以为已经进入了方鸿渐的围城，其实进入却等于是在外面，而当她与曹元朗结婚并过上真正的市侩生活时——那种生活在钱钟书看来是绝对应该逃离的，她却安之若素；她曾经似乎已经进入了文化的围城，但她只有在成为发国难财的官倒时，才真正找到了自己安身立命之处,你用枪逼着她也不愿意出来的。方鸿渐并不想进入孙柔嘉的生活,可是他糊里糊涂地就进去了;结婚后,他也有想冲出来的冲动,但他是个被动的人,不敢行动,也不会行动。从表面上看,方鸿渐去三闾大学的经历与"围城"的比喻是最相吻合的,但实际上,方鸿渐之所以无法在三闾大学如鱼得水,是因为他还有一些最基本的知识分子操守,或者说最基本的做人的操守。高松年、李梅亭、汪处厚,这些人在那里舍得出来吗?

2.《论快乐》课件。

雅　舍[1]

梁实秋

《雅舍》课文插图

到四川来,觉得此地人建造房屋最是经济。火烧过的砖,常常用来做柱子,孤零零地砌起四根砖柱,上面盖上一个木头架子,看上去瘦骨嶙峋,单薄得可怜;但是顶上铺了瓦,四面编上了竹篦墙,墙上敷了泥灰,远远地看过去,没有人能说不像是座房子。我现在住的"雅舍"正是这样一座典型的房子。不消说,这房子有砖柱,有竹篦墙,一切特点都应有尽有。讲到住房,我的经验不算少,什么"上支下摘""前廊后厦""一楼一底""三上三下""亭子间""茆草棚"[2]"琼楼玉宇"和"摩天大厦",各式各样,我都尝试过。我不论住在哪里,只要住得稍久,便对那房子发生感情,非不得已我还舍不得搬。这"雅舍",我初来时仅求其能蔽风雨,并不敢存奢望,现在住了两个多月,我的好感油然而生,虽然我已渐渐感觉它并不能蔽风雨,因为有窗而无玻璃,风来则洞若凉亭,有瓦而空隙不少,雨来则渗如滴漏。纵然不能蔽风雨,"雅舍"还是自有它的个性。有个性就可爱。

"雅舍"的位置在半山腰,下距马路约有七八十层的土阶。前面是阡陌螺旋的稻田。再远望过去是几抹葱翠的远山,旁边有高粱地,有竹林,有水池,有粪坑,后面是荒僻的榛莽未除的土山坡[3]。若说地点荒凉,则月明之夕,或风雨之日,亦常有客到,大抵好友不嫌路远,路远乃见情谊。客来则先爬几十级的土阶,进得屋来仍需上坡,因为屋内地板乃依山势而铺,一面高,一面低,坡度甚大,客来无不惊叹,我则久而安之,每日由书房到饭厅是上坡,饭后鼓腹而出是下坡,亦不觉有大不便。

"雅舍"共是六间,我居其二。篾墙不固,门窗不严,故我与邻人彼此均可互通声息。邻人轰饮作乐、咿唔诗章[4]、喁喁细语,以及鼾声、喷嚏声、吮汤声、撕纸声、脱皮鞋声,均随时由门窗户壁的隙处荡漾而来,破我岑寂。入夜则鼠子瞰灯,才一合眼,鼠子便自由行动,或搬核桃在地板上顺坡而下,或吸灯油推翻烛台,或攀援而上帐顶,或在门框桌角上磨牙,使得人不得安枕。但是对于鼠子,我很惭愧地承认,我"没有法子"。"没有法子"一语是被外国人常常引用着的,以为这话最足代表中国人的懒惰隐忍的态度。其实我的对付鼠子并不懒惰。窗上糊纸,纸一戳就破;门户关紧,而"相鼠有牙",一阵咬便是一个洞洞。试问还有什么法子?洋鬼子住到"雅舍"里,不也是"没有法子"?比鼠子更骚扰的是蚊子。"雅舍"的蚊风之盛,是我前所未见的。"聚蚊成雷"真有其事!每当黄昏的时候,在"雅舍"则格外猖獗,来客偶不留心,则两腿伤处累累隆起玉蜀黍,但是我仍安之。冬天一到,蚊子自然绝迹,明年夏天——谁知道我还是否住在"雅舍"!

"雅舍"最宜月夜——地势较高,得月较先。看山头吐月,红盘乍涌,一霎间,清光四射,天空皎洁,四野无声,微闻犬吠,坐客无不悄然!舍前有两株梨树,等到月升中天,清光从树间筛洒而下,地上阴影斑斓,此时尤为幽绝。直到兴阑人散,归房就寝,月光仍然逼近窗来,助我凄凉。细雨蒙蒙之际,"雅舍"亦复有趣。推窗展望,俨然米氏章法[5],若云若雾,一片弥漫,但若大雨滂沱,我又惶悚不安了,屋顶湿印到处都有,起初如碗大,俄而扩大如盆,继则滴水乃不绝,终乃屋顶灰泥突然崩裂,如奇葩初绽,砉然一声而泥水下注,此刻满堂狼藉,抢救无及。此种经验,已数见不鲜。

"雅舍"之陈设,只当得简朴二字,但洒扫拂拭,不使有纤尘。我非显要,故名公巨卿之照片不得入我室;我非牙医,故无博士文凭张挂壁间;我不业理发,故丝织西湖十景以及电影明星之照片亦均不能张我四壁。我有一几一椅一榻,酣睡写读,均已有着,我亦不复他求。但是陈设虽简,我却喜欢翻新布置。西人常常讥笑妇人喜欢变更桌椅位置,以为这是妇人天性喜变之一征。诬否且不论,我是喜欢改变的。中国旧式家庭,陈设千篇一律,正厅上是一条案,前面一张八仙桌,一边一把靠椅,两旁是两把靠椅夹一只茶几。我以为陈设宜求疏落参差之致,最忌排偶。"雅舍"所有,毫无新奇,但一物一事之安排布置俱不从俗。人入我室,即知此是我室。笠翁《闲情偶寄》之所论[6],正合我意。

"雅舍"非我所有,我仅是房客之一。但思"天地者万物之逆旅"[7],人生本来如寄,我住"雅舍"一日,"雅舍"即一日为我所有。即使此一日亦不能算是我有,至少此一日"雅舍"所能给予之苦辣酸甜,我实躬受亲尝。刘克庄词[8]:"客里似家家似寄。"我此时此刻卜居"雅舍","雅舍"即似我家。其实似家似寄,我亦分辨不清。

长日无俚[9],写作自遣,随想随写,不拘篇章,冠以"雅舍小品"四字,以示写作所在,且志因缘[10]。

知 人 论 世

1. 作者

梁实秋(1903—1987)，中国散文家、文学讨论家、翻译家。北京人，原籍浙江杭县。名治华，字实秋，笔名秋郎、子佳、程淑。1915年进清华学校，1923年留学美国，曾入哈佛大学，获文学硕士学位。回国后，历任东南大学、光华大学、暨南大学、复旦大学、青岛大学、中国公学、北京大学、北京师范大学、中山大学教授；1949年到台湾，曾任台湾师范学院英语系教授。一生著作甚丰，散文集《雅舍小品》一、二、三集行世，文学批评论文集多种，经近40年的时间独立翻译完成莎士比亚全集40卷。

梁实秋像

2. 梁实秋的《雅舍小品》

梁实秋的代表作便是散文集《雅舍小品》，篇幅短小，写的都是身边琐事，生活随笔。既不涉及政治思想，也不谈中西文化问题。全书固然没有统一的主题，所写的都是独立成篇，而且题材多是随手拈来的。根据作者自述，《雅舍小品》中的作品"虽多调侃，并非虚拟"，可以看出作品内容的真实性和写作的取向。初看题目时，可能给读者平凡的感觉，但细看内容后，却又别饶趣味。像《握手》《理发》《衣裳》《女人》《男人》《洗澡》《牙签》等，平常人绝对想不到这样平凡的题目竟然可写出这么丰富的内容。作者在《雅舍》一篇中说，他的作品是"长日无俚，写作自遣，随想随写，不拘篇章"

《雅舍小品》文集

的。至于书名用"雅舍"二字，只在点明写作的所在地而已。以后又出版了三本续集再加合集，奠定了梁实秋作为散文家的不可动摇的地位。

小 导 助 学

1. 写作背景

雅舍，是梁实秋先生在四川定居的住宅名。《雅舍》是作者在1940年写的散文，作于重庆。抗战期间，国民政府迁往重庆。1939年5月，梁实秋随教育部中小学教科书编委会迁至重庆北碚，秋天，他与吴景超夫妇在北碚主湾购置平房一栋，遂命名为"雅舍"。此屋结构系砖柱木架，瓦顶篾壁，有房6间，高低两蹬，梁实秋住一室一厅。他入住以后，来做客的文人很多。梁实秋在雅舍蛰居7年(1939年到1946年)，其间翻译、创作了大量作品，《雅舍小品》就是在这里写就的。

2. 注释

[1]选自《梁实秋散文选集》，百花文艺出版社1988年版。

[2]茆：同"茅"。

[3]榛莽：茂密丛生的草木。

[4]咿唔：象声词，读书声。

[5]米氏：指米芾(fú)(1051—1107)，北宋书画家。

[6]笠翁:李渔(1611—1680),明末清初戏曲家、文学家。笠翁是他的号。

[7]天地者万物之逆旅:见李白《春夜宴从弟桃花园序》。逆旅,客舍。

[8]刘克庄(1187—1269):南宋诗人、词人、诗论家。下边的词句见《玉楼春·戏林推》。

[9]无俚:无聊,无所寄托。

[10]志:记。

3.课文简析

孔子赞颜回"一箪食一瓢饮,在陋巷不改其乐",后世又有《陋室铭》说"斯是陋室,惟吾德馨",这种乐观自适的精神在中国文化里一直被潺湲恒递,近代一时期又风起不断被演绎传承,本文就是此类中的名篇。

文中描写的居室应该是陋中之陋了,却偏冠名为"雅舍",凸显了主人在面对物质艰苦而无奈后的达观和乐适。大概从陶渊明起文士就学会以潇洒淡逸的心态真实地面对纷繁无以为寄的人世且寄诗抒发,但这并不等同于意淫和逃避,能在人生苦难中品尝快慰和滋养,才是行大道的强者之风啊!文末"家、寄"之纠结又似道出无数的关联天地、宇宙之人生慨叹,这仅像房子的居舍有这样的主人打理和欣赏岂无"雅"之理?

至于文句整饬,气雅情达,亦不输古篇,可细咂玩味。

思 考 探 究

1.精读课文,说说"雅舍"有哪些个性和风格?

2.本文表现了作者什么样的情感?

3.本文的写作特色何在?

4.本文与刘禹锡"陋室铭"一文有何神似之处?

趣 味 链 接

《雅舍》课件。

论毅力

梁启超

天下古今成败之林,若是其莽然不一途也。要其何以成,何以败?曰:"有毅力者成,反是者败。"

盖人生历程,大抵逆境居十六七,顺境亦居十三四,而顺逆两境又常相间以迭乘。无论事之大小,必有数次乃至十数次之阻力,其阻力虽或大或小,而要之必无可逃避者也。其在志力薄弱之士,始固曰吾欲云云,其意以为天下事固易易也,及骤尝焉而阻力猝来,颓然丧矣;其次弱者,乘一时之意气,透过此第一关,遇再挫而退;稍强者,遇三四挫而退;更稍强者,遇五六挫而退;其事愈大者,其遇挫愈多;其不退也愈难,非至强之人,未有能善于其终者也。

夫苟其挫而不退矣,则小逆之后,必有小顺。大逆之后,必有大顺。盘根错节之既破,而遂有应刃而解之一日。旁观者徒艳羡其功之成,以为是殆幸运儿,而天有以宠彼也,又以为我蹇于遭逢,故所就不彼若也。庸讵知所谓蹇焉、幸焉者,皆彼与我之所同,而其能征服此蹇焉、利用此幸焉与否,即彼成我败所由判也。更譬诸操舟,如以兼旬之期,行千里之地者,其间风潮之或顺或逆,常相参伍。彼以坚苦忍耐之力,冒其逆而突过之,而后得从容以容度其顺。我则或一日而返焉,或二三日而返焉,或五六日而返焉,故彼岸终不可得达也。

孔子曰:"譬如为山,未成一篑,止,吾止也;譬如平地,虽覆一篑,进,吾往也"孟子曰:"有为者,譬若掘井,掘井九仞,而不及泉,犹为弃井也"。成败之数,视此而已。

◁◁◁   知 人 论 世   ▷▷▷

梁启超(1873—1929),字卓如,号任公,又号饮冰室主人,广东新会人,光绪举人。我国近代维新派领袖、学者,是中国近代思想的一个主要代表人物,最早用资产阶级史学观点和方法来研究中国历史,也是最早高度评价和极力提倡小说创作的人。

梁启超自幼多学,据说六岁时读完四书五经,12 岁中秀才,17岁中举人,奉康有为为师,习经世致用之学,两人号称"康梁",早年鼓吹变法维新,是维新运动的中心人物。变法失败后逃亡日本,一方面办报宣传君主立宪,坚持改良主义立场,反对资产阶级民主革命,一方面努力于对西方社会科学的介绍,和对中国传统学术思想、历史文化的整理研究。晚年任清华大学教授(清华国学四大导师之一),出版过多种学术专著。文学创作上以传记、杂文的成就最高,主要著述有《饮冰室合集》。

梁启超像

◁◁◁   小 导 助 学   ▷▷▷

本文节选自《饮冰室合集》。写于 1902 年,即变法第四年。变法失败后,志士同人,损失惨重,环境险恶,在这种逆境下,梁启超想到了古今中外伟大的成功经验——毅力,以此为突破口,证明只有凭着坚韧的毅力,才能征服逆境,实现人生的追求,以此激励在变法之后处于逆境的同志。

思 考 探 究

1.认知本文的总论点,作者强调的核心观点是什么?

2.学习本文正反对比的说理方法。

3.体会本文的比喻句,说明其表达作用。

4.谈谈本文所说的道理有何启发意义。

趣 味 链 接

《论毅力》课件。

主题五　自然的灵性

【主题五导读】

　　"灵性自然"的概念初次产生要归功于王维的诗歌。"空山不见人,但闻人语响。返景入深林,复照青苔上。"短短的两句小诗,描绘出的景象宁静空灵,充满自然与生命的气息。而所谓的"灵性自然",就是一种对超越自然的能力的感知,对生命的神圣信仰以及对自然的深刻领悟。我们自己也是自然的一部分。花开,虫鸣是自然,人来人往,车马喧嚣也是自然。自然是生命万物,也是心怀胸襟;是科学的基础,也是哲学的本源。如果你愿意,仍然可以将灵性自然种在心里,以一颗热爱自然与生命的心去面对生活,以一双尚美的眼睛去发现生活,或许会有所不同。

钴鉧潭西小丘记

柳宗元

得西山后八日,寻[1]山口西北道[2]二百步[3],又得钴鉧潭[4]。西二十五步,当湍[5]而浚[6]者为鱼梁[7]。梁之上有丘焉,生竹树。其石之突怒[8]偃蹇[9],负土而出,争为奇状者,殆[10]不可数。其嵚然[11]相累而下者,若牛马之饮于溪;其冲然[12]角列[13]而上者,若熊罴[14]之登于山。

丘之小不能[15]一亩,可以笼[16]而有之。问其主,曰:"唐氏之弃地,货[17]而不售[18]。"问其价,曰:"止四百。"余怜[19]而售[20]之。李深源、元克己时同游,皆大喜,出自意外。即更[21]取器用[22],铲刈[23]秽草,伐去恶木,烈火而焚之。嘉木立,美竹露,奇石显。由其中[24]以望,则山之高,云之浮,溪之流,鸟兽之遨游,举[25]熙熙然[26]回巧[27]献技[28],以效[29]兹丘之下。枕席而卧,则清泠[30]之状与目谋[31],瀯瀯[32]之声与耳谋,悠然而虚者与神谋,渊然而静者与心谋。不匝旬[33]而得异地者二,虽[34]古好事[35]之士,或[36]未能至焉[37]。

噫!以兹丘之胜[38],致之沣、镐、鄠、杜,则贵游之士争买者,日增千金而愈不可得。今弃是州也,农夫渔父,过而陋[39]之,贾四百,连岁[40]不能售。而我与深源、克己独喜得之,是其[41]果有遭[42]乎!书于石,所以[43]贺兹丘之遭也。

◆◆◆◆　**知 人 论 世**　▶▶▶

柳宗元(773—819),字子厚,唐代河东解(今山西运城西南)人,杰出诗人、哲学家、儒学家、政治家,唐宋八大家之一。著名作品有《永州八记》等六百多篇文章,有《河东先生集》。人称柳河东,又称柳柳州。柳宗元与韩愈同为古文运动的倡导者和奠基人,并称"韩柳"。在中国文化史上,柳宗元诗、文成就均极为杰出。

◆◆◆◆　**小 导 助 学**　▶▶▶

柳宗元像

1. 写作背景

公元805年,柳宗元在其参加的唐宋古文运动中失败,遭到政敌的迫害,被贬到永州当司马。柳宗元名义上虽是政府官员,但没有任何权力,不能过问政事,实际上跟罪人一样。永州是个偏僻的山沟,柳宗元在此整整住了十年。其间,柳宗元随遇感怀,发愤读书,寄情山水,创作了大量的诗歌散文。其中,著名的《永州八记》就是柳宗元在永州时写成的,《永州八记》运用"入乎其内"的景物描写手法使景物描写变得形象生动、富有生机,运用"出乎其外"的景物描写手法使景物描写变得意蕴深厚、耐人寻味。《钴鉧潭西小丘记》是八记中的第三篇,属于山水游记。

2. 解题

《钴鉧潭西小丘记》选自《柳河东集》,上海古籍出版社出版 2008 年版。

钴鉧潭是潇水的一条支流冉溪的一个深潭,"潭"就是"渊",南方方言叫"潭"。钴鉧意为熨斗,钴鉧潭的形状是圆的,像一个圆形的熨斗,故取名为"钴鉧潭"。西山在今湖南零陵西,是一座山。小丘,就是一个小山包。这个小山包没有名字,所以只用临近地区的名字或者方位来说明它的存在(钴鉧潭西面的那个小丘)。后来柳宗元在《愚溪诗序》中,给这个小丘起了一个名字叫"愚丘"。

文中述及的"沣""镐""鄠""杜"均是古地名,全在唐朝首都长安附近。

3. 注释

[1] 寻:沿着。

[2] 道:行走。

[3] 步:指跨一步的距离。

[4] 潭:原选本无,据中华书局版《柳河东集》补。

[5] 湍(tuān):急流。

[6] 浚(jùn):深水。

[7] 鱼梁:用石砌成的拦截水流、中开缺口以便捕鱼的堰。

[8] 突怒:形容石头突出隆起。

[9] 偃蹇(yǎn jiǎn):形容石头高耸的姿态。

[10] 殆:几乎,差不多。

[11] 嵚(qīn)然:山势高峻的样子。

[12] 冲(chòng)然:向上或向前的样子。

[13] 角列:争取排到前面去,一说,像兽角那样排列。

[14] 罴(pí):棕熊。

[15] 不能:不足,不满,不到。

[16] 笼:包笼,包罗。

[17] 货:卖,出售。

[18] 不售:卖不出去。

[19] 怜:爱惜。

[20] 售:买。

[21] 更:轮番,一次又一次。

[22] 器用:器具,工具。

[23] 刈(yì):割。

[24] 其中:小丘的当中。

[25] 举:全。

[26] 熙熙然:和悦的样子。

[27] 回巧:呈现巧妙的姿态,

[28] 技:指景物姿态的各自的特点。

[29] 效:效力,尽力贡献。

[30] 清泠(líng):形容景色清凉明澈。

[31] 谋:这里是接触的意思。

[32] 潆潆(yíng yíng):象声词,像水回旋的声音。

[33] 匝(zā)旬:满十天。匝,周。旬,十天为一旬。

[34] 虽:即使,纵使,就是。

[35]好(hào)事:爱好山水。

[36]或:或许,只怕,可能。

[37]焉:表示估量语气。

[38]胜:指优美的景色。

[39]陋:鄙视,轻视。

[40]连岁:多年,接连几年。

[41]其:岂,难道。

[42]遭:际遇,运气。

[43]所以:用来……的。

4.课文简析

永州山水在柳宗元描绘前并不为世人所知。但在柳宗元的笔下,这些偏居荒芜的山水景致却表现出别具洞天的审美特征,极富艺术生命力。

《钴鉧潭西小丘记》不是客观描摹自然风景,而是蕴藏着作者深厚的思想感情。柳宗元慨叹这样美好的风景被遗弃在僻远的荒野中无人赏识,受人轻蔑,正是借以倾吐自己的抱负和才能被埋没、遭打击的不平之鸣。正如他在《愚溪诗序》中所说,他是以心与笔"漱涤万物,牢笼百态"。像《钴鉧潭西小丘记》中所写的景物"清泠之状与目谋,瀯瀯之声与耳谋,悠然而虚者与神谋,渊然而静者与心谋",这山水便不仅仅是一种视觉、听觉的客观对象,而是投射了作者心境的活生生的亲切的自然。所以,他笔下的山水,都具有他所向往的高洁、幽静、清雅的情趣,也有他诗中孤寂、凄清、幽怨的格调。在同病相怜的情况下,能够努力发掘、欣赏这遗弃的美好风景的只有柳宗元,而能够安慰孤苦受辱的柳宗元的也就是这些山水了。

思 考 探 究

1.第一小节主要写了什么,用了怎样的修辞?作者怎么把静止不动的景物写得如此传神的?

2.写丘之小、地之弃、价之廉、售之难的用意何在,又为什么要写同游友人"皆大喜"?

3.整修后的小丘"嘉木立,美竹露,奇石显",获得了新生,试品味"立""露""显"三个动词使用的妙处。

4."贺兹丘之遭也",祝贺小丘的好机遇,小丘有什么好机遇可祝贺呢?"所以贺兹丘之遭也"指出小丘终于得到赏识,改变了卖不出去、不被人欣赏的命运,作者这样写的目的是什么?

趣 味 链 接

1.拓展阅读

始得西山宴游记

柳宗元

自余为僇人,居是州,恒惴栗。其隟也,则施施而行,漫漫而游。日与其徒上高山,入深林,穷回溪,幽泉怪石,无远不到。到则披草而坐,倾壶而醉。醉则更相枕以卧,卧而梦。意有所极,梦亦同趣。觉而起,起而归;以为凡是州之山水有异态者,皆我有也,而未始知西山之怪特。

今年九月二十八日,因坐法华西亭,望西山,始指异之。遂命仆人过湘江,缘染溪,斫榛莽,焚茅茷,穷山之高而止。攀援而登,箕踞而遨,则凡数州之土壤,皆在衽席之下。其高下之势,岈然洼然,若垤若穴,尺寸千里,攒蹙累积,莫得遁隐。萦青缭白,外与天际,四望如一。然后知是山之特立,不与培塿为类。悠悠乎与颢气俱,而莫得其涯;洋洋乎与造物者游,而不知其所穷。引觞满酌,颓然就醉,不知日之入。苍然暮色,自远而至,至无所见,而犹不欲归。心凝形释,与万化冥合。然后知吾向之未始游,游于是乎始。故为之文以志。是岁,元和四年也。

2.《钴鉧潭西小丘记》课件。

雪花的快乐

徐志摩

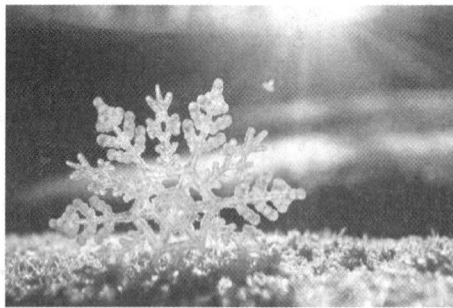

《雪花的快乐》插图

假如我是一朵雪花,
翩翩的在半空里潇洒,
我一定认清我的方向——
飞扬,飞扬,飞扬,——
这地面上有我的方向。

不去那冷寞的幽谷,
不去那凄清的山麓,
也不上荒街去惆怅——
飞扬,飞扬,飞扬,——

你看,我有我的方向!

在半空里娟娟的飞舞,
认明了那清幽的住处,
等着她来花园里探望——
飞扬,飞扬,飞扬,——
啊,她身上有朱砂梅的清香!

那时我凭借我的身轻,
盈盈的,沾住了她的衣襟,
贴近她柔波似的心胸——
消溶,消溶,消溶——
溶入了她柔波似的心胸!

知 人 论 世

徐志摩(1897—1931),新月派代表诗人。浙江海宁人。沈钧儒是徐志摩的表叔,金庸是其姑表弟,琼瑶是其表外甥女。名章垿,初字槱森。后改字志摩。少时读私塾,14岁时进入杭州府中学堂学习,与郁达夫同班。1915年10月,在家庭包办下,与上海宝山县巨富张润之的女儿张幼仪结婚。1917年转入北大就读法学,开始广泛涉猎古今中外文学,并结交了大量文化名流。1918年离开北大,留学美国。在哥伦比亚大学学习期间,由于受到国内五四运动的影响,积极参加当地留学生的爱国活动。学习兴趣也逐渐转

徐志摩像

到文学上来。由于受到英国哲学家罗素的影响,辗转来到英国,在英国期间认识了林长民及其女儿林徽因,在英国期间还认识了作家狄更生,并由其推荐进入英国剑桥大学皇家学院学习。1921年开始创作新诗。1922年回国开始大量创作现代诗歌。之后,发起新月社,加入文学研究会,创办《现代诗刊》周刊及《诗刊》季刊。1931年11月19日,徐志摩所乘坐的飞机在济南附近因大雾触山失事,机毁人亡。其中,他与张幼仪、林徽因、陆小曼的情感纠葛,在当时被传为佳话。

徐志摩的诗句清新,格律规范,想象力丰富。胡适先生曾经指出:"他的人生观真是一种单纯的信仰,这里面只有三个大字:一个是爱,一个是自由,一个是美。"(《追忆志摩》)。代表作品有著名的《志摩的诗》《翡冷翠的一夜》《猛虎集》等诗集散文集,此外还有大量的日记、戏剧和译著。

小 导 助 学

1. 作品背景概述

徐志摩在《猛虎集》序文中写道："诗人也是一种痴鸟,他把他的柔软的心窝紧抵着蔷薇的花刺,口里不住地唱着星月的光辉与人类的希望,非到他的心血滴出来把白花染成大红他不住口。他的痛苦与快乐是深成的一片。"《雪花的快乐》就表达了诗人这种诗学思想的追求。1918 年徐志摩到美国留学,在留学期间受到国内五四运动的影响,积极参加学生爱国活动,学习兴趣也转向文学。几千年根深蒂固的封建文化尽管受到冲击,但是力量还是很强大的。民主自由思想对于诗人而言,还只是一个梦。《雪花的快乐》创作于 1924 年 12 月 30 日,发表于 1925 年 1 月 17 日《现代评论》第一卷第 6 期,表达了诗人对爱与美的追求。

2. 本诗选在《徐志摩诗集》,时代出版传媒股份有限公司,黄山书社,2009 年 6 月版。

3. 诗歌简析

这是一首优美欢快的诗歌。诗人以雪花自喻,通过雪花的飞扬,表达自己对于理想的追求。通过雪花来执着地寻找自己的归宿。终于找到了幸福的港湾,融入了她柔波似的心胸。

雪花是美好的事物,诗人对于美好事物的追求,对美的追求,是那样的快乐,而无绝望的情绪。这首诗人选了徐志摩的第一部诗集《志摩的诗》,这部诗集主要收集了诗人早期的诗歌,风格相类似,都表现了对于爱情理想的追求以及他的社会人生理想,大体风格呈现出理想主义特色。

思 考 探 究

1. 这首诗歌表达了诗人怎样的情感内涵,他所追求的到底是什么?

2. 请用闻一多先生的"三美"原则来分析徐志摩的《雪花的快乐》的艺术特色。

趣 味 链 接

《雪花的快乐》课件。

陶然亭的雪

俞平伯

《陶然亭的雪》课文插图

　　悄然的北风，黯然的同云，炉火不温了，灯还没有上呢。这又是一年的冬天。在海滨草草营巢，暂止飘零的我，似乎不必再学黄叶们故意沙沙的作成那繁响了。老实说，近来时序的迁流，无非逼我换了几回衣裳；把夹衣叠起，把棉衣抖开，这就是秋尽冬来的唯一大事。至于秋之为秋，冬之为冬，我之为我，一切之为一切，固依然自若，并非可叹可悲可怜可喜的意味，而且连些意味的残痕也觉无从觅哩。千条万派活跃的流泉似全然消释于无何有之乡土，剩下的"漠然"这么一味来相伴了。看看窗外酿雪的同云，倒活画出我那潦倒的影儿一个。像这样喑哑无声的蠢然一物，除血脉呼吸的轻颤以外，安息在冬天的晚上，真真再好没有了。有人说，这不是静止——静止是没有的——是均衡的动，如两匹马以同速同向去跑着，即不异于比肩站着的石马。但这些问题虽另有人耐烦去想，而我则岂其人呢。所以于我顶顶合式，莫如学那冬晚的停云。（你听见它说过话吗？）无如编辑《星海》的朋友们逼我饶舌。我将怎样呢？——有了！在："悄然的北风，黯然的同云，炉火不温了，灯还没有上呢"这个光景下，令我追忆昔年北京陶然亭的雪。

　　我虽生长于江南，而自曾北去以后，对于第二故乡的北京也真不能无所恋恋了。尤其是在那样一个冬晚，有银花纸糊裱的顶棚和新衣裳一样卒瘵的纸窗，一半已烬一半红着，可以照人须眉的泥炉火，还有墙外边三两声的担子吆喝。因房这样矮而洁，窗这样低而明，越显出天上的同云格外的沉凝欲堕，酿雪的意思格外浓鲜而成熟了。我房中照例上灯独迟些，对面或侧面的火光常浅浅回在我的窗纸上，似比月色还多了些静穆，还多些凄清。当我听见廓落的院子里有脚声，一会儿必要跟着"砰"关风门了，或者"搭"下窗帘子了。我便料到必有寒紧的风在走道的人颈傍拂着，所以他要那样匆匆的走，如此，类乎此黯淡的寒姿，在我亿中至少可以匹敌江南春与秋的姝丽了，至少也可以使惯住江南的朋友了解一点名说苦寒的北方，也有足以系人思念的冬之黄昏啊，有人说，这岂不将钩惹我们的迟暮之感？真的！——可是，我们谁又是专喝蜜水的人呢。

　　总是冬天罢，（谁要你说？）年月日忘怀了。读者们想决不屑介意于此琐琐的，所以忘怀倒也没要紧。那天是雪后的下午。我其时住在东华门一条曲折的小胡同里，而 G 君所居更偏东些。我们雇了两辆"胶皮",向着陶然亭去,但车只雇到前门外大外郎营,(从东城至陶然亭路很远,冒雪雇车很不便,)车轮咯咯吱吱的切碾着白雪,留下凹纹的平行线,我们遂由南池子而天安门东,渐逼近车马纷填,兀然在目的前门了。街衢上已是一半儿泥泞,一半儿雪了。幸而北风还时时吹下一阵雪珠,蒙络那一切,正如疏朗溟蒙的银雾。亦幸而雪在北京,似乎是白面捏的,又似乎是白泥塑的。(往往到春初春时,人家庭院里还堆着与土同色的雪,结果是成筐的挑了出去完事。)若移在江南,檐漏的滴搭,不终朝而消尽了。

言归正传。我们下了车,踏着雪,穿粉房琉璃街而南,炫眼的雪光愈白,栉比的人家渐寥落了。不久就远远望见清旷莹明的原野,这正是在城圈里耽腻了的我们所期待的。累累的荒冢,白着头的,地名叫作窑台。我不禁连想那"会向瑶台月下逢"的所谓瑶台,这本是比拟不伦,但我总不住的那么想。

那时江亭之北似尚未有通衢。我蹀躞于白裳衣广覆着的田野之间,望望这里,望望那里,都很像江亭似的。商量着,偏西南方较高大的屋,或者就是了。但为什么不见一个亭子呢?藏在里边罢?到拾级而登时,已确信所测不误了。然踏穿了内外竟不见有什么亭子。幸而上面挂着的一方匾;否则那天到的是不是陶然亭,若至今还是疑问,岂非是个笑话。江亭无亭,这样的名实乖违,总使我们怅然若失。我来时是这样预期的,一座四望极目的危亭,无碍无遮,在雪海中沐浴而嬉,宛如回旋的灯塔在银涛万沸之中,浅礁之上,亭亭玉立一般。而今竟只见拙钝的几间老屋,为城圈之中所习见而不一见的,则已往的名流觞咏,想起来真不免黯然寡色了。

然其时雪又纷纷扬扬而下来,跳舞在灰空里的雪羽,任意地飞集到我们的粗呢氅衣上。趁它们未及融为明珠的时候,我即用手那么一拍,大半掉在地上,小半已渗进衣襟去。"下马先寻题壁字,"来来回回的循墙而走,咱们也大有古人之风呢。看看咱们能拾得什么?至少也当有如"白丁香折玉亭亭"一样的句子被传诵着罢。然而竟终于不见!可证"一蟹不如一蟹"这句老话真是有一点意思的。后来幸而觅得略可解嘲的断句,所谓"卅年戎马尽秋尘"者,从此就在咱们嘴里咕噜着了。

在曲折廊落的游廊间,当北风卷雪渺无片响的时分,忽近处递来琅琅读书声。谛听,分明得很,是小孩子的。它对于我们十分亲密,因为和从前我们在书房里所唱出的正是一个样子的。这尽可以使我重温热久未曾尝的几时的甜酒,使我俯拾眠歌声里的温馨梦痕;并可以减轻北风的尖冷,抚慰素雪的飘零。换一句干脆点的话,就是在清冷双绝的况味中,它恰好给喝了一点热热酽酽的东西,使一切已凝的,一切凝着的,一切将凝的,都软洋洋鞍着腰肢不自支持了。

书声还正琅琅然呢,我们寻诗的闲趣被窥人的热念给岔开了。从回廊下踅过去,两明一暗的三间屋,玻璃窗上帷子亦未下。天色其时尚未近黄昏;惟云天密吻,酿雪意的浓酣,阡陌明晌,积雪痕的寒皎,似乎全与迟暮合缘,催着黄昏快些来罢。至屋内的陈设,人物的须眉,已尽随年月日时的迁移,送进茫茫昧昧的乡土,在此也只好从缺。几个较鲜明的印象,尚可片片掇拾以告诸君的,是厚的棉门帘一个,肥短的旱调袋一支;老黄色的《孟子》一册,上有银朱圈点,正翻到《离娄》篇首;照例还有白灰泥炉一个,高高的火苗蹿着;以外……"算了罢,你不要在这儿写帐哟!"游览必终之以大嚼,是我们的惯例,这里边好像有鬼催着似的。我曾和我姊说过,"咱们以后不用说逛什么地方,老实说吃什么地方好了。"她虽付之一笑,却不斥我为胡闹,可见中非无故了。我且曾以之问过吾师。吾师说得尤妙,"好吃是文人的天性,"这更令我不便追问下去。因为既曰天性,已是第一因了。还要求它的因,似乎不很知趣。如理化学家说到电子,心理学家说到本能,生机哲学者说到什么"隐得而希"……闲言少表。天性既不许有例外,谈到白雪,自然会归到一条条的白面上去。不过这种说法是很辱没胜地的,且有点文不对题。所以在江亭中吃的素面,只好割爱不谈。我只记得青汪汪的一炉火,温煦最先散在人的双颊上。那户外的尖风呜呜的独自去响。倚着北窗,恰好鸟瞰那南郊的旷莽积雪。玻璃上偶沾了几片鹅毛碎雪,更显得它的莹明不滓,雪固白得可爱,但它干净得尤好,酿雪的云,融雪的泥,各有各的意思;但总不如一半留着的雪痕,一半飘着的雪华,上上下下,迷眩难分的尤为美满。脚步声听不到,门帘也不动,屋里没有第三个人。我们手都插在衣袋里,悄对着那排向北的窗。窗外有几方妙绝的素雪装成的册页。累累的坟,弯弯的路,枝枝丫丫的树,高高低低的屋顶,都秃着白头,耸着白肩膀,危立在卷雪的北风之中。上边不见一只鸟儿展着翅,下边不见一条虫儿蠢然的动(或者要归功于我的近极限),不用提路上的行人,更不用提马足车尘了。唯有背后已热的瓶笙吱吱的响,是为静之独一异品;然依昔人所谓"蝉噪林逾静"的静这种诠释,它虽努力思与岑寂绝缘终久是失败的哟。死样的寂每每促生胎动的潜能,惟万寂之中留下一分两分的喧哗,使就烬的赤灰不致以内炎而重生烟焰;故未全枯寂伪外缘正能孕育着止水一泓似的心境。这也无烦高谈妙谛,只当咱们清眠不熟的时光便可以稍稍体验这番悬谈了。闲闲的意想,乍生乍灭,如行云流水一般的不关痛痒,比强制吾心,一念不着的滋味如何? 这想必有人能辨别的。

炉火使我们的颊热,素面使我们的胃饱,飘零的暮雪使我们的心越过越黯淡。我们到底不得不出去一走,到底不得不面迎着雪,脚踹着雪,齐向北快快的走。离亭数十步外有一土坡,上开着一家油厂,厂右有小小的断坟并立。从坟头的小碣,知道一个葬的是鹦鹉,一个名为香冢,想又是美人黄土那类把戏了。只是一件,油厂有狗,喜拦门乱吠。G 君是怕狗的;因怕它咬,并怕那未必就咬的吠,并怕那未必就吠的狗。而我又是怯登土坡的,雪覆着的坡子滑滑的难走,更有点望之生畏。故我们商量商量,还是别去为妙。

我们绕坡北去时,G 君抬头而望(我记得其时狗没有吠)对我说,来年春归时,种些红杜鹃花在上面,我点点头。路上还商量着买杜鹃花的价钱。……现在呢,然而现在呢? 我惘怅着凤愿的虚设。区区的愿原不妨辜负;然区区的愿亦未免辜负,则以外的岂不又可知了。——北京冬间早又见了三两寸的雪,而上海至今只是黯然的同云,说是酿雪,说是酿雪,而终于不来。这令我由不得追忆那年江亭玩雪的故事。

知人论世

1.俞平伯的生平

俞平伯是我国著名的诗人、散文家、研究古典文学的学者。他原籍是浙江省德清县,生长在苏州。出身于书香世家,原名铭衡。1918 年初,他参加了北大文科国文门研究所小说研究会的活动,并开始创作新诗,进而从理论上探讨新诗的发展问题。1919 年 11 月,俞平伯在北大毕业。俞平伯是从写新诗起步,踏上了新文学的创作道路的。

2.俞平伯的作品及成就

诗歌方面:

俞平伯的诗歌理论:

(1)诗歌应当表现人生;

(2)诗的内容和形式不能偏废;

(3)要讲究诗歌艺术;

主要诗歌作品：

第一部诗集《冬夜》；

第二部诗集《西还》；

第三部诗集《忆》。

散文方面：

散文集有《杂拌儿》《燕知草》《杂拌儿之二》《古槐梦遇》《燕郊集》。

代表作品有《桨声灯影里的秦淮河》《西湖的六月十八夜》《陶然亭的雪》。

红学研究方面：

是"新红学"的代表人物，主张用历史考证的方法、文学的眼光来研究《红楼梦》。

所著《红楼梦研究》为"新红学派"代表作之一，在学术界有较大影响。

小 导 助 学

1. 创作背景

自《新青年》于1918年4月开辟"随感录"专栏，提倡白话短评开始，现代意义上的白话散文便迅速发展起来。尤其到了1921年周作人以《美文》一文倡导"记述的""艺术的"叙事抒情散文，艺术性散文更加蓬勃地生长起来。当时几乎所有作家、诗人都同时创作散文。这些作家既取法英国随笔和其他外国散文的笔调体式，又注意在传统散文中寻找创新的根基，很巧妙地化古融今，颇受读者欢迎。

这一时期的散文品种体式繁多，既有"随感录"和"现代评论派"式的杂感小品，也有抒情美文、哲理随笔，还有散文诗及文艺性的通讯报告文学。以周作人为代表，俞平伯、钟敬文、废名等为主将，形成了一个流派——"言志派"。无论是周作人的《北京的茶食》《乌篷船》，俞平伯的《陶然亭的雪》《西湖的六月十八夜》，钟敬文的咏物小品《荔枝》和游记《太湖游记》，以及废名的名为小说实为散文的《竹林的故事》等代表性作品，都俨然有闲适、青涩之味。这些趣味性、知识性的小品文透出此派作者的雅人高逸之态。

2. 本文选自《杂拌儿集》，中国青年出版社，1998年4月版。

3. 课文简析

文章由回忆导入，表现出作者对年前一次观雪经历的深刻记忆，蕴含着作者对自然美的向往和怀念之情。然后，文章记述了具体的游历过程，在简单自然中体现出平淡的琐细，其中有游历中的小见闻和小感触，也有对陶然亭雪景的精细描述。结尾又回到现实中，在怀念往事的怅惘中再次深化怀念自然、亲近自然的主题。

思 考 探 究

1. 本文行文篇章结构散漫，是否是其缺陷？

2. 体会作品主题及作者要表达的情感。

3. 对文中富有哲理性的一些议论，你觉得是否有必要？你赞成作者的观点吗？

趣 味 链 接

1. 拓展阅读

桨声灯影里的秦淮河
俞平伯

我们消受得秦淮河上的灯影,当圆月犹皎的仲夏之夜。

在茶店里吃了一盘豆腐干丝,两个烧饼之后,以歪歪的脚步踅上夫子庙前停泊着的画舫,就懒洋洋躺到藤椅上去了。好郁蒸的江南,傍晚也还是热的。"快开船罢!"桨声响了。

小的灯舫初次在河中荡漾;于我,情景是颇朦胧,滋味是怪羞涩的。我要错认它作七里的山塘;可是,河房里明窗洞启,映着玲珑入画的曲栏杆,顿然省得身在何处了。佩弦呢,他已是重来,很应当消释一些迷惘的。但看他太频繁地摇着我的黑纸扇。胖子是这个样怯热的吗?

又早是夕阳西下,河上妆成一抹胭脂的薄媚。是被青溪的姊妹们所熏染的吗?还是匀得她们脸上的残脂呢?寂寂的河水,随双桨打它,终是没言语。密匝匝的绮恨逐老去的年华,已都如蜜饧似的融在流波的心窝里,连呜咽也将嫌它多事,更哪里论到哀嘶。心头,宛转的凄怀;口内,徘徊的低唱;留在夜夜的秦淮河上。

在利涉桥边买了一匣烟,荡过东关头,渐荡出大中桥了。船儿悄悄地穿出连环着的三个壮阔的涵洞,青溪夏夜的韶华已如巨幅的画豁然而抖落。哦!凄厉而繁的弦索,颤岔而涩的歌喉,杂着吓哈的笑语声,噼啪的竹牌响,更能把诸楼船上的华灯彩绘,显出火样的鲜明,火样的温煦了。小船儿载着我们,在大船缝里挤着,挨着,抹着走。它忘了自己也是今宵河上的一星灯火。

既踏进所谓"六朝金粉气"的销金窝,谁不笑笑呢!今天的一晚,且默了滔滔的言说,且舒了恻恻的情怀,暂且学着,姑且学着我们平时认为在醉里梦里的他们的憨痴笑语。看!初上的灯儿们一点点掠剪柔腻的波心,梭织地往来,把河水都皴得微明了。纸薄的心旌,我的,尽无休息地跟着它们飘荡,以至于怦怦而内热。这还好说什么的!如此说,诱惑是诚然有的,且于我已留下不易磨灭的印记。至于对榻的那一位先生,自认曾经一度摆脱了纠缠的他,其辩解又在何处?这实在非我所知。

我们,醉不以涩味的酒,以微漾着,轻晕着的夜的风华。不是什么欣悦,不是什么慰藉,只感到一种怪陌生,怪异样的朦胧。朦胧之中似乎胎孕着一个如花的笑——这么淡,那么淡的倩笑。淡到已不可说,已不可拟,且已不可想;但我们终究是眩晕在它离合的神光之下的。我们没法使人信它是有,我们不信它是没有。勉强哲学地说,这或近于佛家的所谓"空",既不当鲁莽说它是"无",也不能径直说它是"有"。或者说"有"是有的,只因无可比拟形容那"有"的光景;故从表面看,与"没有"似不生分别。若定要我再说得具体些:譬如东风初劲时,直上高翔的纸鸢,牵线的那人儿自然远得很了,知她是哪一家呢?但凭那鸢尾一缕飘绵的彩线,便容易揣知下面的人寰中,必有微红的一双素手,卷起轻绡的广袖,牢担荷小纸鸢儿的命根。飘翔岂不是东风的力,又岂不是纸鸢的含德;但其根株却将另有所寄。

请问,这和纸鸢的省悟与否有何关系?故我们不能认笑是非有,也不能认朦胧即是笑。我们定应当如此说,朦胧里胎孕着一个如花的幻笑,和朦胧又互相混融着的;因它本来是淡极了,淡极了这么一个。

漫题那些纷繁的话,船儿已将泊在灯火的丛中去了。对岸有盏跳动的汽油灯,佩弦便硬说它远不如微黄的灯火。我简直没法和他分证那是非。

时有小小的艇子急忙忙打桨,向灯影的密流里横冲直撞。冷静孤独的油灯映见黯淡久的画船头上,秦淮河姑娘们的靓妆。茉莉的香,白兰花的香,脂粉的香,纱衣裳的香……微波泛滥出甜的暗香,随着她们那些船儿荡,随着我们这船儿荡,随着大大小小一切的船儿荡。有的互相笑语,有的默然不响,有的衬着胡琴亮着嗓子唱。一个,三两个,五六七个,比肩坐在船头的两旁,也无非多添些淡薄的影儿葬在我们的心上——太过火了,不至于罢,早消失在我们的眼皮上。谁都是这样急忙忙的打着桨,谁都是这样向灯影的密流里冲着撞;又何况久沉沦的她们,又何况漂泊惯的我们俩。当时浅浅的醉,今朝空空的惆怅;老实说,咱们萍泛的绮思不过如此而已,至多也不过如此而已。你且别讲,你且别想!这无非是梦中的电光,这无非是无明的幻象,这无非是以零星的火种微炎在大欲的根苗上。扮戏的咱们,散了场一个样,然而,上场锣,下场锣,天天忙,人人忙。看!吓!载送女郎的艇子才过去,货郎担的小船不是又来了?一盏小煤油灯,一舱的什物,他也忙得来像手里的摇铃,这样叮咚而郎当。

杨枝绿影下有条华灯璀璨的彩舫在那边停泊。我们那船不禁也依傍短柳的腰肢,欹侧地歇了。游客们的大船,歌女们的艇子,靠着。唱的拉着嗓子;听的歪着头,斜着眼,有的甚至于跳过她们的船头。如那时有严重些的声音,必然说:"这哪里是什么旖旎风光!"咱们真是不知道,只模糊地觉着在秦淮河船上板起方正的脸是怪不好意思的。咱们本是在旅馆里,为什么不早早入睡,掂着牙儿,领略那"卧后清宵细细长";而偏这样急急忙忙跑到河上来无聊浪荡?还说那时的话,从杨柳枝的乱鬓里所得的境界,照规矩,外带三分风华的。况且今宵此地,动荡着有灯火的明姿。况且今宵此地,又是圆月欲缺未缺,欲上未上的黄昏时候。叮当的小锣,伊轧的胡琴,沉填的大鼓……弦吹声腾沸遍了三里的秦淮河。喳喳嚷嚷的一片,分不出谁是谁,分不出那儿是那儿,只有整个的繁喧来把我们包填。仿佛都抢着说笑,这儿夜夜尽是如此的,不过初上城的乡下老是第一次呢。真是乡下人,真是第一次。

穿花蝴蝶样的小艇子多到不和我们相干。货郎担式的船,曾以一瓶汽水之故而拢近来,这是真的。至于她们呢,即使偶然灯影相偎而切掠过去,也无非瞧见我们微红的脸罢了,不见得有什么别的。可是,夸口早哩!——来了,竟向我们来了!不但是近,且拢着了。船头傍着,船尾也傍着;这不但是拢着,且并着了。厮并着倒还不很要紧,且有人扑冬地跨上我们的船头了。这岂不大吃一惊!幸而来的不是姑娘们,还好。(她们正冷冰冰地在那船头上。)来人年纪并不大,神气倒怪狡猾,把一扣破烂的手折,摊在我们眼前,让细瞧那些戏目,好好儿点个唱。他说:"先生,这是小意思。"诸君,读者,怎么办?

好,自命为超然派的来看榜样!两船挨着,灯光愈皎,见佩弦的脸又红起来了。那时的我是否也这样?这当转问他。(我希望我的镜子不要过于给我下不去。)老是红着脸终究不能打发人家走路的,所以想个法子在当时是很必要。说来也好笑,我的老调是一味的默,或干脆说个"不",或者摇摇头,摆摆手表示"决不"。如今都已使尽了。佩弦便进了一步,他嫌我的方术太冷漠了,又未必中用,摆脱纠缠的正当道路唯有辩解。好吗!听他说:"你不知道?这事我们是不能做的。"这是诸辩解中最简洁,最漂亮的一个。可惜他所说的"不知道?"来人倒真有些"不知道!"辜负了这二十分聪明的反语。他想得有理由,你们为什么不能做这事呢?因这"为什么?"佩弦又有进一层的曲解。那知道更坏事,竟只博得那些船上人的一哂而去。他们平常虽不以聪明名家,但今晚却又怪聪明,如洞彻我们的肺肝一样的。这故事即我情愿讲给诸君听,怕有人未必愿意哩。"算了罢,就是这样算了罢;"想我不再写下了,以外的让他自己说。

叙述只是如此,其实那时联翩而来的,我记得至少也有三五次。我们把它们一个一个的打发走路。但走的是走了,来的还正来。我们可以使它们走,我们不能禁止它们来。我们虽不轻被摇撼,但已有一点杌陧了。况且小艇上总载去一半的失望和一半的轻蔑,在桨声里仿佛狠狠地说,"都是呆子,都是吝啬鬼!"还有我们的船家(姑娘们卖个唱,他可以赚几个子的佣金。)眼看她们一个一个的去远了,呆呆的蹲踞着,怪无聊赖似的。碰着了这种外缘,无怒亦无哀,唯有一种情意的紧张,使我们从颓弛中体会出挣扎来。这味道倒许很真切的,只恐怕不易为倦鸦似的人们所喜。

曾游过秦淮河的到底乖些。佩弦告船家:"我们多给你酒钱,把船摇开,别让他们来噜苏。"自此以后,桨声复响,还我以平静了,我们俩又渐渐无拘无束舒服起来,又滔滔不断地来谈谈方才的经过。今儿是算怎么一回事?我们齐声说,欲的胎动无可疑的。正如水见波痕轻婉已极,与未波时究不相类。微醉的我们,洪醉的他们,深浅虽不同,却同为一醉。接着来了第二问,既自认有欲的微炎,为什么艇子来时又羞涩地躲了呢?在这儿,答语参差着。佩弦说他的是一种暗昧的道德意味,我说是一种似较深沉的眷爱。我只背诵岂君的几句诗给佩弦听,望他曲喻我的心胸。可恨他今天似乎有些发钝,反而追着问我。

前面已是复成桥。青溪之东,暗碧的树梢上面微耀着一桁的清光。我们的船就缚在枯柳桩边待月。其时河心里晃荡着的,河岸头歇泊着的各式灯船,望去,少说点也有十廿来只。唯不觉繁喧,只添我们以幽甜。虽同是灯船,虽同是秦淮,虽同是我们;却是灯影淡了,河水静了,我们倦了,——况且月儿将上了。灯影里的昏黄,和月下灯影里的昏黄原是不相似的,又何况人倦的眼中所见的昏黄呢。灯光所以映她的秋姿,月华所以洗她的秀骨,以蓬腾的心焰跳舞她的盛年,以旸涩的眼波供养她的迟暮。必如此,才会有圆足的醉,圆足的恋,圆足的颓弛,成熟了我们的心田。

犹未下弦,一丸鹅蛋似的月,被纤柔的云丝们簇拥上了一碧的遥天。冉冉地行来,冷冷地照着秦淮。我们已打桨而徐归了。归途的感念,这一个黄昏里,心和境的交萦互染,其繁密殊超我们的言说。主心主物的哲思,依我外行人看,实在把事情说得太嫌简单,太嫌容易,太嫌分明了。实有的只是浑然之感。就论这一次秦淮夜泛罢,从来处来,从去处去,分析其间的成因自然亦是可能;不过求得圆满足尽的解析,使片段的因子们合拢来代替刹那间所体验的实有,这个我觉得有点不可能,至少于现在的我们是如此的。凡上所叙,请读者们只看作我归来后,回忆中所偶然留下的千百分之一二,微薄的残影。若所谓"当时之感",我绝不敢望诸君能在此中窥得。即我自己虽正在这儿执笔构思,实在也无从重新体验出那时的情景。说老实话,我所有的只是忆。我告诸君的只是忆中的秦淮夜泛。至于说到那"当时之感",这应当去请教当时的我。而他久飞升了,无所存在。

凉月凉风之下,我们背着秦淮河走去,悄默是当然的事了。如回头,河中的繁灯想定是依然。我们却早已走得远,"灯火未阑人散";佩弦,诸君,我记得这就是在南京四日的酣嬉,将分手时的前夜。

1923 年 8 月 22 日北京

跋:这篇文字在行箧中休息了半年,迟至此日方和诸君相见;因我本和佩弦君有约,故候他文脱稿,方才付印。两篇中所记率迹,似乎稍有些错综,但既非记事的史乘,想读者们不致介意罢。至于把他文放在前面,而不依作文之先后为序,也是我的意见:因为他文比较的精细切实,应当使它先见见读者诸君。

1924 年 1 月

2.《陶然亭的雪》课件。

主题六　历史的回眸

【主题六导读】

历史是人们对过去事实及前人经验的概况和总结,"以史为镜,可以知兴替。"读史可以明鉴、指导国家未来,增强民族的自豪感和凝聚力,激发个人的聪明才智,明白做人处事的道理。

学习古文在于传承中华文化,让一种古老的文明传承下去是每一位中国人的责任。回顾历史,通过历史中的人和事,了解一些自己想要知道的真相,并从中有所收获是本单元设立的目的。

管晏列传[1]

司马迁

管仲夷吾者，颍上人也[2]。少时常与鲍叔牙游[3]，鲍叔知其贤。管仲贫困，常欺鲍叔[4]，鲍叔终善遇之，不以为言。已而鲍叔事公子小白[5]，管仲事公子纠。及小白立为桓公，公子纠死，管仲囚焉[6]。鲍叔遂进管仲[7]。管仲既用，任政于齐，齐桓公以霸，九合诸侯，一匡天下，管仲之谋也[8]。

管仲曰："吾始困时，尝与鲍叔贾[9]，分财利多自与，鲍叔不以我为贪，知我贫也。吾尝为鲍叔谋事而更穷困[10]，鲍叔不以我为愚，知时有利不利也。吾尝三仕三见逐于君[11]，鲍叔不以我为不肖，知我不遭时也[12]。吾尝三战三走[13]，鲍叔不以我为怯，知我有老母也。公子纠败，召忽死之[14]，吾幽囚受辱，鲍叔不以我为无耻，知我不羞小节而耻功名不显于天下也[15]。生我者父母，知我者鲍子也。

鲍叔既进管仲，以身下之。子孙世禄于齐[16]，有封邑者十馀世，常为名大夫。天下不多管仲之贤而多鲍叔能知人也[17]。

管仲既任政相齐[18]，以区区之齐在海滨，通货积财，富国强兵，与俗同好恶[19]。故其称曰："仓廪实而知礼节，衣食足而知荣辱，上服度则六亲固。四维不张，国乃灭亡。下令如流水之原，令顺民心。"[20]故论卑而易行[21]。俗之所欲，因而予之；俗之所否，因而去之[22]。

其为政也，善因祸而为福，转败而为功。贵轻重，慎权衡[23]。桓公实怒少姬，南袭蔡，管仲因而伐楚，责包茅不入贡于周室[24]。桓公实北征山戎，而管仲因而令燕修召公之政[25]。于柯之会，桓公欲背曹沫之约，管仲因而信之，诸侯由是归齐[26]。故曰："知与之为取，政之宝也[27]。"

管仲富拟于公室，有三归、反坫，齐人不以为侈[28]。管仲卒，齐国遵其政，常强于诸侯。后百馀年而有晏子焉。

晏平仲婴者，莱之夷维人也[29]。事齐灵公、庄公、景公，以节俭力行重于齐。既相齐，食不重肉，妾不衣帛[30]。其在朝，君语及之，即危言[31]；语不及之，即危行。国有道，即顺命；无道，即衡命[32]。以此三世显名于诸侯。

越石父贤，在缧绁中[33]。晏子出，遭之涂，解左骖赎之，载归[34]。弗谢，入闺[35]。久之，越石父请绝。晏子懼然，摄衣冠谢曰："婴虽不仁，免子于厄，何子求绝之速也？"[36]石父曰："不然。吾闻君子诎于不知己而信于知己者[37]。方吾在缧绁中，彼不知我也。夫子既已感寤而赎我，是知己[38]；知己而无礼，固不如在缧绁之中。"晏子于是延入为上客。

晏子为齐相，出，其御之妻从门间而窥其夫[39]。其夫为相御，拥大盖[40]，策驷马，意气扬扬，甚自得也。既而归，其妻请去。夫问其故。妻曰："晏子长不满六尺，身相齐国，名显诸侯。今者妾观其出，志念深矣，常有以自下者[41]。今子长八尺，乃为人仆御，然子之意自以为足，妾是以求去也。"其后夫自抑损[42]。晏子怪而问之，御以实对。晏子荐以为大夫。

太史公曰：吾读管氏牧民、山高、乘马、轻重、九府[43]，及晏子春秋，详哉其言之也。既见其著书，欲观其行事，故次其传[44]。至其书，世多有之，是以不论，论其轶事。

管仲，世所谓贤臣，然孔子小之[45]。岂以为周道衰微，桓公既贤，而不勉之至王，乃称霸哉？语曰"将顺其美,匡救其恶,故上下能相亲也"[46]。岂管仲之谓乎?

方晏子伏庄公尸哭之,成礼然后去,岂所谓"见义不为无勇"者邪[47]?至其谏说,犯君之颜,此所谓"进思尽忠,退思补过"者哉[48]!假令晏子而在,余虽为之执鞭,所忻慕焉[49]。

知 人 论 世

1. 司马迁

司马迁,字子长,夏阳(今陕西韩城南)人。少年时随父司马谈读书,并师从董仲舒、孔安国等人。后为郎中、太史令、中书令等。其父司马谈于汉武帝建元、元封年间出任太史令,掌管文史星历,管理皇家图书。司马谈生前就有过编写古今通史的宏志,但因故未能如愿,他去世前要司马迁一定完成自己的愿望。元封三年(公元前 108 年),司马迁继任父职为太史令,得以阅读皇家所藏典籍,搜集史料,为撰写《史记》打下坚实的基础。

2. 管仲

管仲,是春秋初期杰出的政治家,在经济、政治、军事等方面进行过一系列改革,使齐国数年之内,国富兵强,获得"九合诸侯,一匡天下"的春秋首霸地位。他打出"尊王攘夷"旗号,救邢存卫援燕,率各国诸侯抵抗戎狄族侵扰,对保卫中原地区先进的经济、文化,免受落后部族的掠夺和蹂躏,做出了有益的贡献。管仲是中国历史上杰出的政治家兼思想家。

3. 晏子

晏子(前 578—前 500),名婴,字平仲,谥号"平",夷维(今山东省高密市)人,春秋时期齐国著名政治家、思想家、外交家。历任齐灵公、庄公、景公三朝,辅政长达 50 余年。以有政治远见、外交才能和作风朴素闻名诸侯。晏婴聪颖机智,能言善辩。内辅国政,屡谏齐王。对外他既富有灵活性,又坚持原则性,出使不受辱,捍卫了齐国的国格和国威。

小 导 助 学

1. 注释

[1]选自《史记》(中华书局 2006 年版)卷六十二。本篇是管仲、晏婴二人的合传,其二人虽不同时却均曾为齐国大夫、名相,故合传为一。

[2]管仲:名夷吾,是颍上人,春秋前期齐相,曾辅佐桓公成就霸业,桓公尊之为"仲父"。颍上:颍水之滨。

[3]鲍叔牙:春秋时齐国大夫,以知人著称,与管仲相知最深,后世常以"管鲍"比喻交谊深厚的朋友。游:交游、来往。

[4]欺:此意为占便宜,指下文"分财利多自与"。

[5]小白:即齐桓公,姓姜,名小白,与公子纠皆齐襄公弟。齐襄公立,政令无常,又数欺大臣,又淫于妇人,诛杀屡不当,鲍叔担心齐国将大乱,为避难,管仲、召忽奉襄公弟公子纠出奔鲁国,鲍叔奉襄公弟小白出奔莒国。事见《史记》卷三十二《齐太公世家》及《左传·庄公八年》。

[6]"及小白立"三句:公元前 686 年襄公被杀。前 685 年,鲁国派兵保护公子纠赶回齐国争夺王位,先由管仲领兵扼守莒、齐要道,以防小白先行入齐争位。两相遭遇,管仲射中小白带钩。小白佯死,使鲁国延误了公子纠的行程。小白率先入齐,立为桓公。桓公以军拒鲁,大败鲁军。鲁国被迫杀死公子纠,召忽自

杀,管仲请囚。详见《史记》卷三十二《齐太公世家》。

[7]进:保举,推荐。

[8]霸:称霸。合:会盟。匡:匡正,纠正。

[9]尝:曾经。贾:做买卖。

[10]穷困:困厄,窘迫。

[11]三:泛指多次。见:被。

[12]遭:遇,逢。

[13]走:逃跑。

[14]死之:为公子纠而死。

[15]羞:以……为羞。耻:以……为耻。

[16]世禄:世代享受俸禄。

[17]多:推重、赞美。

[18]相:出任国相。

[19]俗:指百姓。

[20]"故其称曰"及引句:所以,他在《管子》一书中称述说:"仓库储备充实了,百姓才懂得礼节;衣食丰足了,百姓才能分辨荣辱;国君的作为合乎法度,'六亲'才会得以稳固;不提倡礼义廉耻,国家就会灭亡;国家下达政令就像流水的源头,顺着百姓的心意流下。"其称曰,他自己称述说。以下引语是对《管子·牧民》篇有关论述的节录,其"仓廪实"三句和"四维不张"两句见于"国颂"一节,"下令如流水之原"两句见于"士经"一节。上,国君,一说居上位者。服,行,施行。度,节度,或特指礼度、制度。六亲,《管子·牧民》有"六亲五法"一节,刘向注云:"'以家为家',一亲也。'以乡为乡',二亲也。'以国为国',三亲也。'以天下为天下',四亲也。'毋曰不同生,远者不听;毋曰不同乡,远者不行;毋曰不同国,远者不从。''如地如天,何私何亲',五亲也。'如月如日,唯君之节',六亲也;天地日月,取其耀临,言人君亲下,当如天地日月之无私也。"由此可知,这里所谓"六亲",非指一般意义的六亲,即非《正义》所云外祖父母、姊妹、妻兄弟之子、从母之子、女子,亦非王弼所云父、母、兄、弟、妻、子,或其他各种指谓。固,安固,稳固。四维,《管子·牧民·四维》云:"国有四维,一维绝则倾,二维绝则危,三维绝则覆,四维绝则灭。倾可正也,危可安也,覆可起也,灭不可复错也。何谓四维?一曰礼,二曰义,三曰廉,四曰耻。"维,纲,即网上的总绳,此引申为纲要、原则。原,同"源",水的源头。

[21]论卑:指政令平易符合下边的民情。

[22]去:废除。

[23]轻重:原是《管子》中的一个特殊经济概念,是管子经济思想、经济理论中的一个重要组成部分,其核心问题,是用货币和谷物来调节、控制国家经济。但从本段所举史实来看,太史公不是谈管子的经济思想,所以"轻重"一语还应理解为通常意义的"轻重",即事物的轻重缓急。权衡:比较利弊得失。

[24]"桓公实怒少姬"四句:齐桓公实际上是怨恨少姬改嫁而向南袭击蔡国,管仲就寻找借口攻打楚国,责备它没有向周王室进贡菁茅。"桓公实怒"是说少姬(即蔡姬)曾荡舟戏弄桓公,制止不听,因怒,遣送回国。蔡君将其改嫁,所以桓公怒而攻蔡。见《史记》卷三十二《齐太公世家》《左传·僖公三年》(伐蔡在"僖公四年")。《左传·僖公四年》载:齐桓公伐楚,使管仲责之曰:"尔贡包茅不入,王祭不共,无以缩酒,寡人是征。"古代祭祀,用裹束成捆的菁茅过滤去渣。包,裹束。茅,菁茅。按:责楚包茅不入贡于周室,这是齐伐楚的借口。事又见《史记》卷三十二《齐太公世家》。

[25]"桓公实北征山戎"二句:桓公实际上是向北出兵攻打山戎,而管仲就趁机让燕国整顿召公时期的政教。齐桓公二十三年(前663),山戎(北狄)伐燕,燕告急于齐,桓公因伐山戎,至于孤竹而还。燕庄公送桓公进入齐境。桓公说:"非天子,诸侯相送不出境,吾不可以无礼于燕。"于是分沟割燕君所至之地与燕,并让燕君重修召公之政,纳贡于周。召公,是燕国的始祖,周成王时为三公,"治西方,甚得兆民和。"见《史记》卷三十二《齐太公世家》卷三十四《燕召公世家》。

[26]"于柯之会"四句:在柯地会盟,桓公想背弃曹沫逼迫他订立的盟约,管仲就顺应形势劝他信守盟

约,诸侯因此归顺齐国。齐桓公五年(前681),伐鲁,鲁将曹沫三战三败,鲁庄公请献遂邑求和,桓公许,与鲁会柯而盟。将盟,曹沫以匕首劫持桓公于坛上,威胁桓公归还"鲁之侵地",桓公先是被迫答应,继而"欲无与鲁地而杀曹沫"。这时,管仲劝桓公不要图一时"小快"而"弃信"于诸侯,"失天下之援"。于是尽"与曹沫三败所亡地于鲁""诸侯闻之,皆信齐而欲附焉"。见《史记》卷三十二《齐太公世家》、卷八十六《刺客列传》。

[27]"知与之为取"二句:懂得给予正是为了取得的道理,这是治理国家的法宝。语出《管子·牧民》。与,给予。

[28]拟:比拟、类似。三归:建筑华丽的台。另有多种说法,如三姓女子;三处家庭、采邑、府库等。反坫(diàn),堂屋两柱间放置供祭祀、宴会所有礼器和酒的土台。按"礼",只有诸侯才能设有三归和反坫。管仲是大夫,本不该享有。然而,齐以管仲而强,故下文说"齐人不以为侈"。侈:放纵、放肆,这里有过分的意思。

[29]晏平仲:晏子,历仕灵公、庄公、景公三朝,曾任齐卿。莱:古国名。夷维:莱的邑名,今山东高密。

[30]重肉:两味肉食。衣:穿。

[31]语及之:问到他。危言:正直地陈述己见。危,高耸貌,引申为正直。

[32]"国有道"四句:国君能行正道,就顺着他的命令去做;不能行正道时,就对命令斟酌着去办。顺命,服从命令去做。衡命,斟酌命令的情况去做。

[33]缧绁:拘系犯人的绳子,引申为囚禁。

[34]涂:同"途"。骖:古代一车三马或四马,左右两旁的马叫骖。

[35]谢:告辞。闺:内室。

[36]懼(jué)然:惶遽的样子。摄:整理。厄:灾难。

[37]"吾闻"句:我听说君子在不了解自己的人那里受到委屈而在了解自己的人面前意志就会得到伸张。诎,同"屈",委屈。信,同"伸",伸展、伸张。

[38]感寤:感动醒悟。寤,同"悟"。

[39]御:车夫。门间:门缝。窥:暗中偷看。

[40]拥:遮,障。

[41]"今者"三句:我看他外出,志向思想都非常深沉,常有那种甘居人下的态度。志念,志向、抱负。

[42]抑损:谦恭,退让。抑,谦下。损,退损。

[43]牧民:及后所列都是《管子》篇名。

[44]次:编次,编列。

[45]小之:认为他器量狭小。《论语·八佾》有"管仲之器小哉"的话。

[46]"语曰"及引句:古语说:"要顺势助成君子的美德,纠正挽救他的过错,所以君臣百姓之间能亲密无间。"语引自《孝经·事君》。将顺,顺势助成。匡救,纠正、挽救。上下,指君臣百姓。

[47]"方晏子"三句:齐国大夫崔杼因齐庄公与他新娶的棠公寡妻私通,设谋杀死庄公。晏婴到崔家,枕庄公尸而哭之,完成君臣之礼而去。见《史记》卷三十二《齐太公世家》《左传·公二十五年》。《论语·为政》中有"见义不为,无勇也"。

[48]"此所谓"句:这就是人们所说的"进就想到竭尽忠心,退就想到弥补过失"的人啊! 引语出自《孝经·事君》。

[49]忻:同"欣"。慕:羡慕、向往。

2. 作品简析

《管晏列传》是春秋中后期齐国政治家管仲和晏婴的合传。二人在时间上虽相去百余年,但二人都是齐国历史上的名人,做过齐国的宰相。为这两个人作传可写的东西很多,而司马迁略去了二人的主要事迹,重在"论其逸事"。文章着重选取了管鲍之交、晏婴推荐越石父等故事,娓娓动人,天然成趣,于细微处见精神,字里行间渗透着作者的爱憎。其间虚实结合,时述时议,时详时略,时分时合,看似杂乱无章,实则形散而神不散。

　　《管晏列传》抒发了司马迁强烈的人生感慨。"假令晏子而在，余虽为之执鞭，所忻慕焉。"这是对古人的仰慕，更是对黑暗世道的控诉！司马迁生活在一个没有知己、无人救援的冷酷世界里，他多么希望身边有晏子、鲍叔那样的知音！清代的李晚芳在其《读史管见》中有云："太史遭刑，不能自赎，交游莫救，故作此二传，寄意独深，使当时有知管仲之鲍子知之，或可劝君解免，有知越石夫之晏子知之，亦可援法代赎。多鲍叔之知人，与执鞭所钦慕，皆情见乎辞矣。故落笔时，有不胜望古遥集之悲，反复抑扬，又有笔欲住而意不住之妙。"此话可作为阅读本文的参考。

思 考 探 究

　　1. 从这篇传记看，管仲能取得从政重大成功，原因有哪些？

　　2. 这篇传记，篇幅不长，但是既勾勒出了管仲的生平，也使管仲的为人从政都给读者留下了深刻的印象，这是为什么？

　　3. 读完《管仲列传》，你认为司马迁创作本传的意图是什么呢？

　　4. 试阐述《史记》对后世的影响。

趣 味 链 接

《管晏列传》课件。

陈情表

李密

　　臣密言：臣以险衅[1]，夙遭闵凶[2]。生孩六月，慈父见背[3]；行年四岁，舅夺母志[4]。祖母刘悯臣孤弱，躬亲抚养。臣少多疾病，九岁不行，零丁孤苦，至于成立[5]。既无伯叔，终鲜兄弟，门衰祚薄[6]，晚有儿息[7]。外无期功强近之亲[8]，内无应门五尺之僮[9]，茕茕孑立[10]，形影相吊[11]。而刘夙婴疾病[12]，常在床蓐[13]，臣侍汤药，未曾废离[14]。

　　逮奉圣朝，沐浴清化[15]。前太守臣逵[16]察臣孝廉[17]；后刺史臣荣[18]举臣秀才[19]。臣以供养无主，辞不赴命。诏书特下，拜臣郎中[20]，寻蒙国恩[21]，除臣洗马[22]。猥以微贱[23]，当侍东宫[24]，非臣陨首所能上报[25]。臣具以表闻，辞不就职。诏书切峻[26]，责臣逋慢[37]；郡县逼迫，催臣上道；州司临门[28]，急于星火。臣欲奉诏奔驰，则刘病日笃[29]，欲苟顺私情[30]，则告诉不许。臣之进退，实为狼狈。

伏惟圣朝以孝治天下[31]，凡在故老[32]，犹蒙矜育[33]，况臣孤苦，特为尤甚。且臣少仕伪朝[34]，历职郎署[35]，本图宦达，不矜名节[36]。今臣亡国贱俘，至微至陋，过蒙拔擢，宠命优渥[37]，岂敢盘桓，有所希冀！但以刘日薄西山，气息奄奄，人命危浅，朝不虑夕。臣无祖母，无以至今日，祖母无臣，无以终余年。母、孙二人，更相为命，是以区区不能废远[38]。

臣密今年四十有四，祖母今年九十有六，是臣尽节于陛下[39]之日长，报养刘之日短也。乌鸟私情[40]，愿乞终养。臣之辛苦，非独蜀之人士及二州牧伯所见明知[41]，皇天后土[42]，实所共鉴。愿陛下矜悯愚诚[43]，听臣微志[44]，庶刘侥幸，保卒余年。臣生当陨首，死当结草[45]。臣不胜犬马怖惧之情[46]，谨拜表以闻。

知人论世

李密(224—287)，字令伯，一名虔，西晋犍为武阳(今四川彭山东北)人。晋初散文家。曾仕蜀汉，蜀亡后，晋武帝征他为太子洗(xiǎn)马时，他写了这篇表。幼年丧父，母何氏改嫁，由祖母抚养成人。后李密以对祖母孝敬甚笃而名扬乡里。师事当时著名学者谯周，博览五经，尤精《春秋左传》。初仕蜀汉为尚书郎。蜀汉亡，晋武帝召为太子洗马，李密以祖母年老多病、无人供养而力辞。祖母去世后，方出任太子洗马，迁汉中太守。后免官，卒于家中。著有《述理论》十篇，不传。《华阳国志》《晋书》均有李密传。

小导助学

1. 创作背景

李密原是蜀汉后主刘禅的郎官(官职不详)。三国魏元帝(曹奂)景元四年(263年)，司马昭灭蜀，李密沦为亡国之臣。司马昭之子司马炎废魏元帝，史称"晋武帝"。泰始三年(267年)，朝廷采取怀柔政策，极力笼络蜀汉旧臣，征召李密为太子洗马。李密时年43岁，以晋朝"以孝治天下"为口实，以祖母供养无主为由，上《陈情表》以明志，要求暂缓赴任，上表恳辞。晋武帝为什么要这样重用李密呢？第一，当时东吴尚据江左，为了减少灭吴的阻力，收拢东吴民心，晋武帝对亡国之臣实行怀柔政策，以显示其宽厚之胸怀。第二，李密当时以孝闻名于世，据《晋书》本传记载，李密侍奉祖母刘氏"以孝谨闻，刘氏有疾，则涕泣侧息，未尝解衣，饮膳汤药，必先尝后进。"晋武帝承继汉代以来以孝治天下的策略，实行孝道，以显示自己清正廉明，同时也用孝来维持君臣关系，维持社会的安定秩序。正因为如此，李密屡被征召。李密则向晋武帝上此表"辞不就职"。

2. 注释

[1]险衅(xìn)：灾难祸患。指命运坎坷。

[2]夙：早。这里指幼年时。闵(mǐn)，通"悯"，指可忧患的事(多指疾病死丧)。凶，不幸。

[3]见背：弃我而死去。

[4]舅夺母志：指由于舅父强行改变了李密母亲守节的志向。

[5]成立：长大成人。

[6]祚(zuò):福分。

[7]儿息:儿子。

[8]期功强近之亲:指比较亲近的亲戚。古代丧礼制度以亲属关系的亲疏规定服丧时间的长短,服丧一年称"期",九月称"大功",五月称"小功"。

[9]应门五尺之僮:五尺高的小孩。应门:照应门户。僮,童仆。

[10]茕(qióng)茕孑(jié)立:生活孤单无靠。茕茕,孤单的样子。孑:孤单。

[11]吊:安慰。

[12]婴:纠缠。

[13]蓐(rù):通"褥",垫子。

[14]废离:废养而远离。

[15]清化:清明的政治教化。

[16]太守:郡的地方长官。

[17]察:考察。这里是推举的意思。孝廉:汉代以来举荐人才的一种科目,举孝顺父母、品行方正的人。汉武帝开始令郡国每年推举孝廉各一名,晋时仍保留此制,但办法和名额不尽相同。"孝"指孝顺父母,"廉"指品行廉洁。

[18]刺史:州的地方长官。

[19]秀才:当时地方推举优秀人才的一种科目,这里是优秀人才的意思,与后代科举的"秀才"含义不同。

[20]拜:授官。郎中:官名。晋时各部有郎中。

[21]寻:不久。

[22]除:任命官职。洗马:官名。太子的属官,在宫中服役,掌管图书。

[23]猥:辱。自谦之词。

[24]东宫:太子居住的地方。这里指太子。

[25]陨(yǔn)首:丧命。

[26]切峻:急切严厉。

[27]逋(bū)慢:回避怠慢。

[28]州司:州官。

[29]日笃:日益沉重。

[30]苟顺:姑且迁就。

[31]伏惟:旧时奏疏、书信中下级对上级常用的敬语。

[32]故老:遗老。

[33]矜(jīn)育:怜惜抚育。

[34]伪朝:指蜀汉。

[35]历职郎署:指曾在蜀汉官署中担任过郎官职务。

[36]矜:矜持爱惜。

[37]宠命:恩命。指拜郎中、洗马等官职。优渥(wò):优厚。

[38]区区:拳拳。形容自己的私情。

[39]陛下:对帝王的尊称。

[40]乌鸟私情:相传乌鸦能反哺,所以常用来比喻子女对父母的孝养之情。

[41]二州:指益州和梁州。益州治所在今四川省成都市,梁州治所在今陕西省勉县东,二州区域大致相当于蜀汉所辖的范围。牧伯:刺史。上古一州的长官称牧,又称方伯,所以后代以牧伯称刺史。

[42]皇天后土:犹言天地神明。

[43]愚诚:愚拙的至诚之心。

[44]听:听许,同意。

[45]结草:据《左传·宣公十五年》记载,晋国大夫魏武子临死的时候,嘱咐他的儿子魏颗,把他的遗妾杀死以后殉葬。魏颗没有照他父亲说的话做。后来魏颗跟秦国的杜回作战,看见一个老人把草打了结把杜回绊倒,杜回因此被擒。到了晚上,魏颗梦见结草的老人,他自称是没有被杀死的魏武子遗妾的父亲。后来就把"结草"用来作为报答恩人心愿的表示。

[46]犬马:作者自比,表示谦卑。

3.文章简析

《陈情表》是写给晋武帝的,是为了达到"辞不就职"的目的。从这个目的出发,李密并没有把孝情一泄到底,而是用理性对感情加以节制,使它在不同的层次中、不同的前提下出现。第一段先写自己与祖母刘的特殊关系和特殊命运,抒发对祖母的孝情,"臣侍汤药,未曾废离"。如果从这种孝情继续写下去,会有许多话要说,如对祖母的感激,对祖母的怜惜等等。但作者却就此止笔,转而写蒙受国恩而不能上报的矛盾心情,写自己的狼狈处境。第二段表白自己感恩戴德,很想走马上任,"奉诏奔驰"。为什么不能去呢? 因为"刘病日笃",这就从另一方面反衬了他孝情的深厚,因为孝情深厚,而"诏书切峻,责臣逋慢",所以才有"实为狼狈"的处境。前面抒发的孝情被节制以后,又在另一个前提下出现了。第三段作者转写自己"不矜名节",并非"有所希冀",不应诏做官,是因为"祖母无臣,无以终余年"。在排除了晋武帝的怀疑这个前提之下,再抒发对祖母刘的孝情,就显得更真实,更深切,更动人。

据说晋武帝览此表,赞叹说:"密不空有名也"。感动之际,因赐奴婢二人,并令郡县供应其祖母膳食,密遂得以终养。

南宋文学家赵与时在其著作《宾退录》中曾引用安子顺的言论:"读诸葛孔明《出师表》而不堕泪者,其人必不忠,读李令伯《陈情表》而不堕泪者,其人必不孝,读韩退之《祭十二郎文》而不堕泪者,其人必不友。"青城山隐士安子顺世通云。此三文遂被并称为抒情佳篇而传诵于世。

思 考 探 究

1.熟读课文,说一说文中交代的写作目的是什么,理由是什么?

2.全文感情真挚、悲恻动人,原因是什么?

3.文中"孝"表现在哪里,你如何看待李密的"孝"?

趣 味 链 接

《陈情表》课件。

谏太宗十思疏

魏 徵

《谏太宗十思疏》课文插图

臣闻:求木之长者[1],必固其根本[2];欲流之远者,必浚其泉源[3];思国之安者,必积其德义。源不深而望流之远,根不固而求木之长,德不厚而思国之治,臣虽下愚[4],知其不可,而况于明哲乎[5]?人君当神器之重[6],居域中之大[7],将崇极天之峻,永保无疆之休[8]。不念居安思危,戒奢以俭,德不处其厚,情不胜其欲,斯亦伐根以求木茂,塞源而欲流长也。

凡百元首[9],承天景命[10],莫不殷忧而道著[11],功成而德衰,有善始者实繁[12],能克终者盖寡[13]。岂其取之易守之难乎?昔取之而有余,今守之而不足,何也?夫在殷忧必竭诚以待下,既得志则纵情以傲物[14];竭诚则吴、越为一体[15],傲物则骨肉为行路[16]。虽董之以严刑[17],震之以威怒[18],终苟免而不怀仁[19],貌恭而不心服。怨不在大[20],可畏惟人[21];载舟覆舟[22],所宜深慎。奔车朽索,其可忽乎?

君人者,诚能见可欲[23],则思知足以自戒;将有作[24],则思知止以安人[25];念高危[26],则思谦冲而自牧[27];惧满溢,则思江海下百川[28];乐盘游[29],则思三驱以为度[30];忧懈怠,则思慎始而敬终[31];虑壅蔽[32],则思虚心以纳下;惧谗邪[33],则思正身以黜恶[34];恩所加,则思无因喜以谬赏;罚所及,则思无以怒而滥刑。总此十思,宏兹九德[35],简能而任之[36],择善而从之,则智者尽其谋,勇者竭其力,仁者播其惠,信者效其忠[37];文武争驰,君臣无事,可以尽豫游之乐,可以养松乔之寿[38],鸣琴垂拱[39],不言而化。何必劳神苦思,代下司职,役聪明之耳目,亏无为之大道哉[40]?

知人论世

1. 魏徵的生平

魏徵(580—643),祖籍巨鹿下曲阳(今河北晋州西)人,其父魏长贤,曾为隋朝官吏,素有贤名。有妻裴氏,有四子,叔玉、叔瑜等。从小丧失父母,家境贫寒,但喜爱读书,不理家业,曾出家当过道士。曾任谏议大夫、左光禄大夫,封郑国公,谥文贞,为凌烟阁二十四功之臣一。以直谏敢言著称,是中国历史上最负盛名的谏臣。

2.魏徵的主要成就

政治方面,魏徵以直言敢谏而闻名,据《贞观政要》记载统计,魏徵向李世民面陈谏议有五十次,呈送给李世民的奏疏十一件,一生的谏诤多达"数十余万言"。其次数之多,言辞之激切,态度之坚定,都是其他大臣所难以伦比的。

文史方面,著有《隋书》序论,《梁书》《陈书》《齐书》的总论等。其言论多见《贞观政要》。其中最著名,并流传下来的谏文表为《谏太宗十思疏》。个人诗篇有《赋西汉》《横吹曲辞·出关》《暮秋言怀》《奉和正日临朝应诏》。

魏徵像

3.魏徵语录

(1)傲不可长,欲不可纵,乐不可极,志不可满。

(2)居安思危,戒奢以俭。

(3)兼听则明,偏信则暗。

(4)荣辱之责,在乎己而不在乎人。

(5)念高危,则思谦冲而自牧;惧满盈,则思江海下百川。

小 导 助 学

1.解题

《谏太宗十思疏》是唐朝著名的谏议大夫魏徵,在贞观十一年(公元637年)上书唐太宗(李世民)的一篇奏疏;文章中,魏徵紧扣"思国之安者,必积其德义",对这个安邦治国的重要思想做了非常精辟的论述,主题在于提醒唐太宗要想使国家长治久安,必须努力积聚德义;具体提出了居安思危、戒奢以俭、虚心以纳下等十个治国须警醒的要点。

2.注释

[1]长(zhǎng):生长。

[2]固其根本:使它的根本牢固。本,树根。

[3]浚(jùn):疏通,挖深。

[4]在下愚:地位低、见识浅的人。

[5]明哲:聪明睿智(的人)。

[6]当神器之重:处于皇帝的重要位置。神器,指帝位。古时认为"君权神授",所以称帝位为"神器"。

[7]域中:指天地之间。

[8]休:美。这里指政权的平和美好。

[9]凡百元首:所有的元首,泛指古代的帝王。

[10]承天景命:承受了上天赋予的重大使命。景,大。

[11]殷忧:深忧。

[12]实:的确。

[13]克终者盖寡:能够坚持到底的大概不多。克,能。盖,表推测语气。

[14]傲物:傲视别人。物,这里指人。

[15]吴、越为一体:(只要彼此竭诚相待)虽然一在北方,一在南方,也能结成一家。胡,指北方;越,指南方。

[16]骨肉为行路:亲骨肉之间也会变得像陌生人一样。骨肉,有血缘关系的人。行路,路人,比喻毫无关系的人。

[17]董:督责。

[18]振:通"震",震慑。

[19]苟免而不怀仁:(臣民)只求苟且免于刑罚而不怀念感激国君的仁德。

[20]怨不在大:(臣民)对国君的怨恨不在大小。

[21]可畏唯人:可怕的只是百姓。人,本应写作"民",因避皇上李世民之名讳而写作"人"。

[22]载舟覆舟:这里比喻百姓能拥戴皇帝,也能推翻他的统治。出自《荀子·王制》:"君者,舟也;庶人者,水也。水则载舟,水则覆舟。"

[23]见可欲:见到能引起(自己)喜好的东西。出自《老子》第三章"不见可欲,使民心不乱"。下文的"知足""知止"(知道适可而止),出自《老子》第四十四章"知足不辱""知止不殆"。

[24]将有所作:将要兴建某建筑物。作,兴作,建筑。

[25]安人:安民,使百姓安宁。

[26]念高危:想到帝位高高在上。危,高。

[27]则思谦冲而自牧:就想到要谦虚并加强自我修养。冲,虚。牧,约束。

[28]江海下百川:江海处于众多河流的下游。下,居……之下。

[29]盘游:打猎取乐。

[30]三驱:据说古代圣贤之君在打猎布网时只拦住三面而有意网开一面,从而体现圣人的"好生之仁"。另一种解释为田猎活动以一年三次为度。

[31]敬终:谨慎地把事情做完。

[32]虑壅(yōng)蔽:担心(言路)不通受蒙蔽。壅,堵塞。

[33]惧谗邪:考虑到(朝中可能会出现)谗佞奸邪。谗,说人坏话,造谣中伤。邪,不正派。

[34]正身以黜(chù)恶:使自身端正(才能)黜退奸邪。黜,排斥,罢免。

[35]宏兹九德:弘扬这九种美德。九德,指忠、信、敬、刚、柔、和、固、贞、顺。

[36]简:选拔。

[37]效:献出。

[38]松乔:赤松子和王子乔,古代传说中的仙人。

[39]垂拱:垂衣拱手。比喻天下很轻易地就实现大治了。

[40]无为:道家主张清静虚无,顺其自然。

3.文章简析

《谏太宗十思疏》是谏议大夫魏徵写给唐太宗的一篇奏疏。唐太宗即位期间,生活渐加奢靡,"喜闻顺旨之说""不悦逆耳之言"。魏徵以此为忧,多次上疏切谏,本文是其中的一篇。文章先以比喻开篇,通过成败得失的比较推论,归结到"可畏惟人",指出了争取人心的重要性。魏徵规劝唐太宗在政治上要慎始敬终、虚心纳下、赏罚公正;用人时要知人善任、简能择善;生活上要崇尚节俭,不轻用民力。该疏主题是提醒唐太宗要想使国家长治久安,君王必须努力积聚德义,具体提出了居安思危、戒奢以俭等十个建议。

思考探究

1.本文开头用了什么论证方法,证明了什么观点?

2.作者认为人君怎样才能治理好国家?

3.作者认为得天下之君王为何易失人心?

4.十思的主要内容是什么,可以归纳为几戒?

趣味链接

1. 拓展阅读

暮秋言怀
魏徵

首夏别京辅,杪秋滞三河。
沉沉蓬莱阁,日夕乡思多。
霜剪凉阶蕙,风捎幽渚荷。
岁芳坐沦歇,感此式微歌。

赋西汉
魏徵

受降临轵道,争长趣鸿门。
驱传渭桥上,观兵细柳屯。
夜宴经柏谷,朝游出杜原。
终藉叔孙礼,方知皇帝尊。

横吹曲辞·出关
魏徵

中原还逐鹿,投笔事戎轩。
纵横计不就,慷慨志犹存。
策杖谒天子,驱马出关门。
请缨羁南越,凭轼下东藩。
郁纡陟高岫,出没望平原。
古木吟寒鸟,空山啼夜猿。
既伤千里目,还惊九折魂。
岂不惮艰险,深怀国士恩。
季布无二诺,侯嬴重一言。
人生感意气,功名谁复论。

奉和正日临朝应诏
魏徵

百灵侍轩后,万国会涂山。岂如今睿哲,迈古独光前。
声教溢四海,朝宗引百川。锵洋鸣玉珮,灼烁耀金蝉。
淑景辉雕辇,高旌扬翠烟。庭实超王会,广乐盛钧天。
既欣东日户,复咏南风篇。愿奉光华庆,从斯亿万年。

2.《谏太宗十思疏》课件。

主题七　街谈巷语

【主题七导读】

　　《汉书·艺文志》:"小说家者流,盖出于稗官,街谈巷语,道听途说者之所造也。"读文学经典,可以使我们的人生经历更丰富,让我们生活的更加从容;也可以让我们对人性的认识更全面,让我们生活的更加清醒;可以使你对社会上美的、丑的东西感同身受,唤醒你参与社会改造的激情。读万卷书,行万里路。这都是对人生的历练,让我们能够成长起来。

关大王独赴单刀会（第四折）

关汉卿

（鲁肃上，云）欢来不似今朝，喜来那逢今日？小官鲁子敬是也。我使黄文持书去请关公，欣喜许今日赴会，荆襄地合归还俺江东。英雄甲士已暗藏壁衣之后，令人江上相候，见船到便来报我知道。（正末关公引周仓上，云[1]）周仓，将到那里也？（周云）来到大江中流也。（正末云）看了这大江，是一派好水呵！（唱）

【双调】【新水令】大江东去浪千叠，引着这数十人驾着这小舟一叶。又不比九重龙凤阙，可正是千丈虎狼穴。大丈夫心别，我觑这单刀会似赛村社。（云）好一派江景也呵！（唱）

【驻马听】水涌山叠，年少周郎何处也？不觉的灰飞烟灭，可怜黄盖转伤嗟。破曹的樯橹一时绝，鏖兵的江水犹然热，好教我情惨切！（带云）这也不是江水，（唱）二十年流不尽的英雄血！

（云）却早来到也，报复去。（年报科）（做相见科）（鲁云）江下小会，酒非洞里之长春，乐乃尘中之菲艺，猥劳君侯屈高就下[2]，降尊临卑，实乃鲁肃之万幸也！（正末云）量某有何德能，着大夫置酒张筵？既请必至。（鲁云）黄文，将酒来。二公子满饮一杯。（正末云）大夫饮此杯。（把盏科）（正末云）想古今咱这人过日月好疾也呵！（鲁云）过日月是好疾也。光阴似骏马加鞭，浮世似落花流水。（正末唱）

【胡十八】想古今立勋业，那里也舜五人、汉三杰？两朝相隔数年别，不付能见者，却又早老也。开怀的饮数杯，（云）将酒来。（唱）尽心儿待醉一夜。

（把盏科）（正末云）你知"以德报德，以直报怨"么[3]？（鲁云）既然将军言"以德报德，以直报怨"，借物不还者谓之怨。想君侯文武全材，通练兵书，习《春秋》《左传》，济拔颠危，匡扶社稷，可不谓之仁乎？待玄德如骨肉，觑曹操若仇雠，可不谓之义乎？辞曹归汉，弃印封金，可不谓之礼乎？坐服于禁，水淹七军，可不谓之智乎？且将军仁义礼智俱足，惜乎止少个"信"字，欠缺未完。再若得全个"信"字，无出君侯之右也。（正末云）我怎生失信？（鲁云）非将军失信，皆因令兄玄德公失信。（正末云）我哥哥怎生失信来？（鲁云）想昔日玄德公败于当阳之上，身无所归，因鲁肃之故，屯军三江夏口。鲁肃又与孔明同见我主公，即日兴师拜将，破曹兵于赤壁之间。江东所费巨万，又折了首将黄盖。因将军贤昆玉无尺寸地[4]，暂借荆州以为养军之资；数年不还。今日鲁肃低情曲意，暂取荆州，以为救民之急；待仓廪丰盈，然后再献与将军掌领。鲁肃不敢自专，君侯台鉴不错。（正末云）你请我吃筵席来那，是索荆州来？（鲁云）没、没、没，我则这般道。孙、刘结亲，以为唇齿，两国正好和谐。（正末唱）

【庆东原】你把我真心儿待，将筵宴设，你这般攀今览古，分甚枝叶？我根前使不着你"之乎者也""诗云子曰"，早该豁口截舌[5]！有意说孙、刘，你休目下番成吴、越！

（鲁云）将军原来傲物轻信！（正末云）我怎傲物轻信？（鲁云）当日孔明亲言：破曹之后，荆州即还江东。鲁肃亲为代保。不思旧日之恩，今日恩变为仇，犹自说"以德报德，以直报怨"！圣人道："信近于义，言可复也"[6]。"去食去兵，不可去信"[7]。"大车无輗，小车无轫,其何以行之哉"[8]?今将军全无仁义之心,枉作英雄之辈。荆州久借不还,却不道"人无信不立"!(正末云)鲁子敬,你听的这剑戒么[9]?(鲁云)剑戒怎么?(正末云)我这剑戒,头一遭诛了文丑,第二遭斩了蔡阳,鲁肃呵,莫不第三遭到你也?(鲁云)没、没,我则这般道来。(正末云)这荆州是谁的?(鲁云)这荆州是俺的。(正末云)你不知,听我说。(唱)

【沉醉东风】想着俺汉高皇图王霸业,汉光武秉正除邪,汉王允将董卓诛,汉皇叔把温侯灭,俺哥哥合情受汉家基业。则你这东吴国的孙权,和俺刘家却是甚枝叶?请你个不克己先生自说!

(鲁云)那里甚么响?(正末云)这剑戒二次也。(鲁云)却怎么说?(正末云)这剑按天地之灵,金火之精,阴阳之气,日月之形;藏之则鬼神遁迹,出之则魑魅潜踪;喜则恋鞘沉沉而不动,怒则跃匣铮铮而有声。今朝席上,倘有争锋,恐君不信,拔剑施呈。吾当摄到,鲁肃休惊。这剑果有神威不可当,庙堂之器岂寻常。今朝索取荆州事,一剑先交鲁肃亡。(唱)

【雁儿落】则为你三寸不烂舌,恼犯我三尺无情铁。这剑饥餐上将头,渴饮仇人血。

【得胜令】则是条龙向鞘中蛰,虎在座间踅[10]。今日故友每才相见,休着俺弟兄每相间别。鲁子敬听者,你内心休乔怯[11],畅好是随邪[12],休怪我十分酒醉也。

(鲁云)藏宫动乐。(藏宫上,云)天有五星,地攒五岳。人有五德,乐按五音。五星者:金、木、水、火、土。五岳者;常、恒、泰、华、嵩。五德者:温、良、恭、俭、让。五音者:宫、商、角、徵、羽。(甲士拥上科)(鲁云)埋伏了者。(正末击案,怒云)有埋伏也无埋伏?(鲁云)并无埋伏。(正末云)若有埋伏,一剑挥之两段!(做击案科)(鲁云)你击碎菱花。(正末云)我特来破镜!(唱)

【搅筝琶】却怎生闹炒炒军兵列,上来的休遮当,莫拦截。(云)当着我的,呵呵!(唱)我着他剑下身亡,目前流血!便有那张仪口,蒯通舌[13],休那里躲闪藏遮。好生的送我到船上者,我和你慢慢的相别。(鲁云)你去了倒是一场伶俐。(黄文云)将军,有埋伏哩。(鲁云)迟了我的也。(关平领众将上,云)请父亲上船,孩儿每来迎接哩。(正末云)鲁肃,休惜殿后。(唱)

【离亭宴带歇指煞】我则见紫袍银带公人列,晚天凉风冷芦花谢,我心中喜悦。昏惨惨晚霞收,冷飕飕江风起,急飐飐云帆扯。承管待、承管待,多承谢、多承谢。唤艄公慢者,缆解开岸边龙,船分开波中浪,棹搅碎江心月。正欢娱有甚进退,且谈笑不分明夜。说与你两件事先生记者:百忙里称不了老兄心,急切里倒不了俺汉家节[14]。

知人论世

关汉卿,约生于金末,卒于元,元戏曲作家,与马致远、郑光祖、白朴并称为"元曲四大家"。汉卿是字,名不详,号已斋叟。曾出任过太医院的院尹(一本作院户)。大都(今北京)人。因不屑仕进,长期生活在市井青楼勾栏之中,与倡优为伍,以编撰杂剧为业,曾领导过玉京书会。明初贾仲明说他是"驱梨园领袖,总编修帅首,捻杂剧班头"。著有杂剧60多种,今存10多种,以《窦娥冤》《单刀会》《救风尘》《拜月亭》等最著名。

关汉卿像

小导助学

本文选自《关汉卿戏曲集》,中国国际广播出版社。2011年版。

1. 元杂剧的结构与角色

(1)结构(四折一"楔子")

唱词。

宾白(宾白就是台词)。

科范(科介:包括人物动作、表情、武打、歌舞以及音响效果等)。

(2)角色

元杂剧的角色大致可以分为四类。

第一类:末。正末;冲末;外末;小末(也称"小末尼")。

第二类:旦。正旦;外旦;小旦;搽旦。

第三类:净。净——与正面人物对立的反面人物。丑——净之配角。

第四类:杂。这一类角色很杂,不注明角色,只表明剧中人物的特征。如孛老、卜儿、邦老、孤、都子、驾等。

2.《关大王独赴单刀会》作品介绍

《关大王独赴单刀会》是一部历史剧,全剧共四折。全剧写鲁肃为索取荆州,约请关羽过江赴会,想在席间挟持关羽。前两折借东吴乔国老和隐士司马徽之口,历数关羽的盖世威名和赫赫战功,侧面衬托关羽形象。第三折主要通过关羽对关平等人诉说创业的艰辛,充分表现了他无所畏惧的英雄气概。第四折则写关羽应邀过江单刀赴会的具体情节。本剧选自《元刊杂剧三十种》,并参校其他较流行的本子。

3.注释

[1]正末,原剧角色名。扮男称正末,扮女称正旦,元剧套曲皆由正末或正旦主唱,其他角色只在场上说白或插科打诨。

[2]猥劳君侯,劳驾君侯,猥,卑下意,此表谦恭,君侯,古时称列侯为君侯,关羽曾被封为汉寿亭侯。

[3]"以德报德,以直报怨",语出《论语》,意味用恩德回报别人的恩德,用公正的态度和方法对待别人的怨恨。

[4]贤昆玉,对别人兄弟的美称,此指刘备。

[5]豁口截舌,豁开其口,截断其舌,意思是怪他说话太多,不得体。

[6]"信近于义,言可复也",语出《论语》,意谓守信用,与"义"相近,因为说出的话可用行动来验证。

[7]"去食去兵,不可去信",语出《论语》,意谓可以没有粮食,没有兵器,但不能没有信用。

[8]"大车无輗,小车无軏,其何以行之哉。"语出《论语》,古代的牛车叫大车,马车叫小车,车前均有驾牲口的横木,横木上有活塞,大车叫輗,小车叫軏,没有輗軏就不能驾车。孔子用輗軏,比喻信义不可缺少。

[9]剑戒,剑鸣,元王恽《秋涧集》云:"乃告予曰:'仆有一剑,颇古而犀利。自落吾手每临静夜,屡聆悲鸣,比复作声铮然也。且闻百炼之精,或尝试入者则鸣,世传以为剑戒。"

[10]莛,盘旋。

[11]乔怯,假装害怕。

[12]随邪,歪斜,不正经。

[13]张仪口,蒯通舌。张仪,蒯通都是战国时期著名的说客辩士。

[14]急切里,急迫之间。

4.本课简析

第四折戏是全剧的最后一折,也是全剧的高潮。关羽明知鲁肃宴请有诈,却仍单刀驾舟赴会。宴席上,严词拒绝鲁肃索还荆州的要求,并先发制人,慑服对手鲁肃,安全返回驻地,表现了关羽雄阔的胸怀、超群的胆略和过人的智慧。剧中多次出现的"汉家基业""俺汉家节"等一类唱词,借历史人物之口,对激起汉族人民的民族情感,鼓舞他们积极反抗蒙古的残酷压迫,无疑具有重要作用。

此折戏在关羽形象的刻画上独具匠心。采用欲急先缓、欲张先弛的方法,用两支曲子来写景抒情,巧妙地将叙事融于其间,使景、情、事达到有机的统一,充分展示关羽藐视强敌、处惊不慌的豪迈气概。在整个"赴会"过程中,剧作者将壮阔景色的描绘和英雄性格的摹写以及英雄豪迈情怀的抒发三者交织在一起,刻画出一个勇武非凡、胆略超群、智慧过人的关羽形象。

> ＞＞＞　思 考 探 究　＞＞＞

1.浅析《单刀会》中表现关羽英雄形象的手法。
2.试着谈谈《关大王独赴单刀会》对《三国志》及《三国演义》的意义和影响。

> ＞＞＞　趣 味 链 接　＞＞＞

《关大王独赴单刀会(第四折)》课件。

刘姥姥一进荣国府

曹雪芹

按荣府中一宅人合算起来,人口虽不多,从上至下也有三四百丁;虽事不多,一天也有一二十件,竟如乱麻一般,并无个头绪可作纲领。正寻思从那一件事自那一个人写起方妙,恰好忽从千里之外,芥荳之微,小小一个人家,因与荣府略有些瓜葛,这日正往荣府中来,因此便就此一家说来,倒还是头绪。你道这一家姓甚名谁,又与荣府有甚瓜葛?且听细讲。

方才所说的这小小之家,乃本地人氏,姓王,祖上曾作过小小的一个京官,昔年与凤姐之祖王夫人之父认识。因贪王家的势利,便连了宗认作侄儿。那时只有王夫人之大兄凤姐之父与王夫人随在京中的,知有此一门连宗之族,余者皆不认识。目今其祖已故,只有一个儿子,名唤王成,因家业萧条,仍搬出城外原乡中住去了。王成新近亦因病故,只有其子,小名狗儿。狗儿亦生一子,小名板儿,嫡妻刘氏,又生一女,名唤青儿。一家四口,仍以务农为业。因狗儿白日间又作些生计,刘氏又操井臼等事,青板姊妹两个无人看管,狗儿遂将岳母刘姥姥接来一处过活。这刘姥姥乃是个积年的老寡妇,膝下又无儿女,只靠两亩薄田度日。今者女婿接来养活,岂不愿意,遂一心一计,帮趁着女儿女婿过活起来。

因这年秋尽冬初,天气冷将上来,家中冬事未办,狗儿未免心中烦虑,吃了几杯闷酒,在家闲寻气恼,刘氏也不敢顶撞。因此刘姥姥看不过,乃劝道:"姑爷,你别嗔着我多嘴。咱们村庄人,那一个不是老老诚诚的,守多大碗儿吃多大的饭。你皆因年小的时候,托着你那老家之福,吃喝惯了,如今所以把持不住。有了钱就顾头不顾尾,没了钱就瞎生气,成个什么男子汉大丈夫呢!如今咱们虽离城住着,终是天子脚下。这长安城中,遍地都是钱,只可惜没人会去拿去罢了。在家跳蹋会子也不中用。"狗儿听说,便急道:"你老只会炕头儿上混说,难道叫我打劫偷去不成?"刘姥姥道:"谁叫你偷去呢。也到底想法儿大家裁度,不然那银子钱自己跑到咱家来不成?"狗儿冷笑道:"有法儿还等到这会子呢。我又没有收税的亲戚,作官的朋友,有什么法子可想的?便有,也只怕他们未必来理我们呢!"

刘姥姥道:"这倒不然。谋事在人,成事在天。咱们谋到了,看菩萨的保佑,有些机会,也未可知。我倒替你们想出一个机会来。当日你们原是和金陵王家连过宗的,二十年前,他们看承你们还好,如今自然是你们拉硬屎,不肯去亲近他,故疏远起来。想当初我和女儿还去过一遭。他们家的二小姐着实响快,会待人,倒不拿大。如今现是荣国府贾二老爷的夫人。听得说,如今上了年纪,越发怜贫恤老,最爱斋僧敬道,舍米舍钱的。如今王府虽升了边任,只怕这二姑太太还认得咱们。你何不去走动走动,或者他念旧,有些好处,也未可知。要是他发一点好心,拔一根寒毛比咱们的腰还粗呢。"刘氏一旁接口道:"你老虽说的是,但只你我这样个嘴脸,怎样好到他门上去的。先不先,他们那些门上的人也未必肯去通信。没的去打嘴现世。"

谁知狗儿利名心最重,听如此一说,心下便有些活动起来。又听他妻子这话,便笑接道:"姥姥既如此说,况且当年你又见过这姑太太一次,何不你老人家明日就走一趟,先试试风头再说。"刘姥姥道:"嗳哟哟!可是说的,'侯门深似海',我是个什么东西,他家人又不认得我,我去了也是白去的。"狗儿笑道:"不妨,我教你老人家一个法子:你竟带了外孙子板儿,先去找陪房周瑞,若见了他,就有些意思了。这周瑞先时曾和我父亲一交一过一件事,我们极好的。"刘姥姥道:"我也知道他的。只是许多时不走动,知道他如今是怎样。这也说不得了,你又是个男人,又这样个嘴脸,自然去不得,我们姑娘年轻媳妇子,也难卖头卖脚的,倒还是舍着我这付老脸去碰一碰。果然有些好处,大家都有益;便是没银子来,我也到那公府侯门见一见世面,也不枉我一生。"说毕,大家笑了一回。当晚计议已定。

次日天未明,刘姥姥便起来梳洗了,又将板儿教训了几句。那板儿才五六岁的孩子,一无所知,听见刘姥姥带他进城逛去,便喜的无不应承。于是刘姥姥带他进城,找至宁荣街。来至荣府大门石狮子前,只见簇簇轿马,刘姥姥便不敢过去,且掸了掸衣服,又教了板儿几句话,然后蹭到角门前。只见几个挺胸叠肚指手画脚的人,坐在大板凳上,说东谈西呢。刘姥姥只得蹭上来问:"太爷们纳福。"众人打量了他一会,便问"那里来的?"刘姥姥陪笑道:"我找太太的陪房周大爷的,烦那位太爷替我请他老出来。"那些人听了,都不瞅睬,半日方说道："你远远的在那墙角下等着，一会子他们家有人就出来的。"内中有一老年人说道："不要误他的事，何苦耍他。"因向刘姥姥道："那周大爷已往南边去了。他在后一带住着，他娘子却在家。你要找时，从这边绕到后街上后门上去问就是了。"

刘姥姥听了谢过，遂携了板儿，绕到后门上。只见门前歇着些生意担子，也有卖吃的，也有卖顽耍物件的，闹吵吵三二十个小孩子在那里厮闹。刘姥姥便拉住一个道："我问哥儿一声，有个周大娘可在家么？"孩子们道："那个周大娘？我们这里周大娘有三个呢，还有两个周奶奶，不知是那一行当的？"刘姥姥道："是太太的陪房周瑞。"孩子道："这个容易，你跟我来。"说着，跳蹿蹿的引着刘姥姥进了后门，至一院墙边，指与刘姥姥道："这就是他家。"又叫道："周大娘，有个老奶奶来找你呢，我带了来了。"

周瑞家的在内听说，忙迎了出来，问："是那位？"刘姥姥忙迎上来问道："好呀，周嫂子！"周瑞家的认了半日，方笑道："刘姥姥，你好呀！你说说，能几年，我就忘了。请家里来坐罢。"刘姥姥一壁里走着，一壁笑说道："你老是贵人多忘事，那里还记得我们呢。"说着，来至房中。周瑞家的命雇的小丫头倒上茶来吃着。周瑞家的又问板儿道："你都长这们大了！"又问些别后闲话。又问刘姥姥："今日还是路过，还是特来的？"刘姥姥便说："原是特来瞧瞧嫂子你，二则也请请姑太太的安。若可以领我见一见更好，若不能，便借重嫂子转致意罢了。"

周瑞家的听了，便已猜着几分来意。只因昔年他丈夫周瑞争买田地一事，其中多得狗儿之力，今见刘姥姥如此而来，心中难却其意，二则也要显弄自己的体面。听如此说，便笑说道："姥姥你放心。大远的诚心诚意来了，岂有个不教你见个真佛去的呢。论理，人来客至回话，却不与我相干。我们这里都是各占一样儿：我们男的只管春秋两季地租子，闲时只带着小爷们出门子就完了，我只管跟太太奶奶们出门的事。皆因你原是太太的亲戚，又拿我当个人，投奔了我来，我就破个例，给你通个信去。但只一件，姥姥有所不知，我们这里又不比五年前了。如今太太竟不大管事，都是琏二奶奶管家了。你道这琏二奶奶是谁？就是太太的内侄女，当日大舅老爷的女儿，小名凤哥的。"刘姥姥听了，罕问道："原来是他！怪道呢，我当日就说他不错呢。这等说来，我今儿还得见他了。"周瑞家的道："这自然的。如今太太事多心烦，有客来了，略可推得去的就推过去了，都是凤姑娘周旋迎待。今儿宁可不会太太，倒要见他一面，才不枉这里来一遭。"刘姥姥道："阿弥陀佛！全仗嫂子方便了。"周瑞家的道："说那里话。俗语说的：'与人方便，自己方便。'不过用我说一句话罢了，害着我什么。"说着，便叫小丫头到倒厅上悄悄的打听打听，老太太屋里摆了饭了没有。小丫头去了。这里二人又说些闲话。

刘姥姥因说："这凤姑娘今年大还不过二十岁罢了，就这等有本事，当这样的家，可是难得的。"周瑞家的听了道："我的姥姥，告诉不得你呢。这位凤姑娘年纪虽小，行事却比世人都大呢。如今出挑的美人一样的模样儿，少说些有一万个心眼子。再要赌口齿，十个会说话的男人也说他不过。回来你见了就信了。就只一件，待下人未免太严些个。"说着，只见小丫头回来说："老太太屋里已摆完了饭了，二奶奶在太太屋里呢。"周瑞家的听了，连忙起身，催着刘姥姥说："快走，快走。这一下来他吃饭是个空子，咱们先赶着去。若迟一步，回事的人也多了，难说话。再歇了中觉，越发没了时候了。"说着一齐下了炕，打扫打扫衣服，又教了板儿几句话，随着周瑞家的，逶迤往贾琏的住处来。

先到了倒厅,周瑞家的将刘姥姥安插在那里略等一等。自己先过了影壁,进了院门,知凤姐未下来,先找着凤姐的一个心腹通房大丫头名唤平儿的。周瑞家的先将刘姥姥起初来历说明,又说:"今日大远的特来请安。当日太太是常会的,今日不可不见,所以我带了他进来了。等奶奶下来,我细细回明,奶奶想也不责备我莽撞的。"平儿听了,便作了主意:"叫他们进来,先在这里坐着就是了。"周瑞家的听了,方出去引他两个进入院来。上了正房台矶,小丫头打起猩红毡帘,才入堂屋,只闻一阵香扑了脸来,竟不辨是何气味,身子如在云端里一般。满屋中之物都耀眼争光的,使人头悬目眩。刘姥姥此时惟点头咂嘴念佛而已。于是来至东边这间屋内,乃是贾琏的女儿大姐儿睡觉之所。平儿站在炕沿边,打量了刘姥姥两眼,只得问个好让坐。刘姥姥见平儿遍身绫罗,插金带银,花容玉貌的,便当是凤姐儿了。才要称姑奶奶,忽见周瑞家的称他是平姑娘,又见平儿赶着周瑞家的称周大娘,方知不过是个有些体面的丫头了。于是让刘姥姥和板儿上了炕,平儿和周瑞家的对面坐在炕沿上,小丫头子斟了茶来吃茶。

刘姥姥只听见咯当咯当的响声,大有似乎打箩柜筛面的一般,不免东瞧西望的。忽见堂屋中柱子上挂着一个匣子,底下又坠着一个秤砣般一物,却不住的乱幌。刘姥姥心中想着:"这是什么爱物儿? 有甚用呢?"正呆时,只听得当的一声,又若金钟铜磬一般,不防倒唬的一展眼。接着又是一连八九下。方欲问时,只见小丫头子们齐乱跑,说:"奶奶下来了。"周瑞家的与平儿忙起身,命刘姥姥"只管等着,是时候我们来请你。"说着,都迎出去了。

刘姥姥屏声侧耳默候。只听远远有人笑声,约有一二十妇人,衣裙窸窣,渐入堂屋,往那边屋内去了。又见两三个妇人,都捧着大漆捧盒,进这边来等候。听得那边说了声"摆饭",渐渐的人才散出,只有伺候端菜的几个人。半日鸦雀不闻之后,忽见二人抬了一张炕桌来,放在这边炕上,桌上碗盘森列,仍是满满的鱼肉在内,不过略动了几样。板儿一见了,便吵着要肉吃,刘姥姥一巴掌打了他去。忽见周瑞家的笑嘻嘻走过来,招手儿叫他。刘姥姥会意,于是带了板儿下炕,至堂屋中,周瑞家的又和他唧咕了一会,方过这边屋里来。

只见门外錾铜钩上悬着大红撒花软帘,南窗下是炕,炕上大红毡条,靠东边板壁立着一个锁子锦靠背与一个引枕,铺着金心绿闪缎大坐褥,旁边有雕漆痰盒。那凤姐儿家常带着秋板貂鼠昭君套,围着攒珠勒子,穿着桃红撒花袄,石青刻丝灰鼠披风,大红洋绉银鼠皮裙,粉光脂艳,端端正正坐在那里,手内拿着小铜火箸儿拨手炉内的灰。平儿站在炕沿边,捧着小小的一个填漆茶盘,盘内一个小盖钟。凤姐也不接茶,也不抬头,只管拨手炉内的灰,慢慢的问道:"怎么还不请进来?"一面说,一面抬身要茶时,只见周瑞家的已带了两个人在地下站着呢。这才忙欲起身,犹未起身时,满面春风的问好,又嗔着周瑞家的怎么不早说。刘姥姥在地下已是拜了数拜,问姑奶奶安。凤姐忙说:"周姐姐,快搀起来,别拜罢,请坐。我年轻,不大认得,可也不知是什么辈数,不敢称呼。"周瑞家的忙回道:"这就是我才回的那姥姥了。"凤姐点头。刘姥姥已在炕沿上坐了。板儿便躲在背后,百般的哄他出来作揖,他死也不肯。

凤姐儿笑道:"亲戚们不大走动,都疏远了。知道的呢,说你们弃厌我们,不肯常来,不知道的那起小人,还只当我们眼里没人似的。"刘姥姥忙念佛道:"我们家道艰难,走不起,来了这里,没的给姑奶奶打嘴,就是管家爷们看着也不像。"凤姐儿笑道:"这话没的叫人恶心。不过借赖着祖父虚名,作了穷官儿,谁家有什么,不过是个旧日的空架子。俗语说,'朝廷还有三门子穷亲戚'呢,何况你我。"说着,又问周瑞家的回了太太了没有。周瑞家的道:"如今等奶奶的示下。"凤姐道:"你去瞧瞧,要是有人有事就罢,得闲儿呢就回,看怎么说。"周瑞家的答应着去了。

这里凤姐叫人抓些果子与板儿吃,刚问些闲话时,就有家下许多媳妇管事的来回话。平儿回了,凤姐道:"我这里陪客呢,晚上再来回。若有很要紧的,你就带进来现办。"平儿出去了,一会进来说:"我都问了,没什么紧事,我就叫他们散了。"凤姐点头。只见周瑞家的回来,向凤姐道:"太太说了,今日不得闲,二奶奶陪着便是一样。多谢费心想着。白来逛逛呢便罢,若有甚说的,只管告诉二奶奶,都是一样。"刘姥姥道:"也没甚说的,不过是来瞧瞧姑太太,姑奶奶,也是亲戚们的情分。"周瑞家的道:"没甚说的便罢,若有话,只管回二奶奶,是和太太一样的。"一面说,一面递眼色与刘姥姥。刘姥姥会意,未语先飞红的脸,欲待不说,今日又所为何来?只得忍耻说道:"论理今儿初次见姑奶奶,却不该说,只是大远的奔了你老这里来,也少不的说了。"刚说到这里,只听二门上小厮们回说:"东府里的小大爷进来了。"凤姐忙止刘姥姥:"不必说了。"一面便问:"你蓉大爷在那里呢?"只听一路靴子脚响,进来了一个十七八岁的少年,面目清秀,身材俊俏,轻裘宝带,美服华冠。刘姥姥此时坐不是,立不是,藏没处藏。凤姐笑道:"你只管坐着,这是我侄儿。"刘姥姥方扭扭捏捏在炕沿上坐了。

贾蓉笑道:"我父亲打发我来求婶子,说上回老舅太太给婶子的那架玻璃炕屏,明日请一个要紧的客,借了略摆一摆就送过来。"凤姐道:"说迟了一日,昨儿已经给了人了。"贾蓉听着,嘻嘻的笑着,在炕沿上半跪道:"婶子若不借,又说我不会说话了,又挨一顿好打呢。婶子只当可怜侄儿罢。"凤姐笑道:"也没见你们,王家的东西都是好的不成?你们那里放着那些好东西,只是看不见,偏我的就是好的。"贾蓉笑道:"那里有这个好呢!只求开恩罢。"凤姐道:"若碰一点儿,你可仔细你的皮!"因命平儿拿了楼房的钥匙,传几个妥当人抬去。贾蓉喜的眉开眼笑,说:"我亲自带了人拿去,别由他们乱碰。"说着便起身出去了。

这里凤姐忽又想起一事来,便向窗外叫:"蓉哥回来。"外面几个人接声说:"蓉大爷快回来。"贾蓉忙复身转来,垂手侍立,听何指示。那凤姐只管慢慢的吃茶,出了半日的神,又笑道:"罢了,你且去罢。晚饭后你来再说罢。这会子有人,我也没精神了。"贾蓉应了一声,方慢慢的退去。

这里刘姥姥心神方定,才又说道:"今日我带了你侄儿来,也不为别的,只因他老子一娘一在家里,连吃的都没有。如今天又冷了,越想没个派头儿,只得带了你侄儿奔了你老来。"说着又推板儿道:"你那爹在家怎么教你来?打发咱们作煞事来?只顾吃果子咧。"凤姐早已明白了,听他不会说话,因笑止道:"不必说了,我知道了。"因问周瑞家的:"这姥姥不知可用了早饭没有?"刘姥姥忙说道:"一早就往这里赶咧,那里还有吃饭的工夫咧。"凤姐听说,忙命快传饭来。一时周瑞家的传了一桌客饭来,摆在东边屋内,过来带了刘姥姥和板儿过去吃饭。凤姐说道:"周姐姐,好生让着些儿,我不能陪了。"于是过东边房里来。又叫过周瑞家的去,问他才回了太太,说了些什么?周瑞家的道:"太太说,他们家原不是一家子,不过因出一姓,当年又与太老爷在一处作官,偶然连了宗的。这几年来也不大走动。当时他们来一遭,却也没空了他们。今儿既来了瞧瞧我们,是他的好意思,也不可简慢了他。便是有什么说的,叫奶奶裁度着就是了。"凤姐听了说道:"我说呢,既是一家子,我如何连影儿也不知道。"

说话时,刘姥姥已吃毕了饭,拉了板儿过来,舌咂嘴的道谢。凤姐笑道:"且请坐下,听我告诉你老人家。方才的意思,我已知道了。若论亲戚之间,原该不等上门来就该有照应才是。但如今家内杂事太烦,太太渐上了年纪,一时想不到也是有的。况是我近来接着管些事,都不知道这些亲戚们。二则外头看着虽是烈烈轰轰的,殊不知大有大的艰难去处,说与人也未必信罢。今儿你既老远的来了,又是头一次见我张口,怎好叫你空回去呢。可巧昨儿太太给我的丫头们做衣裳的二十两银子,我还没动呢,你若不嫌少,就暂且先拿了去罢。"

那刘姥姥先听见告艰难,只当是没有,心里便突突的,后来听见给他二十两,喜的又浑身发痒起来,说道:"嗳,我也是知道艰难的。但俗语说的:'瘦死的骆驼比马大',凭他怎样,你老拔根寒毛比我们的腰还粗呢!"周瑞家的见他说的粗鄙,只管使眼色止他。凤姐看见,笑而不睬,只命平儿把昨儿那包一皮银子拿来,再拿一吊钱来,都送到刘姥姥的跟前。凤姐乃道:"这是二十两银子,暂且给这孩子做件冬衣罢。若不拿着,就真是怪我了。这钱雇车坐罢。改日无事,只管来逛逛,方是亲戚们的意思。天也晚了,也不虚留你们了,到家里该问好的问个好儿罢。"一面说,一面就站了起来。

刘姥姥只管千恩万谢的,拿了银子钱,随了周瑞家的来至外面。周瑞家的道:"我的娘啊!你见了他怎么倒不会说了?开口就是'你侄儿'。我说句不怕你恼的话,便是亲侄儿,也要说和软些。蓉大爷才是他的正经侄儿呢,他怎么又跑出这么一个侄儿来了。"刘姥姥笑道:"我的嫂子,我见了他,心眼儿里爱还爱不过来,那里还说的上话来呢。"二人说着,又到周瑞家坐了片时。刘姥姥便要留下一块银子与周瑞家孩子们买果子吃,周瑞家的如何放在眼里,执意不肯。刘姥姥感谢不尽,仍从后门去了。正是:

得意浓时易接济,受恩深处胜亲朋。

知 人 论 世

曹雪芹(约1715—约1763),名霑,字梦阮,号雪芹、芹圃、芹溪。满洲正白旗包衣(奴仆)。从他曾祖开始相袭做了六十年江宁织造。曾祖曹玺的妻子曾做过康熙的乳母,祖父曹寅做过康熙的侍读,两个姑母都入选为王妃。康熙六次南巡,就有四次住在江宁织造署。因此,康熙时代,曹家是非常显赫的贵族世家。

曹雪芹自幼就在这"秦淮风月"之地的"繁华"生活中长大。雍正初年,由于封建统治阶级内部政治斗争的牵连,曹家遭受一系列打击,先后遭遇了革职、家产抄没、下狱、"枷号"等,一年有余。这时,曹雪芹随着全家迁回北京居住。曹家从此一蹶不振,日渐衰微。

他蔑视权贵,远离官场,过着贫困如洗的艰难日子。晚年,曹雪芹移居北京西郊。生活更加穷苦,"满径蓬蒿""举家食粥"。他以坚忍不拔的毅力,专心致志地从事《红楼梦》的写作和修订。乾隆二十七年(1762),幼子夭亡,他陷入过度的忧伤和悲痛,卧床不起。到了这一年的除夕,终因贫病无医而逝世(关于曹雪芹逝世的年份,另有乾隆二十八年和二十九年两种说法)。

曹雪芹的一生经历了曹家由兴盛到衰败的过程,早年过着豪华的公子生活,晚年却穷困潦倒,卖画度日,生活于贫困之中。这种天壤之别的生活变化,促使曹雪芹深刻地思考自己的经历,对社会上种种黑暗产生了不满,这就为创作《红楼梦》打下了良好的基础。

小 导 助 学

1. 关于《红楼梦》

《红楼梦》是我国18世纪中期出现的一部章回体长篇小说,今传《红楼梦》120回本,其中前80回的绝大部分出自曹雪芹的手笔,后40回则为高鹗所续。《红楼梦》又名《石头记》《风月宝鉴》等。

"红楼"即朱门之意,是豪门贵族的代称,"红楼梦"意为无论多么煊赫的权势,到头来无非是南柯一梦。

以贾、史、王、薛四大家族的兴衰为背景,以林黛玉和贾宝玉的爱情故事为中心,揭露了封建统治阶级的罪恶和腐朽本质,揭示了封建社会必然崩溃的历史发展趋势。《红楼梦》是中国封建社会的百科全书,是中国古典小说的最高峰。

2. 刘姥姥在《红楼梦》中的出场

刘姥姥一进荣国府在小说的第六回。即本文所选内容。这是正文的开端,作者通过这一独特的人物视角,让读者初步了解贾府这个大家族,将大家族的排场、贵族势派一一叙述出来,展示了钟鸣鼎食之家生活的豪华奢侈。她这次来是由凤姐接待的,王夫人并未出面。

刘姥姥第二次进荣国府:在小说的第三十九回。刘姥姥因投了贾母与凤姐的缘,留下来解闷,深得贾母的欢心,结果她满载而归。这一次写得最热闹。刘姥姥在贾府吃饭,她喝醉了,到处找厕所,后来迷了路,跑到宝玉的房间睡着了,让丫鬟们好找。

刘姥姥第三次进荣国府:在小说的第一一三回。碰上凤姐病重,正巧刘姥姥又来到荣国府,凤姐便将女儿巧姐托付给她。

刘姥姥第四次进荣国府:在小说的一一九回。刘姥姥得知巧姐被卖后出手相救,之后将巧姐与平儿接到乡下躲藏,并给巧姐做媒,让巧姐嫁给了"家资巨万、良田千顷"的周姓大财主之子。呼应了第三次的内容,完成了凤姐的托付。

3. 贾府人物关系

贾府人物关系一览表

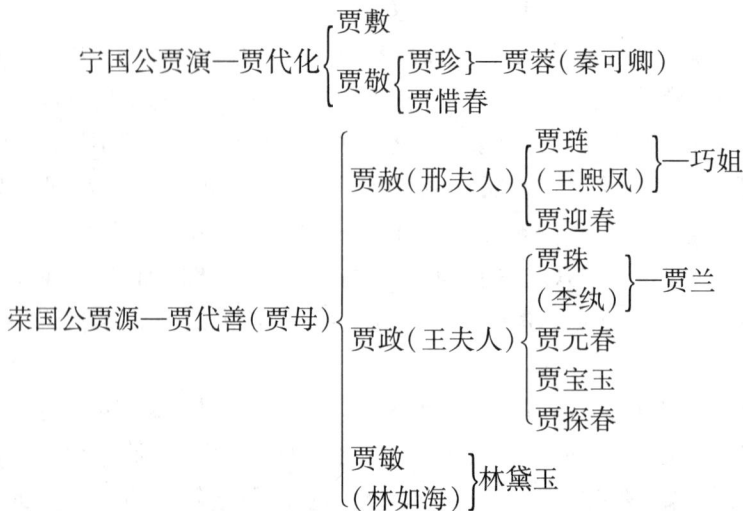

宁国公贾演—贾代化
- 贾敷
- 贾敬
  - 贾珍—贾蓉(秦可卿)
  - 贾惜春

荣国公贾源—贾代善(贾母)
- 贾赦(邢夫人)
  - 贾琏(王熙凤)—巧姐
  - 贾迎春
- 贾政(王夫人)
  - 贾珠(李纨)—贾兰
  - 贾元春
  - 贾宝玉
  - 贾探春
- 贾敏(林如海)—林黛玉

4. 课文简析

本文选自《红楼梦》，人民文学出版社，2008 年版。

读过《红楼梦》的人，都不会忘记刘姥姥这个人物。这个愚蠢中有精明，滑稽中有崇高，卑微中有人格，既能算计又重人情的上了年纪的老寡妇，在一代又一代的《红楼梦》读者心中留下了深刻的印象。

本文通过刘姥姥这个生活在穷乡僻壤的农妇的耳闻目睹及手足无措的感受，对贾府的骄奢淫逸的生活进行了客观的描述，映射出贫富悬殊的鲜明对比。

◀◀◀ **思 考 探 究** ▶▶▶

1. 细读课文，理清本文的情节和结构。

2. 本文中刘姥姥是个怎样的形象？

3. 刘姥姥在文中的意义何在，有什么好处？

4. 品一品高潮部分里是如何描写凤姐的？请结合课文具体说明。

5. 试分析本文的艺术特色。

6. 凤姐接待刘姥姥这门穷亲戚的神态、动作和语言，有人认为傲慢无礼，也有人认为比较得体。你的看法呢？请结合原文，谈谈你的观点和理由。

◀◀◀ **趣 味 链 接** ▶▶▶

《刘姥姥一进荣国府》课件。

《红高粱》节选

莫言

一九三九年古历八月初九，我父亲这个土匪种十四岁多一点。他跟着后来名满天下的传奇英雄余占鳌司令的队伍去胶平公路伏击日本人的汽车队。奶奶披着夹袄，送他们到村头。余司令说："立住吧。"奶奶就立住了。奶奶对我父亲说："豆官，听你干爹的话。"父亲没吱声，他看着奶奶高大的身躯，嗅着奶奶的夹袄里散出的热烘烘的香味，突然感到凉气逼人，他打了一个战，肚子咕噜噜响一阵。余司令拍了一下父亲的头，说："走，干儿。"

天地混沌，景物影影绰绰，队伍的杂沓脚步声已响出很远。父亲眼前挂着蓝白色的雾幔，挡住他的视线，只闻队伍脚步声，不见队伍形和影。父亲紧紧扯住余司令的衣角，双腿快速挪动。奶奶像岸愈离愈远,雾像海水愈近愈汹涌,父亲抓住余司令,就像抓住一条船舷。

父亲就这样奔向了耸立在故乡通红的高粱地里属于他的那块无字的青石墓碑。他的坟头上已经枯草瑟瑟,曾经有一个光屁股的男孩牵着一只雪白的山羊来到这里,山羊不紧不忙地啃着坟头上的草,男孩子站在墓碑上,怒气冲冲地撒上一泡尿,然后放声高唱:高粱红了——日本来了——同胞们准备好——开始开炮——

有人说这个放羊的男孩就是我,我不知道是不是我。我曾经对高密东北乡极端热爱,曾经对高密东北乡极端仇恨,长大后努力学习马克思主义,我终于悟到:高密东北乡无疑是地球上最美丽最丑陋、最超脱最世俗、最圣洁最龌龊、最英雄好汉最王八蛋、最能喝酒最能爱的地方。生存在这块土地上的我的父老乡亲们,喜食高粱,每年都大量种植。八月深秋,无边无际的高粱红成洸洋的血海。高粱高密辉煌,高粱凄婉可人,高粱爱情激荡。秋风苍凉,阳光很旺,瓦蓝的天上游荡着一朵朵丰满的白云,高粱上滑动着一朵朵丰满的白云的紫红色影子。一队队暗红色的人在高粱棵子里穿梭拉网,几十年如一日。他们杀人越货,精忠报国,他们演出过一幕幕英勇悲壮的舞剧,使我们这些活着的不肖子孙相形见绌,在进步的同时,我真切感到种的退化。

出村之后,队伍在一条狭窄的土路上行进,人的脚步声中夹杂着路边碎草的窸窣声响。雾奇浓,活泼多变。我父亲的脸上,无数密集的小水点凝成大颗粒的水珠,他的一撮头发,粘在头皮上,从路两边高粱地里飘来的幽淡的薄荷气息和成熟高粱苦涩微甘的气味,我父亲早已闻惯,不新不奇。在这次雾中行军里,我父亲闻到了那种新奇的、黄红相间的腥甜气息。那味道从薄荷和高粱的味道中隐隐约约地透过来,唤起父亲心灵深处一种非常遥远的回忆。

七天之后,八月十五日,中秋节。一轮明月冉冉升起,遍地高粱肃然默立,高粱穗子浸在月光里,像蘸过水银,汩汩生辉。我父亲在剪破的月影下,闻到了比现在强烈无数倍的腥甜气息。那时候,余司令牵着他的手在高粱地里行走,三百多个乡亲叠股枕臂、陈尸狼藉,流出的鲜血灌溉了一大片高粱,把高粱下的黑土浸泡成稀泥,使他们拔脚迟缓。腥甜的气味令人窒息,一群前来吃人肉的狗,坐在高粱地里,目光炯炯地盯着父亲和余司令。余司令掏出自来得手枪,甩手一响,两只狗眼灭了;又一甩手,灭了两只狗眼。群狗一哄而散,坐得远远的,呜呜地咆哮着,贪婪地望着死尸。腥甜味愈加强烈,余司令大喊一声:"日本狗! 狗娘养的日本!"他对着那群狗打完了所有的子弹,狗跑得无影无踪。余司令对我父亲说:"走吧,儿子!"一老一小,便迎着月光,向高粱深处走去。那股弥漫田野的腥甜味浸透了我父亲的灵魂,在以后更加激烈更加残忍的岁月里,这股腥甜味一直伴随着他。

高粱的茎叶在雾中滋滋乱叫,雾中缓慢地流淌着在这块低洼平原上穿行的墨河水明亮的喧哗,一阵强一阵弱,一阵远一阵近。赶上队伍了,父亲的身前身后响着踢踢蹋蹋的脚步声和粗重的呼吸。不知谁的枪托撞到另一个谁的枪托上了。不知谁的脚踩破了一个死人的骷髅什么的。父亲前边那个人吭吭地咳嗽起来,这个人的咳嗽声非常熟悉。父亲听着他咳嗽就想起他那两扇一激动就充血的大耳朵。透明单薄布满细血管的大耳朵是王文义头上引人注目的器官。他个子很小,一颗大头缩在耸起的双肩中。父亲努力看去,目光刺破浓雾,看到了王文义那颗一边咳一边颤动的大头。父亲想起王文义在演练场上挨打时,那颗大头颠成那般可怜模样。那时他刚参加余司令的队伍,任副官在演练场上对他也对其他队员喊:向右转——,王文义欢欢喜喜地跺着脚,不知转到哪里去了。任副官在他腔上打了一鞭子,他嘴咧开叫一声:孩子他娘! 脸上表情不知是哭还是笑。围在短墙外看光景的孩子们都哈哈大笑。

余司令飞去一脚,踢到王文义的屁股上。

"咳什么?"

"司令……"王文义忍着咳嗽说:"嗓子眼儿发痒……"

"痒也别咳! 暴露了目标我要你的脑袋!"

"是,司令。"王文义答应着,又有一阵咳嗽冲口而出。

父亲觉出余司令前跨了一大步,只手掐住了王文义的后颈皮。王文义口里嗯嗯地响着,随即不咳了。

父亲觉得余司令的手从王文义的后颈皮上松开了,父亲还觉得王文义的脖子上留下两个熟葡萄一样的紫手印,王文义幽蓝色的惊惧不安的眼睛里,飞迸出几点感激与委屈。

很快,队伍钻进了高粱地。我父亲本能地感觉到队伍是向着东南方向开进的。适才走过的这段土路是由村庄直接通向墨水河边的唯一的道路。这条狭窄的土路在白天颜色青白,路原是由乌油油的黑土筑成,但久经践踏,黑色都沉淀到底层,路上叠印过多少牛羊的花瓣蹄印和骡马毛驴的半圆蹄印,马骡驴粪像干萎的苹果,牛粪像虫蛀过的薄饼,羊粪稀拉拉像震落的黑豆。父亲常走这条路,后来他在日本炭窑中苦熬岁月时,眼前常常闪过这条路。父亲不知道我的奶奶在这条土路上主演过多少风流悲喜剧,我知道。父亲也不知道在高粱阴影遮掩着的黑土上,曾经躺过奶奶洁白如玉的光滑肉体,我也知道。

拐进高粱地后,雾更显凝滞,质量加大,流动感少,在人的身体与人负载的物体碰撞高粱秸秆后,随着高粱嚓嚓啦啦的幽怨鸣声,一大滴一大滴的沉重水珠扑簌簌落下。水珠冰凉清爽,味道鲜美,我父亲仰脸时,一滴大水珠准确地打进他的嘴里。父亲看到舒缓的雾团里,晃动着高粱沉甸甸的头颅。高粱沾满了露水的柔韧叶片,锯着父亲的衣衫和面颊。高粱晃动激起的小风在父亲头顶上短促出击,墨水河的流水声愈来愈响。

父亲在墨水河里玩过水,他的水性好像是天生的,奶奶说他见了水比见了亲娘还急。父亲五岁时,就像小鸭子一样潜水,粉红的屁眼儿朝着天,双脚高举。父亲知道,墨水河底的淤泥乌黑发亮,柔软得像油脂一样。河边潮湿的滩涂上,丛生着灰绿色的芦苇和鹅绿色车前草,还有贴地爬生的野葛蔓,支支直立的接骨草。滩涂的淤泥上,印满螃蟹纤细的爪迹。秋风起,天气凉,一群群大雁往南飞,一会儿排成个"一"字,一会儿排成个"人"字,等等。高粱红了,成群结队的、马蹄大小的螃蟹都在夜间爬上河滩,到草丛中觅食。螃蟹喜食新鲜牛屎和腐烂的动物的尸体。父亲听着河声,想着从前的秋天夜晚,跟着我家的老伙计刘罗汉大爷去河边捉螃蟹的情景。夜色灰葡萄,金风串河道,宝蓝色的天空深邃无边,绿色的星辰格外明亮。北斗勺子星——北斗主死,南斗簸箕星——南斗司生,八角玻璃井——缺了一块砖,焦灼的牛郎要上吊,忧愁的织女要跳河……都在头上悬着。刘罗汉大爷在我家工作了几十年,负责着我家烧酒作坊的全面工作,父亲跟着罗汉大爷脚前脚后地跑,就像跟着自己的爷爷一样。

父亲被迷雾扰乱的心头亮起了一盏四块玻璃插成的罩子灯,洋油烟子从罩子灯上盖的铁皮、钻眼的铁皮上钻出来。灯光微弱,只能照亮五六米方圆的黑暗。河里的水流到灯影里,黄得像熟透的杏子一样可爱,但可爱一霎霎,就流过去了,黑暗中的河水倒映着一天星斗。父亲和罗汉大爷披着蓑衣,坐在罩子灯旁,听着河水的低沉呜咽——非常低沉的呜咽。河道两边无穷的高粱地不时响起寻偶狐狸的兴奋鸣叫。螃蟹趋光,正向灯影聚拢。父亲和罗汉大爷静坐着,恭听着天下的窃窃秘语,河底下淤泥的腥味,一股股泛上来。成群结队的螃蟹团团围上来,形成一个躁动不安的圆圈。父亲心里惶惶,跃跃欲起,被罗汉大爷按住了肩头。"别急!"大爷说,"心急喝不得热黏粥。"父亲强压住激动,不动。螃蟹爬到灯光里就停下来,首尾相衔,把地皮都盖住了。一片青色的蟹壳闪亮,一对对圆杆状的眼睛从凹陷的眼窝里打出来。隐在倾斜的脸面下的嘴里,吐出一串一串的五彩泡沫。螃蟹吐着彩沫向人类挑战,父亲身上披着大蓑衣长毛奓起。罗汉大爷说:"抓!"父亲应声弹起,与罗汉大爷抢过去,每人抓住一面早就铺在地上的密眼罗网的两角,把一块螃蟹抬起来,露出了螃蟹下的河滩涂地。父亲和罗汉大爷把网角系起扔在一边,又用同样的迅速和熟练抬起网片。每一网都是那么沉重,不知网住了几百几千只螃蟹。

父亲跟着队伍进了高粱地后,由于心随螃蟹横行斜走,脚与腿不择空隙,撞得高粱棵子东倒西歪。他的手始终紧扯着余司令的衣角,一半是自己行走,一半是余司令牵拉着前进,他竟觉得有些瞌睡上来,脖子僵硬,眼珠子生涩呆板。父亲想,只要跟着罗汉大爷去墨水河,就没有空手回来的道理。父亲吃螃蟹吃腻了,奶奶也吃腻了。食之无味,弃之可惜,罗汉大爷就用快刀把螃蟹斩成碎块,放到豆腐磨里研碎,加盐,装缸,制成蟹酱,成年累月地吃,吃不完就臭,臭了就喂罂粟。我听说奶奶会吸大烟但不上瘾,所以始终面如桃花,神清气爽。用螃蟹喂过的罂粟花朵肥硕壮大,粉、红、白三色交杂,香气扑鼻。故乡的黑土本来就是出奇的肥沃,所以物产丰饶,人种优良,民心高拔健迈,本是我故乡心态。墨水河盛产的白鳝鱼肥得像肉棍一样,从头至尾一根刺。它们呆头呆脑,见钩就吞。父亲想着的罗汉大爷去年就死了,死在胶平公路上。他的尸体被割得零零碎碎,扔得东一块西一块,躯干上的皮被剥了,肉跳,肉蹦,像只褪皮后的大青蛙。父亲一想起罗汉大爷的尸体,脊梁沟就发凉。父亲又想起大约七八年前的一个晚上,我奶奶喝醉了酒,在我家烧酒作坊的院子里,有一个高粱叶子垛,奶奶倚在草垛上,搂住罗汉大爷的肩,呢呢喃喃地说:"大叔……你别走,不看僧面看佛面,不看鱼面看水面,不看我的面子也看豆官的面子上,留下吧,你要我……我也给你……你就像我的爹一样……"父亲记得罗汉大爷把奶奶推到一边,晃晃荡荡走进骡棚,给骡子拌料去了。我家养着两头大黑骡子,开着烧高粱酒的作坊,是村子里的首富。罗汉大爷没走,一直在我家担任业务领导,直到我家那两头大黑骡子被日本人拉到胶平公路修筑工地上去使役为止。

这时,从被父亲他们甩在身后的村子里,传来悠长的毛驴叫声。父亲精神一震,眼睛睁开,然而看到的,依然是半凝固半透明的雾气。高粱挺拔的秆子,排成密集的棚栏,模模糊糊地隐藏在气体的背后,穿过一排又一排,排排无尽头。走进高粱地多久了,父亲已经忘记,他的神思长久地滞留在远处那条喧响着的丰饶河流里,长久地滞留在往事的回忆里,竟不知这样匆匆忙忙拥拥挤挤地在如梦如海的高粱地里蹿进是为了什么。父亲迷失了方位。他在前年有一次迷途高粱地的经验,但最后还是走出来了,是河声给他指引了方向。现在,父亲又谛听着河的启示,很快明白,队伍是向正东偏南开进,对着河的方向开进。方向辨清,父亲也就明白,这是去打伏击,打日本人,要杀人,像杀狗一样。他知道队伍一直往东南走,很快就要走到那条南北贯通,把偌大个低洼平原分成两半,把胶县平度县两座县城连在一起的胶平公路。这条公路，是日本人和他们的走狗用皮鞭和刺刀催逼着老百姓修成的。

高粱的骚动因为人们的疲惫困乏而频繁激烈起来，积露连续落下，淋湿了每个人的头皮和脖颈。王文义咳嗽不断，虽连遭余司令辱骂也不改正。父亲感到公路就要到了，他的眼前昏昏黄黄地晃动着路的影子。不知不觉，连成一体的雾海中竟有些空洞出现，一穗一穗被露水打得精湿的高粱在雾洞里忧悒地注视着我父亲，父亲也虔诚地望着它们。父亲恍然大悟，明白了它们都是活生生的灵物。它们根扎黑土，受日精月华，得雨露滋润，上知天文下知地理。父亲从高粱的颜色上，猜到了太阳已经把被高粱遮挡着的地平线烧成一片可怜的艳红。

忽然发生变故，父亲先是听到耳边一声尖利呼啸，接着听到前边发出什么东西被迸裂的声响。

余司令大声吼叫："谁开枪？ 小舅子，谁开的枪？"

父亲听到子弹钻破浓雾，穿过高粱叶子高粱秆，一颗高粱头颅落地。一时间众人都屏气息声。那粒子弹一路尖叫着，不知落到哪里去了。芳香的硝烟迷散进雾。王文义惨叫一声："司令——我没有头啦——司令——我没有头啦——"

余司令一愣神，踢了王文义一脚，说："你娘个蛋！ 没有头还会说话！"

余司令撇下我父亲，到队伍前头去了。王文义还在哀嚎。父亲凑上前去，看清了王文义奇形怪状的脸。他的腮上，有一股深蓝色的东西在流动。父亲伸手摸去，触了一手粘腻发烫的液体。父亲闻到了跟墨水河淤泥差不多、但比墨水河淤泥要新鲜得多的腥气。它压倒了薄荷的幽香，压倒了高粱的甘苦，它唤醒了父亲那越来越迫近的记忆，一线穿珠般地把墨水河淤泥、把高粱下黑土、把永远死不了的过去和永远留不住的现在连系在一起，有时候，万物都会吐出人血的味道。

"大叔，"父亲说，"大叔，你挂彩了。"

"豆官，你是豆官吧，你看看大叔的头还在脖子上长着吗？"

"在，大叔，长得好好的，就是耳朵流血啦。"

王文义伸手摸耳朵，摸到一手血，一阵尖叫后，他就瘫了："司令，我挂彩啦！ 我挂彩啦，我挂彩啦。"

余司令从前边回来，蹲下，捏着王文义的脖子，压低嗓门说："别叫，再叫我就毙了你！"

王文义不敢叫了。

"伤着哪儿啦？"余司令问。

"耳朵……"王文义哭着说。

余司令从腰里抽出一块包袱皮样的白布，嚓一声撕成两半，递给王文义，说："先捂着，别出声，跟着走，到了路上再包扎。"

余司令又叫："豆官。"父亲应了，余司令就牵着他的手走。王文义哼哼唧唧地跟在后边。

适才那一枪，是扛着一盘耙在头前开路的大个子哑巴，不慎摔倒，背上的长枪走了火。哑巴是余司令的老朋友，一同在高粱地里吃过"拤饼"的草莽英雄，他的一只脚因在母腹中受过伤，走起来一颠一颠，但非常快。父亲有些怕他。

黎明前后这场大雾，终于在余司令的队伍跨上胶平公路时溃散下去。故乡八月，是多雾的季节,也许是地势低洼土壤潮湿所致吧。走上公路后,父亲顿时感到身体灵巧轻便,脚板利索有劲,他松开了抓住余司令衣角的手。王文义用白布捂着血耳朵,满脸哭相。余司令给他粗手粗脚包扎耳朵,连半个头也包住了。王文义痛得龇牙咧嘴。

余司令说:"你好大的命!"

王文义说:"我的血流光了,我不能去啦!"

余司令说:"屁,蚊子咬了一口也不过这样,忘了你那三个儿子啦吧!"

王文义垂下头,嘟嘟哝哝说:"没忘,没忘。"

他背着一支长筒子鸟枪,枪托儿血红色。装火药的扁铁盒斜吊在他的屁股上。

那些残存的雾都退到高粱地里去了。大路上铺着一层粗砂,没有牛马脚踪,更无人的脚印。相对着路两侧茂密的高粱,公路荒凉,荒唐,令人感到不祥。父亲早就知道余司令的队伍连聋带哑连瘸带拐不过四十人,但这些人住在村里时,搅得鸡飞狗跳,仿佛满村是兵。队伍摆在大路上,三十多人缩成一团,像一条冻僵了的蛇。枪支七长八短,土炮、鸟枪、老汉阳,方六方七兄弟俩抬着一门能把小秤砣打出去的大抬杆子。哑巴扛着一盘长方形的平整土地用的、周遭二十六根铁尖齿的耙。另有三个队员扛着一盘。父亲当时还不知道打伏击是怎么一回事,更不知道打伏击为什么还要扛上四盘铁齿耙。

为了为我的家族树碑立传,我曾经跑回高密东北乡,进行了大量的调查,调查的重点,就是这场我父亲参加过的、在墨水河边打死鬼子少将的著名战斗。我们村里一个九十二岁的老太太对我说:"东北乡,人万千,阵势列在墨河边。余司令,阵前站,一举手炮声连环。东洋鬼子魂儿散,纷纷落在地平川。女中魁首戴凤莲,花容月貌巧机关,调来铁耙摆连环,挡住鬼子不能前……"老太婆头顶秃得像一个陶罐,面孔都朽了,干手上凸着一条条丝瓜瓤子一样的筋。她是三九年八月中秋节那场大屠杀的幸存者,那时她因脚上生疮跑不动,被丈夫塞进地瓜窖子里藏起来,天凑地巧活了下来。老太婆所唱快板中的戴凤莲,就是我奶奶的大号。听到这里,我兴奋异常。这说明,用铁耙挡住鬼子汽车退路的计谋竟是我奶奶这个女流想出来的。我奶奶也应该是抗日的先锋,民族的英雄。

提起我的奶奶,老太太话就多了。她的话破碎零乱,像一群随风遍地滚的树叶。她说起我奶奶的脚,是全村最小的脚。我们家的烧酒后劲好大。说到胶平公路时,她的话连贯起来:"路修到咱这地盘时哪……高粱齐腰深了……鬼子把能干活的人都赶去了……打毛子工,都偷懒磨滑……你们家里那两头大黑骡子也给拉去了……鬼子在墨水河上架石桥……罗汉,你们家那个老长工……他和你奶奶不大清白咧,人家都这么说……呵呀呀,你奶奶年轻时花花事儿多着咧……你爹多能干,十五岁就杀人,杂种出好汉,十有九个都不善……罗汉去铲骡子腿……被捉住零刀子剐啦……鬼子糟害人呢,在锅里拉屎,盆里撒尿。那年,去挑水,挑上来一个什么呀,一个人头呀,扎着大辫子……"

刘罗汉大爷是我们家历史上的一个重要的人物。关于他与我奶奶之间是否有染,现已无法查清,诚然,从心里说,我不愿承认这是事实。

道理虽懂,但陶罐头老太太的话还是让我感到难堪。我想,既然罗汉大爷对待我父亲像对待亲孙子一样,那他就像我的曾祖父一样;假如这位曾祖父竟与我奶奶有过风流事,岂不是乱伦吗?这其实是胡想,因为我奶奶并不是罗汉大爷的儿媳而是他的东家,罗汉与我的家族只有经济上的联系而无血缘上的联系,他像一个忠实的老家人点缀着我家的历史而且确凿无疑地为我们家的历史增添了光彩。我奶奶是否爱过他,他是否上过我奶奶的炕,都与伦理无关。爱过又怎么样?我深信,我奶奶什么事都敢干,只要她愿意。她老人家不仅仅是抗日英雄,也是个性解放的先驱,妇女自立的典范。

我查阅过县志,县志载:民国二十七年,日军捉高密、平度、胶县民夫累计四十万人次,修筑胶平公路。毁稼禾无数。公路两侧村庄中骡马被劫掠一空。农民刘罗汉,乘夜潜入,用铁锹铲伤骡蹄马腿无数,被捉获。翌日,日军在拴马桩上将刘罗汉剥皮零割示众。刘面无惧色,骂不绝口,至死方休。

确实是这样,胶平公路修筑到我们这里时,遍野的高粱只长到齐人腰高。长七十里宽六十里的低洼平原上,除了点缀着几十个村庄,纵横着两条河流,曲折着几十条乡间土路外,绿浪般招展着的全是高粱。平原北边的白马山上,那块白色的马状巨石,在我们村头上看得清清楚楚。锄高粱的农民们抬头见白马,低头见黑土,汗滴禾下土,心中好痛苦!风传着日本人要在平原修路,村里人早就惶惶不安,焦急地等待着大祸降临。

知人论世

1. 莫言

莫言(1955—),原名管谟业,生于山东高密,中国当代著名作家。自1980年以一系列乡土作品崛起,充满着"怀乡"以及"怨乡"的复杂情感,被归类为"寻根文学"作家。其作品深受魔幻现实主义影响,写的是一出出发生在山东高密东北乡的"传奇"。莫言在他的小说中构造独特的主观感觉世界,天马行空般的叙述,陌生化的处理,塑造神秘超验的对象世界,带有明显的"先锋"色彩。2011年,莫言凭借长篇小说《蛙》获第八届茅盾文学奖。2012年,获得诺贝尔文学奖。

莫言像

2. 写作背景

《红高粱》以抗日战争及二十世纪三四十年代高密东北乡的民间生活为背景,故事融合了多种混乱的异质,最终通过一种强烈的刺激来塑造时代背景,从民间的角度给读者再现了抗日战争的年代,展现的是一种为生存而奋起反抗的暴力欲。莫言笔下的高密东北乡就像他所说的:"无疑是地球上最美丽最丑陋、最超脱最世俗、最圣洁最龌龊、最英雄好汉最王八蛋、最能喝酒最能爱的地方。"就是在这片充满梦幻与神奇,浪漫与纯真,充满生命力的土地上,展现出壮美的画面:站立着无边无际凄婉可人的、激荡着爱情波浪的红高粱;款款流动着的墨水河;伴随着螃蟹散发出的腥甜。高密东北乡的壮美画面对应着作者开阔、宏大、丰满、艳丽、血腥的语言。莫言用这种语言追述了发生在这片土地上的叙述者以及他的爷爷、奶奶、父亲时候的那场华丽的战役,表现出细腻独特的生命体验。

在对时代背景进行塑造时,莫言通过狂欢式的语言形式给读者展现了抗日战争初期的时代情绪,既有压抑、荒凉、凄楚、沉闷,又有欢乐、抗争、激愤,在这种复杂的情绪下奏响时代的旋律,在冲突与纠结之间表达一种忧郁的悲剧感,有动荡不安的社会给人民造成的祸患,有因为列强入侵带给人民的毁灭性伤害。

小 导 助 学

1.本文选自《红高粱家族》,莫言,浙江文艺出版社,2017 年版。

《红高粱家族》由《红高粱》《高粱酒》《高粱殡》《狗道》《奇死》五部组成。

2.《红高粱》

《红高粱》是最能反映莫言风格的一篇奇作。《红高粱》小说的主题被诠释为弘扬积极向上的生命力和追求自由的精神,渴望个性解放精神,重建创造精神等,其意图是借助高密东北乡民间原始野性文化的活力来改造屡弱的民族性格,呼唤强有力的生命形态,呼吁中华民族要自尊自强,要有反奴性和反抗性,具有健康的人格和民族品质。

《红高粱》主要通过"我的奶奶"戴凤莲以及"我的爷爷"余占鳌两个人之间的故事,讲述发生在山东的生命赞歌。《红高粱》主线是"爷爷"余占鳌率领的武装打击日军,辅线是"爷爷"余占鳌和"奶奶"戴凤莲之间的爱情故事。故事发生的主要地点是高密东北乡。小说里的主要人物有的是自发的造反势力,有的是混乱和无纪律的地方首领。他们没有救国家和人民群众的主动意识。他们反抗的原因来源于为自身的生存而抗争。

整部小说中没有着墨太多的正面形象,"我爷爷"这个人物形象的塑造既是"土匪"又是"抗日英雄"的双重身份,土匪的野性和英雄的血气使人物更加丰满和真实,还原了真实的历史一幕。在小说中,莫言竭尽全力地对几乎所有的战争场面都进行了精心的雕刻,无论战争场面的大小,甚至人与野狗在吞噬尸体时的较量也用了极多的笔触,展现了一幅幅尸横遍野、血肉横飞的血淋淋的画面。在这些血肉交汇之中,莫言描绘了一片红如鲜血的红高粱,整个世界都是血红的。莫言正是以这种狂欢式的语言、天马行空式的笔触,塑造了一个在伦理道德边缘的红高粱世界,一种土匪式英雄,他们做尽坏事但也报效国家,他们缠绵相爱、英勇搏杀,充满着既离经叛道又拥有无限生气的时代气息。

《红高粱》是一部表现高密人民在抗日战争中的顽强生命力和充满血性与民族精神的经典之作。

3.思想价值

《红高粱》这一作品引发了人、人的命运、人的价值、人生、死亡、生命力、民族精神、伦理道德等方面在哲学层面上的深刻思考。作家用一种富有表现力的表达,在对民族性进行自我反思和自我认识、自我赞颂与自我批评中,去追寻民族文化心理与民族精神力量。弥漫小说全篇的是一种刚健暴烈、自由激昂的生命状态的赞美基调,让人产生热血沸腾的感觉。

4.课文简析

此段节选为《红高粱》的开篇,以高密无边无际的通红的高粱地为背景,在奔赴与日本侵略者战斗的战场的途中,文中主要人物相继出场,余占鳌、戴凤莲、刘罗汉、王文义,我的父亲"豆官"。并以"我"的视角陈述了人物的性格及人物的经历与命运。

莫言的小说总是习惯以"童年视角"为感觉本体。《红高粱》就是以十四岁的豆官的感觉记忆作为线索,另加上"我"的感觉补充组合而成的。细心描绘每一个不同的感觉场面,再把许多的感觉场面加以串联组合,形成完整的感觉体系,便是《红高粱》乃至莫言的创作特色。

◁ 思 考 探 究 ▷▷

1.《红高粱》一文的文学特色有哪些?
2.莫言在《红高粱》里塑造了哪些经典的人物形象,其性格特点是什么?

◁ 趣 味 链 接 ▷▷

《〈红高粱〉节选》课件。

主题八　异域风情

【主题八导读】

　　文学不仅是时代、民族、国家精神特质的浓缩,还有助于我们认识世界各地的文化风俗、风土人情,扩展我们的视野。古人说"读万卷书,行万里路",外国文学就是我们领略世界风情最好的桥梁。学习外国文学不仅可以提高自身的文学素质和修养,还可以在我们研究中国文学时扩展思路,提供新鲜的研究方法和对象。

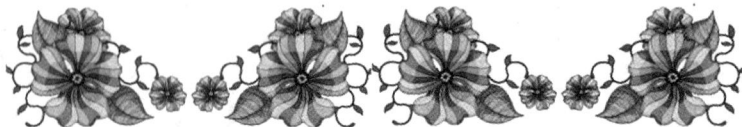

西绪福斯神话

[法]阿尔贝·加缪

译者:郭宏安

神判处西绪福斯把一块巨石不断地推上山顶,石头因自身的重量又从山顶上滚落下来。他们有某种理由认为最可怕的惩罚莫过于既无用又无望的劳动。

如果相信荷马,西绪福斯是最聪明最谨慎的凡人。然而根据另一种传说,他倾向于强盗的营生。我看不出这当中有什么矛盾。关于使他成为地狱的无用的劳动的原因,看法有分歧。有人首先指责他对神犯了些小过失。他泄露了他们的秘密。埃索波斯(希腊神话中的河神)的女儿埃癸娜被宙斯劫走。父亲对女儿的失踪感到奇怪,就向西绪福斯诉苦。西绪福斯知道此事,答应告诉他,条件是他向科林斯城堡供水。西绪福斯喜欢水的祝福更胜过上天的霹雳。他于是被罚入地狱。荷马还告诉我们西绪福斯捆住了死神。普路同(罗马神话中的冥王)忍受不了他的王国呈现出一片荒凉寂静的景象。他催促战神把死神从他的胜利者手中解脱出来。

有人还说垂死的西绪福斯不谨慎地想要考验妻子的爱情。他命令她把他的遗体不加埋葬地扔到公共广场的中央。西绪福斯进了地狱。在那里,他对这种如此违背人类之爱的服从感到恼怒,就从普路同那里获准返回地面去惩罚他的妻子。然而,当他又看见了这个世界的面貌,尝到了水和阳光、灼热的石头和大海,就不愿再回到地狱的黑暗中了。召唤、愤怒和警告都无济于事。他又在海湾的曲线、明亮的大海和大地的微笑面前活了许多年。神必须做出决定。墨丘利(罗马神话中的商业神,即希腊神话中的赫尔墨斯、众神的使者)用强力把他带回地狱,那里为他准备好了一块巨石。

人们已经明白,西绪福斯是荒谬的英雄。这既是由于他的激情,也是由于他的痛苦。他对神的轻蔑,他对死亡的仇恨,他对生命的激情,使他受到了这种无法描述的酷刑:用尽全部心力而一无所成。这是为了热爱这片土地而必须付出的代价。关于地狱里的西绪福斯,人们什么也没告诉我们。神话编出来就是为了让想象力赋予它们活力。对于他的神话,人们只看见一个人全身绷紧竭力推起一块巨石,令其滚动,爬上成百的陡坡;人们看见皱紧的面孔,脸颊抵住石头,一个肩承受着满是枯土的庞然大物,一只脚垫于其下,用两臂撑住,沾满泥土的双手显示出人的稳当。经过漫长的、用没有天空的空间和没有纵深的时间来度量的努力,目的终于达到了。这时,西绪福斯看见巨石一会儿工夫滚到下面的世界中去,他又得再把它推上山顶。他朝平原走下去。

我感兴趣的是返回中、停歇中的西绪福斯。那张如此贴近石头的面孔已经成了石头了!我看见这个人下山,朝着他不知道尽头的痛苦,脚步沉重而均匀。这时刻就像是呼吸,和他的不幸一样肯定会再来,这时刻就是意识的时刻。当他离开山顶、渐渐深入神的隐蔽的住所的时候,他高于他的命运。他比他的巨石更强大。

如果说这神话是悲壮的,那是因为它的主人公是有意识的。如果每一步都有成功的希望支持着他,那他的苦难又将在哪里?今日之工人劳动,一生中每一天都干着同样的活计,这种命运是同样的荒谬。因此它只在工人有了意识那种很少的时候才是悲壮的。西绪福斯,这神的无产者,无能为力而又在反抗,他知道他的悲惨的状况有多么深广:他下山时想的正是这种状况。造成他的痛苦的洞察力同时也完成了他的胜利。没有轻蔑克服不了的命运。

如果在某些日子里下山可以在痛苦中进行,那么它也可以在欢乐中进行。此话并非多余。我还想象西绪福斯回到巨石前,痛苦从此开始。当大地的形象过于强烈地缠住记忆,当幸福的呼唤过于急迫,忧伤就会在人的心中升起:这是巨石的胜利,这是巨石本身,巨大的忧伤沉重得不堪承受。这是我们的客西马尼之夜(《圣经》说,耶稣在橄榄山下一个叫客西马尼的地方,让门徒祷告,不要睡觉,免受迷惑,他次日于此地被犹大出卖)。然而不可抗拒的真理一经被承认便告完结。这样,俄狄浦斯先就不知不觉地顺从了命运。从他知道的那一刻起,他的悲剧便开始了。然而同时,盲目而绝望的他认识到他同这世界的唯一的联系是一个年轻姑娘的新鲜的手。于是响起一句过分的话:"尽管如此多灾多难,我的高龄和我的灵魂的高贵仍使我认为一切皆善。"像陀思妥耶夫斯基的基里洛夫一样,索福克勒斯的俄狄浦斯就这样提供了荒谬的胜利的方式。古代的智慧和现代的英雄主义会合了。

不试图写一本幸福教科书,是不会发现荒谬的。"啊!什么,路这么窄……"然而只有一个世界。幸福和荒谬是同一块土地的两个儿子。他们是不可分的。说幸福一定产生于荒谬的发现,那是错误的。有时荒谬感也产生于幸福。俄狄浦斯说:"我认为一切皆善。"这句话是神圣的。它回响在人的凶恶而有限的宇宙之中。它告诉人们一切并未被、也不曾被耗尽。它从这世界上逐走一个带着不满足和对无用的痛苦的兴趣进入这世界的神。它使命运成为人的事情,而这件事情应该在人之间解决。

西绪福斯的全部沉默的喜悦就在这里。他的命运出现在面前。他的巨石是他的事情。同样,当荒谬的人静观他的痛苦时,他就使一切偶像缄口不语。在突然归于寂静的宇宙中,大地的成千上万细小的惊叹声就起来了。无意识的、隐秘的呼唤,各种面孔的邀请,都是必要的反面和胜利的代价。没有不带阴影的太阳,应该了解黑夜。荒谬的人说"是",于是他的努力便没有间断了。如果说有一种个人的命运,却绝没有高级的命运,至少只有一种命运,而他断定它是不可避免的,是可以轻蔑的。至于其他,他自知是他的岁月的主人。在人返回他的生活这一微妙的时刻,返回巨石的西绪福斯静观那一连串没有联系的行动。这些行动变成了他的命运,而这命运是他创造的,在他的记忆的目光下统一起来,很快又由他的死加章盖印。这样,确信一切人事都有人的根源,盲目却渴望看见并且知道黑夜没有尽头,他就永远在行进中。巨石还在滚动。

我让西绪福斯留在山下!人们总是看得见他的重负。西绪福斯教人以否定神祇举起巨石的至高无上的忠诚。他也断定一切皆善。这个从此没有主人的宇宙对他不再是没有结果和虚幻的了。这块石头的每一细粒,这座黑夜笼罩的大山的每一道矿物的光芒,都对他一个人形成了一个世界。登上顶峰的斗争本身足以充实人的心灵。

应该设想,西绪福斯是幸福的。

知 人 论 世

　　阿尔贝·加缪(Albert Camus,1913—1960),法国哲学家,声名卓著的小说家、散文家和剧作家,存在主义主要代表之一。1957年因"热情而冷静地阐明了当代向人类良知提出的种种问题"而获诺贝尔文学奖,是有史以来最年轻的诺奖获奖作家之一。加缪在他的小说、戏剧、随笔和论著中深刻地揭示出人在异己的世界中的孤独、个人与自身的日益异化,以及罪恶和死亡的不可避免,但他在揭示出世界的荒诞的同时却并不绝望和颓丧,他主张要在荒诞中奋起反抗,在绝望中坚持真理和正义,他为世人指出了一条基督教和马克思主义以外的自由人道主义道路。他直面惨淡人生的勇气,他"知其不可而为之"的大无畏精神使他在第二次世界大战之后不仅在法国,而且在欧洲并最终在全世界成为他那一代人的代言人和下一代人的精神导师。

　　主要著作有《局外人》《瘟疫》《随落》,剧本《加里古拓》《正义者》等。

阿尔贝·加缪像

《加缪文集》

小 导 助 学

　　1.创作背景

　　加缪的人生经历极为坎坷,他对人生苦难、命运艰辛有着深刻的体验,这决定了他的思维重点始终脱离不了对人类命运的探索。

　　二战的爆发使全世界的人直接面对着死亡的恐惧,对现实世界的怀疑和未知世界的迷惘,将人类生存的意义现实地摆到了每一个有道德良知的哲学家、作家面前。

　　加缪以朴素的人生体验和生动的文学描述来阐发自己的观点,用具体的生活参照物取代反复的哲学推理论证,因而留下了《西绪福斯神话》这样的哲理性和可看性俱佳的成功作品。

《西绪福斯神话》

　　2.课文简析

　　本文选自《加缪文集》,郭宏安译,译林出版社,2001年版。

　　《西绪福斯神话》是一篇具有哲理性的随笔。在加缪的笔下,西绪福斯拥有巨大的精神力量。他明明知道劳而无功,却走向不知道尽头的痛苦,脚步沉重而均匀。他清醒地知道,无数次的胜利其实是无数次的失败,但这只是激起了他的轻蔑,"没有轻蔑克服不了的命运"。

　　作者认为:人生是荒诞的。荒诞的原因在于人们精神和世界的分离。人没有希望,就会有悲剧。面对悲剧,人应该积极地生活。

思 考 探 究

1. 能否选择中国的神话传说或寓言故事阐发其哲学意蕴？
2. 分析作品中西绪福斯的形象。
3. 为什么说"应当想象西绪福斯是幸福的"？
4. 作品在写法上有什么特点？

趣 味 链 接

《西绪福斯神话》课件。

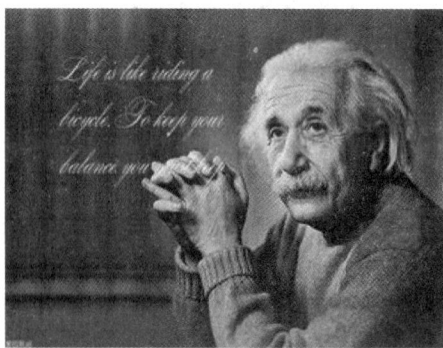

我的世界观[1]

［美］爱因斯坦

爱因斯坦像

　　我们这些总有一死的人的命运是多么奇特呀！我们每个人在这个世界上都只作一个短暂的逗留；目的何在，却无所知，尽管有时自以为对此若有所感。但是，不必深思，只要从日常生活就可以明白：人是为别人而生存的——首先是为那样一些人，他们的喜悦和健康关系着我们自己的全部幸福；然后是为许多我们所不认识的人，他们的命运通过同情的纽带同我们密切结合在一起。我每天上百次地提醒自己：我的精神生活和物质生活都依靠着别人（包括生者和死者）的劳动，我必须尽力以同样的分量来报偿我所领受了的和至今还在领受着的东西。我强烈地向往着俭朴的生活，并且时常为发觉自己占用了同胞的过多劳动而难以忍受。我认为阶级的区分是不合理的，它最后所凭借的是以暴力为根据。我也相信，简单淳朴的生活，无论在身体上还是在精神上，对每个人都是有益的。

我完全不相信人类会有那种在哲学意义上的自由。每一个人的行为，不仅受着外界的强迫，而且还要适应内心的必然。叔本华（Schopenhauer）[2]说："人虽然能够做他所想做的，但不能要他所想要的。"这句话从我青年时代起，就对我是一个真正的启示；在我自己和别人生活面临困难的时候，它总是使我们得到安慰；并且永远是宽容的泉源。这种体会可以宽大为怀地减轻那种容易使人气馁的责任感，也可以防止我们过于严肃地对待自己和别人；它还导致一种特别给幽默以应有地位的人生观。

要追究一个人自己或一切生物生存的意义或目的，从客观的观点看来，我总觉得是愚蠢可笑的。可是每个人都有一定的理想，这种理想决定着他的努力和判断的方向。就在这个意义上，我从来不把安逸和享乐看作是生活目的本身——这种伦理基础，我叫它猪栏的理想。照亮我的道路，并且不断地给我新的勇气去愉快地正视生活的理想，是善、美和真。要是没有志同道合者之间的亲切感情，要不是全神贯注于客观世界——那个在艺术和科学工作领域里永远达不到的对象，那么在我看来，生活就会是空虚的。人们所努力追求的庸俗的目标——财产、虚荣、奢侈的生活——我总觉得都是可鄙的。

我对社会正义和社会责任的强烈感觉，同我显然的对别人和社会直接接触的淡漠，两者总是形成古怪的对照。我实在是一个"孤独的旅客"，我未曾全心全意地属于我的国家，我的家庭，我的朋友，甚至我最接近的亲人；在所有这些关系面前，我总是感觉到有一定距离并且需要保持孤独——而这种感受正与年俱增。人们会清楚地发觉，同别人的相互了解和协调一致是有限度的，但这不足惋惜。这样的人无疑有点失去他的天真无邪和无忧无虑的心境；但另一方面，他却能够在很大程度上不为别人的意见、习惯和判断所左右，并且能够不受诱惑要去把他的内心平衡建立在这样一些不可靠的基础之上。

我的政治理想是民主主义。让每一个人都作为个人而受到尊重，而不让任何人成为崇拜的偶像。我自己受到了人们过分的赞扬和尊敬，这不是由于我自己的过错，也不是由于我自己的功劳，而实在是一种命运的嘲弄。其原因大概在于人们有一种愿望，想理解我以自己的微薄绵力通过不断的斗争所获得的少数几个观念，而这种愿望有很多人却未能实现。我完全明白，一个组织要实现它的目的，就必须有一个人去思考，去指挥，并且全面担负起责任来。但是被领导的人不应当受到强迫，他们必须有可能来选择自己的领袖。在我看来，强迫的专制制度很快就会腐化堕落。因为暴力所招引来的总是一些品德低劣的人，而且我相信，天才的暴君总是由无赖来继承，这是一条千古不易的规律。就是这个缘故，我总是强烈地反对今天我们在意大利和俄国所见到的那种制度。像欧洲今天所存在的情况，使得民主形势受到了怀疑，这不能归咎于民主原则本身，而是由于政府的不稳定和选举制度中与个人无关的特征。我相信美国在这方面已经找到了正确的道路。他们选出了一个任期足够长的总统，他有充分的权力来真正履行他的职责。另一方面，在德国的政治制度中，我所重视的是，它为救济患病或贫困的人做出了比较广泛的规定。在人生的丰富多彩的表演中，我觉得真正可贵的，不是政治上的国家，而是有创造性的、有感情的个人，是人格；只有个人才能创出高尚的和卓越的东西。而群众本身在思想上总是迟钝的，在感觉上也总是迟钝的。

讲到这里，我想起了群众生活中最坏的一种表现，那就是使我厌恶的军事制度。一个人能够洋洋得意地随着军乐队在四列纵队里行进，单凭这一点就足以使我对他轻视。他所以长了一个大脑,只是出于误会;单单一根骨髓就可满足他的全部需要了。文明国家的这种罪恶的渊薮[3],应当尽快加以消灭。由命令而产生的勇敢行为、毫无意义的暴行,以及在爱国主义名义下一切可恶的胡闹,所有这些都使我深恶痛绝! 在我看来,战争是多么卑鄙、下流! 我宁愿被千刀万剐,也不愿参与这种可憎的勾当。尽管如此,我对人类的评价还是十分高的,我相信,要是人民的健康感情没有被那些通过学校和报纸而起作用的商业利益和政治利益蓄意进行败坏,那么战争这个妖魔早就该绝迹了。

我们所能有的最美好的经验是奥秘的经验。它是坚守在真正艺术和真正科学发源地上的基本感情。谁要是体验不到它,谁要是不再有好奇心也不再有惊讶的感觉,他就无异于行尸走肉,他的眼睛是迷糊不清的。就是这样奥秘的经验——虽然掺杂着恐怖——产生了宗教。我们认识到有某种为我们所不能洞察的东西存在,感觉到那种只能以其最原始的形式为我们感受到的最深奥的理性和最灿烂的美——正是这种认识和这种情感构成了真正的宗教感情;在这个意义上,而且也只是在这个意义上,我才是一个具有深挚的宗教感情的人。我无法想象一个会对自己的创造物加以赏罚的上帝,也无法想象它会有像在我们自己身上所体验到的那样一种意志。我不能也不愿去想象一个人在肉体死亡以后还会继续活着;让那些脆弱的灵魂,由于恐惧或者由于可笑的唯我论,去拿这种思想当宝贝吧! 我自己只求满足于生命永恒的奥秘,满足于觉察现存世界的神奇的结构,窥见它的一鳞半爪[4],并且以诚挚的努力去领悟在自然界中显示出来的那个理性的一部分,即使只是极其小的一部分,我也就心满意足了。

知 人 论 世

阿尔伯特·爱因斯坦(1879—1955),物理学家,生于德国。爱因斯坦一生成绩斐然,他提出了光的量子概念,并用量子理论解释了光电效应、辐射过程和固体的比热。在阐明布朗运动发展量子统计法方面都有成就。1921 年,爱因斯坦因为"光电效应定律的发现"这一成就而获得了诺贝尔物理学奖。他的广义相对论对天体物理学,特别是理论天体物理学有很大的影响。爱因斯坦的狭义相对论成功地揭示了能量与质量之间的关系,解决了长期存在的恒星能源来源的难题。

1999 年 12 月 26 日,爱因斯坦被美国《时代周刊》评选为"世纪伟人"。

小 导 助 学

1. 注释

[1]选自许良英等编译《爱因斯坦文集》(第 3 卷),商务印书馆 1979 年 10 月版。

[2]叔本华(1788—1860):德国哲学家,唯意志论者,代表著作有《作为意志和表象的世界》。

[3]渊薮:比喻人或事物集中的地方。

[4]一鳞半爪:比喻零星片段的事物。

2. 文章简析

作者从三个方面阐述了自己的世界观:首先阐述了自己的人生观:"人是为别人而生存

的";然后阐述了自己的政治理想:民主主义;最后表明了自己对科学研究的执着态度和追求。

在这篇文章里,他表达对这个社会的态度,求真、创美、扬善是他人生的理想;正义、拥有责任感,是他对自己的要求;民主、文明是他对这个社会的希冀;和平、安宁,是他对这个世界的祈望。

思 考 探 究

1.试理解作者在本篇演讲词中所表达的人生观、政治理想和宗教感情。

2.谈谈你对伟人一生的感想。

趣 味 链 接

1.拓展阅读

关于爱因斯坦的小故事

爱因斯坦小时候是个十分贪玩的孩子。他的母亲常常为此忧心忡忡,但母亲的再三告诫对他来讲如同耳边风。爱因斯坦16岁的那年秋天,一天上午,父亲将正要去河边钓鱼的他拦住,并给他讲了一个故事,正是这个故事改变了爱因斯坦的一生。故事是这样的:

爱因斯坦的父亲说:"昨天,我和咱们的邻居杰克大叔去清扫南边工厂的一个大烟囱。那烟囱只有踩着里边的钢筋踏梯才能上去。杰克大叔在前面,我在后面,我们抓着扶手,一级一级地终于爬了上去。下来时,杰克大叔依旧走在前面,我还是跟在他的后面,后来,钻出烟囱,我发现了一件奇怪的事情:杰克大叔的后背、脸上全都被烟囱里的烟灰蹭黑了,而我身上竟连一点烟灰也没有!"

爱因斯坦的父亲继续微笑着说:"我看见杰克大叔的模样,心想我肯定和他一样脸脏得像个小丑,于是我就到附近的小河里去洗了又洗,而杰克大叔呢,他看见我钻出烟囱时干干净净的,就以为他也和我一样干净,于是他草草地洗了洗手就大模大样上街了,结果,街上的人都笑疼了肚子,还以为杰克大叔是个疯子呢。"

爱因斯坦听罢,忍不住和父亲一起大笑起来。父亲笑完了,郑重地对他说:"其实,别人谁也不能做你的镜子,只有自己才是自己的镜子。拿别人做镜子,白痴或许会把自己照成天才的。"爱因斯坦听了,顿时满脸愧色。

爱因斯坦从此离开了那群顽皮的孩子。他时时用自己做"镜子"来审视和映照自己,终于映照出了他生命的熠熠光辉。

2.《我的世界观》课件。

最后一片叶子

[美]欧·亨利

在华盛顿广场西边的一个小区里,街道都横七竖八地伸展开去,又分裂成一小条一小条的"胡同"。这些"胡同"稀奇古怪地拐着弯子。一条街有时自己本身就交叉了不止一次。有一回一个画家发现这条街有一种优越性:要是有个收账的跑到这条街上,来催要颜料、纸张和画布的钱,他就会突然发现自己两手空空,原路返回,一文钱的账也没有要到!

所以,不久之后不少画家就摸索到这个古色古香的老格林尼治村来,寻求朝北的窗户、18世纪的尖顶山墙、荷兰式的阁楼,以及低廉的房租。然后,他们又从第六街买来一些蜡酒杯和一两只火锅,这里便成了"艺术区"。

苏和琼西的画室设在一所又宽又矮的三层楼砖房的顶楼上。"琼西"是琼娜的爱称。她俩一个来自缅因州,一个是加利福尼亚州人。她们是在第八街的"台尔蒙尼歌之家"吃份饭时碰到的,她们发现彼此对艺术、生菜色拉和时装的爱好非常一致,便合租了那间画室。那是5月里的事。到了11月,一个冷酷的、肉眼看不见的、医生们叫作"肺炎"的不速之客,在艺术区里悄悄地游荡,用他冰冷的手指头这里碰一下那里碰一下。在广场东头,这个破坏者明目张胆地踏着大步,一下子就击倒几十个受害者,可是在迷宫一样、狭窄而铺满青苔的"胡同"里,他的步伐就慢了下来。

肺炎先生不是一个你们心目中行侠仗义的老的绅士。一个身子单薄,被加利福尼亚州的西风刮得没有血色的弱女子,本来不应该是这个有着红拳头的、呼吸急促的老家伙打击的对象。然而,琼西却遭到了打击;她躺在一张油漆过的铁床上,一动也不动,凝望着小小的荷兰式玻璃窗外对面砖房的空墙。

一天早晨,那个忙碌的医生扬了扬他那毛茸茸的灰白色眉毛,把苏叫到外边的走廊上。

"我看,她的病只有十分之一的恢复希望,"他一面把体温表里的水银柱甩下去,一面说,"这一分希望就是她想要活下去的念头。有些人好像不愿意活下去,喜欢照顾殡仪馆的生意,简直让整个医药界都无能为力。你的朋友断定自己是不会痊愈的了。她是不是有什么心事呢?"

"她——她希望有一天能够去画那不勒斯的海湾。"苏说。

"画画?——真是瞎扯!她脑子里有没有什么值得她想了又想的事——比如说,一个男人?"

"男人?"苏像吹口琴似的扯着嗓子说,"男人难道值得——不,医生,没有这样的事。"

"能达到的全部力量去治疗她。可要是我的病人开始算计会有多少辆马车送她出丧,我就得把治疗的效果减掉百分之五十。只要你能想法让她对冬季大衣袖子的时新式样感到兴趣而提出一两个问题,那我可以向你保证把医好她的机会从十分之一提高到五分之一。"医生走后,苏走进工作室里,把一条日本餐巾哭成一团湿。后来她手里拿着画板,装作精神抖擞的样子走进琼西的屋子,嘴里吹着爵士音乐调子。

琼西躺着,脸朝着窗口,被子底下的身体纹丝不动。苏以为她睡着了,赶忙停止吹口哨。

她架好画板,开始给杂志里的故事画一张钢笔插图。年轻的画家为了铺平通向艺术的道路,不得不给杂志里的故事画插图,而这些故事又是年轻的作家为了铺平通向文学的道路而不得不写的。

苏正在给故事主人公,一个爱达荷州牧人的身上,画上一条马匹展览会穿的时髦马裤和一片单眼镜时,忽然听到一个重复了几次的低微的声音。她快步走到床边。

琼西的眼睛睁得很大。她望着窗外,数着……倒过来数。

"12,"她数道,歇了一会又说,"11,"然后是"10"和"9",接着几乎同时数着"8"和"7"。

苏关切地看了看窗外。那儿有什么可数的呢?只见一个空荡阴暗的院子,20英尺以外还有一所砖房的空墙。一棵老极了的常春藤,枯萎的根纠结在一块,枝干攀在砖墙的半腰上。秋天的寒风把藤上的叶子差不多全都吹掉了,几乎只有光秃的枝条还缠附在剥落的砖块上。

"什么呀,亲爱的?"苏问道。

"6,"琼西几乎用耳语低声说道,"它们现在越落越快了。三天前还有差不多一百片。我数得头都疼了。但是现在好数了。又掉了一片。只剩下五片了。"

"五片什么呀,亲爱的。告诉你的苏娣吧。"

"叶子。常春藤上的。等到最后一片叶子掉下来,我也就该去了。这件事我三天前就知道了。难道医生没有告诉你?"

"哼,我从来没听过这种傻话,"苏十分不以为然地说,"那些破常春藤叶子和你的病好不好有什么关系?你以前不是很喜欢这棵树吗?你这个淘气孩子。不要说傻话了。瞧,医生今天早晨还告诉我,说你迅速痊愈的机会是,让我一字不改地照他的话说吧——他说有九成把握。噢,那简直和我们在纽约坐电车或者走过一座新楼房的把握一样大。喝点汤吧,让苏娣去画她的画,好把它卖给编辑先生,换了钱来给她的病孩子买点红葡萄酒,再给她自己买点猪排解解馋。"

"你不用买酒了,"琼西的眼睛直盯着窗外说道,"又落了一片。不,我不想喝汤。只剩下四片了。我想在天黑以前等着看那最后一片叶子掉下去。然后我也要去了。"

"琼西,亲爱的,"苏俯着身子对她说,"你答应我闭上眼睛,不要瞧窗外,等我画完,行吗?明天我非得交出这些插图。我需要光线,否则我就拉下窗帘了。"

"你不能到那间屋子里去画吗?"琼西冷冷地问道。

"我愿意待在你跟前,"苏说,"再说,我也不想让你老看着那些讨厌的常春藤叶子。"

"你一画完就叫我,"琼西说着,便闭上了眼睛。她脸色苍白,一动不动地躺在床上,就像是座横倒在地上的雕像。"因为我想看那最后一片叶子掉下来,我等得不耐烦了,也想得不耐烦了。我想摆脱一切,飘下去,飘下去,像一片可怜的疲倦了的叶子那样。"

"你睡一会吧,"苏说道,"我得下楼把贝尔门叫上来,给我当那个隐居的老矿工的模特儿。我一会儿就回来的。不要动,等我回来。"

老贝尔门是住在她们这座楼房底层的一个画家。他年过60,有一把像米开朗琪罗的摩西雕像那样的大胡子,这胡子长在一个像半人半兽的森林之神的头颅上,又鬈曲地飘拂在小鬼似的身躯上。贝尔门是个失败的画家。他操了四十年的画笔,还远没有摸着艺术女神的衣裙。他老是说就要画他的那幅杰作了,可是直到现在他还没有动笔。几年来,他除了偶尔画点商业广告之类的玩意儿以外,什么也没有画过。他给艺术区里穷得雇不起职业模特儿的年轻画家们当模特儿,挣一点钱。他喝酒毫无节制,还时常提起他要画的那幅杰作。除此以外,他是一个火气十足的小老头子,十分瞧不起别人的温情,却认为自己是专门保护楼上画室里那两个年轻女画家的一只看家狗。

苏在楼下他那间光线黯淡的斗室里找到了嘴里酒气扑鼻的贝尔门。一幅空白的画布绷在个画架上,摆在屋角里,等待那幅杰作已经25年了,可是连一根线条还没等着。苏把琼西的胡思乱想告诉了他,还说她害怕琼西自个儿瘦小柔弱得像一片叶子一样,对这个世界的留恋越来越微弱,恐怕真会离世飘走了。

老贝尔门两只发红的眼睛显然在迎风流泪,他十分轻蔑地嗤笑这种傻呆的胡思乱想。

"什么,"他喊道,"世界上真会有人蠢到因为那些该死的常春藤叶子落掉就想死? 我从来没有听说过这种怪事。不,我才不给你那隐居的矿工糊涂虫当模特儿呢。你干吗让她胡思乱想? 唉,可怜的琼西小姐。"

"她病得很厉害很虚弱,"苏说,"发高烧发得她神经昏乱,满脑子都是古怪想法。好,贝尔门先生,你不愿意给我当模特儿,就拉倒,我看你是个讨厌的老——老啰唆鬼。"

"你简直太婆婆妈妈了!"贝尔门喊道,"谁说我不愿意当模特儿? 走,我和你一块去。我不是讲了半天愿意给你当模特儿吗? 老天爷,琼西小姐这么好的姑娘真不应该躺在这种地方生病。总有一天我要画一幅杰作,我们就可以都搬出去了。"

"一定的!"

他们上楼以后,琼西正睡着觉。苏把窗帘拉下,一直遮住窗台,做手势叫贝尔门到隔壁屋子里去。他们在那里提心吊胆地瞅着窗外那棵常春藤。后来他们默默无言,彼此对望了一会。寒冷的雨夹杂着雪花不停地下着。贝尔门穿着他的旧的蓝衬衣,坐在一把翻过来充当岩石的铁壶上,扮作隐居的矿工。

第二天早晨,苏只睡了一个小时的觉,醒来了,她看见琼西无神的眼睛睁得大大地注视拉下的绿窗帘。

"把窗帘拉起来,我要看看。"她低声地命令道。

苏疲倦地照办了。

然而,看呀! 经过了漫长一夜的风吹雨打,在砖墙上还挂着一片藤叶。它是常春藤上最后的一片叶子了。靠近茎部仍然是深绿色,可是锯齿形的叶子边缘已经枯萎发黄,它傲然挂在一根离地二十多英尺的藤枝上。

"这是最后一片叶子,"琼西说道,"我以为它昨晚一定会落掉的。我听见风声的。今天它一定会落掉,我也会死的。"

"哎呀,哎呀,"苏把疲乏的脸庞挨近枕头边上对她说,"你不肯为自己着想,也得为我想想啊。我可怎么办呢?"

可是琼西不回答。当一个灵魂正在准备走上那神秘的、遥远的死亡之途时,她是世界上最寂寞的人了。那些把她和友谊及大地联结起来的关系逐渐消失以后,她那个狂想越来越强烈了。

白天总算过去了,甚至在暮色中她们还能看见那片孤零零的藤叶仍紧紧地依附在靠墙的枝上。后来,夜的到临带来了呼啸的北风,雨点不停地拍打着窗子,雨水从低垂的荷兰式屋檐上流泻下来。

天刚蒙蒙亮,琼西就毫不留情地吩咐拉起窗帘来。

那片藤叶仍然在那里。

琼西躺着对它看了许久。然后她招呼正在煤气炉上给她煮鸡汤的苏。

"我是一个坏女孩子,苏娣,"琼西说,"天意让那片最后的藤叶留在那里,证明我是多么坏。想死是有罪过的。你现在就给我拿点鸡汤来,再拿点掺葡萄酒的牛奶来,再——不,先给我一面小镜子,再把枕头垫垫高,我要坐起来看你做饭。"

过了一个钟头,她说道:"苏娣,我希望有一天能去画那不勒斯的海湾。"

下午医生来了,他走的时候,苏找了个借口跑到走廊上。

"有五成希望。"医生一面说,一面把苏细瘦的颤抖的手握在自己的手里,"好好护理你会成功的。现在我得去看楼下另一个病人。他的名字叫贝尔门——听说也是个画家。也是肺炎。他年纪太大,身体又弱,病势很重。他是治不好的了;今天要把他送到医院里,让他更舒服一点。"

第二天,医生对苏说:"她已经脱离危险,你成功了。现在只剩下营养和护理了。"

下午苏跑到琼西的床前,琼西正躺着,安详地编织着一条毫无用处的深蓝色毛线披肩。苏用一只胳臂连枕头带人一把抱住了她。

"我有件事要告诉你,小家伙,"她说,"贝尔门先生今天在医院里患肺炎去世了。他只病了两天。头一天早晨,门房发现他在楼下自己那间房里痛得动弹不了。他的鞋子和衣服全都湿透了,冰凉冰凉的。他们搞不清楚在那个凄风苦雨的夜晚,他究竟到哪里去了。后来他们发现了一盏没有熄灭的灯笼,一把挪动过地方的梯子,几支扔得满地的画笔,还有一块调色板,上面涂抹着绿色和黄色的颜料,还有——亲爱的,瞧瞧窗子外面,瞧瞧墙上那最后一片藤叶。难道你没有想过,为什么风刮得那样厉害,它却从来不摇一摇、动一动呢? 唉,亲爱的,这片叶子才是贝尔门的杰作——就是在最后一片叶子掉下来的晚上,他把它画在那里的。"

知 人 论 世

欧·亨利,原名威廉·雪德尼·波特,美国著名批判现实主义作家,世界三大短篇小说大师之一,共创作近三百篇短篇小说,曾被誉为"美国现代短篇小说之父"。欧·亨利善于描写美国社会中普通人民的生活,他的作品构思新颖,小说的故事情节往往出人意料,语言诙谐,因此,他的作品被誉为"美国生活的幽默百科全书"。代表作还有小说集《白菜与皇帝》《四百万》《命运之路》等。

小 导 助 学

1. 创作背景

19 世纪末 20 世纪初,美国社会生活方面的发展变化,对本国文学产生了深刻的影响,南北战争以前的文学,由于受资本主义民主、博爱、自由等理想的鼓舞,作家们大多用浪漫主义手法进行文学创作。而在南北战争后,由于生活理想的破灭,作家们大多转以现实主义手法来表现时代社会生活,欧·亨利就是这些理想破灭的作家中的一个。

1900 年到 1920 年期间,是美国历史发展的黄金时期。欧·亨利的大部分素材来自其在纽约所接触的各层人士及所见所闻。他在作品中生动刻画了社会各个阶层的世态人情,留下了那个时代美国社会大动荡、大变迁的深刻烙印。他的整个创作,都在揭露社会生活的不公平、不合理、不正常和同情下层社会人民悲惨命运。歌颂人性美是欧·亨利文学创作的主流。

其作品表现了作家对人性理想的执着追求。特别是着力挖掘和赞美小人物的伟大人格和高尚品德,塑造个性鲜明的形象,展示他们向往人性世界的美好愿望。这样的作品基调契合了当时美国社会总体上呈上升趋势的景象,反映了普通民众虽际遇叵测却不乏信心和希望。

2.课文简析

本文选自《欧·亨利短篇小说精选》,浙江文艺出版社,2015年2月版。

《最后一片叶子》,又译作《最后的常春藤叶》,最后一片叶子,成为生命的一种象征;不是一般的象征,而是美丽的象征,诗意的象征,象征着生命的信念。精神的信念可以战胜病魔。但是,这种精神的力量,并不是女主人公原来就具备的,她曾经把自己比作"弱不禁风的藤叶",是另外一个人物以生命为代价改变了她。欧·亨利笔下这片小小的常春藤叶,沐浴着人性的光辉,创造了挽救生命的奇迹。在狰狞的死神面前,生命的信念往往比名药更有效。信念是生命赖以延续的坚强支柱。琼西因有生的信念,对自己生命的珍爱而活了下来;老贝尔门因对他人生命的珍爱,虽然死去,但精神至今感动人心,他的生命通过那片永恒的叶子在琼西的身上得到延续,他活在了人们的心里。他们共同谱写了一曲生命与希望的赞歌。

思 考 探 究

1.概括小说情节,厘清作品结构。
2.小说围绕"最后一片叶子",刻画了几个人物,他们在文中分别起什么作用?
3.你认为小说最震撼人心的是哪一个情节?
4.小说为什么取名为"最后一片叶子"?
5.思考结尾的合理性。

趣 味 链 接

1.拓展阅读

麦琪的礼物

[美]欧·亨利

一块八毛七分钱。全在这儿了。其中六毛钱还是铜子儿凑起来的。这些铜子儿是每次一个、两个向杂货铺、菜贩和肉店老板那儿死乞白赖地硬扣下来的;人家虽然没有明说,自己总觉得这种掂斤播两的交易未免太吝啬,当时脸都臊红了。德拉数了三遍。数来数去还是一块八毛七分钱,而第二天就是圣诞节了。

除了倒在那张破旧的小榻上号哭之外,显然没有别的办法。德拉就那样做了。这使一种精神上的感慨油然而生,认为人生是由啜泣、抽噎和微笑组成的,而抽噎占了其中绝大部分。

这个家庭的主妇渐渐从第一阶段退到第二阶段,我们不妨抽空儿来看看这个家吧。一套带家具的公寓,房租每星期八块钱。虽不能说是绝对难以形容,其实跟贫民窟也相去不远。

下面门廊里有一个信箱,但是永远不会有信件投进去;还有一个电钮,除非神仙下凡才能把铃按响。那里还贴着一张名片,上面印有"詹姆斯·迪林汉·扬先生"几个字。

"迪林汉"这个名号是主人先前每星期挣三十块钱得意的时候,一时高兴,加上去的。

现在收入缩减到二十块钱，"迪林汉"几个字看来就有些模糊，仿佛它们正在考虑，是不是缩成一个质朴而谦逊的"迪"字为好。但是每逢詹姆斯·迪林汉·扬先生回家上楼，走进房间的时候，詹姆斯·迪林汉·扬太太——就是刚才已经介绍给各位的德拉——总是管他叫作"吉姆"，总是热烈地拥抱他。那当然是好的。

德拉哭了之后，在脸平面上扑了些粉。她站在窗子跟前，呆呆地瞅着外面灰蒙蒙的后院里，一只灰猫正在灰色的篱笆上行走。明天就是圣诞节了，她只有一块八毛七分钱来给吉姆买一件礼物。好几个月，她省吃俭用，能攒起来的都攒了，可结果只有这一点儿。一星期二十块钱的收入是不经用的。支出总比她预算的要多。总是这样的。只有一块八毛七分钱来给吉姆买礼物。她的吉姆。为了买三件好东西送给他，德拉自得其乐地筹划了好些日子。要买一件精致、珍奇而真有价值的东西——够得上为吉姆所有的东西固然很少，可总得有些相称才成呀。

房里两扇窗子中间有一面壁镜。诸位也许见过房租八块钱的公寓里的壁镜。一个非常瘦小灵活的人，从一连串纵的片段的印像里，也许可以对自己的容貌得到一个大致不差的概念。德拉全凭身材苗条，才精通了那种技艺。

她突然从窗口转过身，站到壁镜面前。她的眼睛晶莹明亮，可是她的脸在二十秒钟之内却失色了。她迅速地把头发解开，让它披落下来。

且说，詹姆斯·迪林汉·扬夫妇有两样东西特别引以为豪，一样是吉姆三代祖传的金表，另一样是德拉的头发。如果示巴女王住在天井对面的公寓里，德拉总有一天会把她的头发悬在窗外去晾干，使那位女王的珠宝和礼物相形见绌。如果所罗门王当了看门人，把他所有的财富都堆在地下室里，吉姆每次经过那儿时准会掏出他的金表看看，好让所罗门妒忌得吹胡子瞪眼睛。

这当儿，德拉美丽的头发披散在身上，像一股褐色的小瀑布，奔泻闪亮。头发一直垂到膝盖底下，仿佛给她铺成了一件衣裳。她又神经质地赶快把头发梳好。她踌躇了一会儿，静静地站着，有一两滴泪水溅落在破旧的红地毯上。

她穿上褐色的旧外套，戴上褐色的旧帽子。她眼睛里还留着晶莹的泪光，裙子一摆，就飘然走出房门，下楼跑到街上。

她走到一块招牌前停住了，招牌上面写着："莎弗朗妮夫人——经营各种头发用品。"德拉跑上一段楼梯，气喘吁吁地让自己定下神来。那位夫人身躯肥大，肤色白得过分，一副冷冰冰的模样，同"莎弗朗妮"这个名字不大相称。

［莎弗朗妮：意大利诗人塔索（1544—1595）以第一次十字军东征为题材的史诗《被解放的耶路撒冷》中的人物，她为了拯救耶路撒冷全城的基督徒，承认了并未犯过的罪行，成为舍己救人的典型。］

"你要买我的头发吗？"德拉问道。

"我买头发，"夫人说，"脱掉帽子，让我看看头发的模样。"

那股褐色的小瀑布泻了下来。

"二十块钱，"夫人用行家的手法抓起头发说。

"赶快把钱给我。"德拉说。

噢，此后的两个钟头仿佛长了玫瑰色翅膀似的飞掠过去。诸位不必与日俱增这种杂凑的比喻。总之，德拉正为了送吉姆的礼物在店铺里搜索。

德拉终于把它找到了。它准是为吉姆，而不是为别人制造的。她把所有店铺都兜底翻过,各家都没有像这样的东西。那是一条白金表链,式样简单朴素,只是以货色来显示它的价值,不凭什么装潢来炫耀——一切好东西都应该是这样的。它甚至配得上那只金表。她一看到就认为非给吉姆买下不可。它简直像他的为人。文静而有价值——这句话拿来形容表链和吉姆本人都恰到好处。店里以二十一块钱的价格卖给了她,她剩下八毛七分钱,匆匆赶回家去。吉姆有了那条链子,在任何场合都可以毫无顾虑地看看钟点了。那只表虽然华贵,可是因为只用一条旧皮带来代替表链,他有时候只是偷偷地瞥一眼。

德拉回家以后,她的陶醉有一小部分被审慎和理智所替代。她拿出卷发铁钳,点着煤气,着手补救由于爱情加上慷慨而造成的灾害。那始终是一件艰巨的工作,亲爱的朋友们——简直是了不起的工作。

不出四十分钟,她头上布满了紧贴着的小发鬈,变得活像一个逃课的小学生。她对着镜子小心而苛刻地照了又照。

"如果吉姆看了一眼不把我宰掉才怪呢,"她自言自语地说,"他会说我像是康奈岛游乐场里的卖唱姑娘。我有什么办法呢?——唉!只有一块八毛七分钱,叫我有什么办法呢?"

到了七点钟,咖啡已经煮好,煎锅也放在炉子后面热着,随时可以煎肉排。

吉姆从没有晚回来过。德拉把表链对折着握在手里,在他进来时必经的门口的桌子角上坐下来。接着,她听到楼下梯级上响起了他的脚步声。她脸色白了一忽儿。她有一个习惯,往往为了日常最简单的事情默祷几句,现在她悄声说:"求求上帝,让他认为我还是美丽的。"

门打开了,吉姆走进来,随手把门关上。他很瘦削,非常严肃。可怜的人儿,他只有二十二岁——就负起了家庭的担子!他需要一件新大衣,手套也没有。

吉姆在门内站住,像一条猎狗嗅到鹌鹑气味似的纹丝不动。他的眼睛盯着德拉,所含的神情是她所不能理解的,这使她大为惊慌。那既不是愤怒,也不是惊讶,又不是不满,更不是嫌恶,不是她所预料的任何一种神情。他只带着那种奇特的神情凝视着德拉。

德拉一扭腰,从桌上跳下来,走近他身边。

"吉姆,亲爱的,"她喊道,"别那样盯着我。我把头发剪掉卖了,因为不送你一件礼物,我过不了圣诞节。头发会再长出来的——你不会在意吧,是不是?我非这么做不可。我的头发长得快极啦。说句'恭贺圣诞'吧!吉姆,让我们快快乐乐的。我给你买了一件多么好——多么美丽的好东西,你怎么也猜不到的。"

"你把头发剪掉了吗?"吉姆吃力地问道,仿佛他绞尽脑汁之后,还没有把这个显而易见的事实弄明白似的。

"非但剪了,而且卖了,"德拉说,"不管怎样,你还是同样地喜欢我吗?虽然没有了头发,我还是我,可不是吗?"

吉姆好奇地向房里四下张望。

"你说你的头发没有了吗?"他带着近乎白痴般的神情问道。

"你不用找啦,"德拉说,"我告诉你,已经卖了——卖了,没有了。今天是圣诞前夜,亲爱的。好好地对待我,我剪掉头发为的是你呀。我的头发也许数得清,"她突然非常温柔地接下去说,"但我对你的情爱谁也数不清。我把肉排煎上好吗,吉姆?"

吉姆好像从恍惚中突然醒过来。他把德拉搂在怀里。我们不要冒昧,先花十秒钟工夫瞧瞧另一方面无关紧要的东西吧。每星期八块钱的房租,或是每年一百万元房租——那有什么区别呢?一位数学家或是一位俏皮的人可能会给你不正确的答复。麦琪带来了宝贵的礼物,但其中没有那件东西。对这句晦涩的话,下文将有所说明。

[麦琪:指基督出生时来送礼物的三贤人。一说是东方的三王:梅尔基奥尔(光明之王)赠送黄金表示尊贵;加斯帕(洁白者)赠送乳香象征神圣;巴尔撒泽赠送殁药预示基督后来遭受迫害而死。]

吉姆从大衣口袋里掏出一包东西,把它扔在桌上。

"别对我有什么误会,德尔,"他说,"不管是剪发、修脸,还是洗头,我对我姑娘的爱情是决不会减低的。但是只消打开那包东西,你就会明白,你刚才为什么使我愣住了。"

白皙的手指敏捷地撕开了绳索和包皮纸。接着是一声狂喜的呼喊;紧接着,哎呀! 突然转变成女性神经质的眼泪和号哭,立刻需要公寓的主人用尽办法来安慰她。

因为摆在眼前的是那套插在头发上的梳子——全套的发梳,两鬓用的,后面用的,应有尽有;那原是在百老汇路上的一个橱窗里,为德拉渴望了好久的东西。纯玳瑁做的,边上镶着珠宝的美丽的发梳——来配那已经失去的美发,颜色真是再合适也没有了。她知道这套发梳是很贵重的,心向神往了好久,但从来没有存过占有它的希望。现在这居然为她所有了,可是那佩带这些渴望已久的装饰品的头发却没有了。

但她还是把这套发梳搂在怀里不放,过了好久,她才能抬起迷蒙的泪眼,含笑对吉姆说:"我的头发长得很快,吉姆!"

接着,德拉像一只给火烫着的小猫似的跳了起来,叫道:"喔! 喔!"

吉姆还没有见到他的美丽的礼物呢。她热切地伸出摊开的手掌递给他。那无知觉的贵金属仿佛闪闪反映着她那快活和热诚的心情。

"漂亮吗,吉姆? 我走遍全市才找到的。现在你每天要把表看上百来遍了。把你的表给我,我要看看它配在表上的样子。"

吉姆并没有照着她的话去做,却倒在榻上,双手枕着头,笑了起来。

"德尔,"他说,"我们把圣诞节礼物搁在一边,暂且保存起来。它们实在太好啦,现在用了未免可惜。我是卖掉了金表,换了钱去买你的发梳的。现在请你煎肉排吧。"

那三位麦琪,诸位知道,全是有智慧的人——非常有智慧的人——他们带来礼物,送给生在马槽里的圣子耶稣。他们首创了圣诞节馈赠礼物的风俗。他们既然有智慧,他们的礼物无疑也是聪明的,可能还附带一种碰上收到同样的东西时可以交换的权利。我的拙笔在这里告诉了诸位一个没有曲折、不足为奇的故事;那两个住在一间公寓里的笨孩子,极不聪明地为了对方牺牲了他们一家最宝贵的东西。但是,让我们对目前一般聪明人说最后一句话,在所有馈赠礼物的人当中,那两个人是最聪明的。在一切授受衣物的人当中,像他们这样的人也是最聪明的。无论在什么地方,他们都是最聪明的。他们就是麦琪。

2.《最后一片叶子》课件。

应用写作

计　　划

一、计划的概念和特点

1. 计划的概念

计划是党政机关、社会团体、企事业单位和个人,为了实现某项目标或完成某项任务而事先做的安排和打算。计划是计划类文书的统称。因计划涉及内容和时限的不同,计划文书还有不同叫法。

规划——是具有全局性的、较长时期的长远设想。

方案——是从目的、要求、工作方式方法到工作步骤——对专项工作做出全面部署与安排的计划。

安排——是对短期内工作进行具体步骤的计划。

设想——是初步的草案性的计划。

打算——是短期内工作的要点式计划。

要点——是列出工作主要目标的计划。

计划的制订,需要事先有调研,拟订时要实事求是,具有科学性和可行性。计划一旦制订,则对执行者具有一定的指导性和约束力,要求所涉范围内的人切实执行并争取完成。

2. 计划的特点

(1)具有预见性。计划是先于要进行的实践活动制订的,必须对未来工作中可能发生的问题有充分的估计,提出科学的切实可行的方案。正因为计划具有预见性、设想性,所以,在执行计划时,也必须视实际情况,相应对计划进行调整。

(2)具有可行性。为了实现预期的目标,必须有切实可行的措施和方法,计划必须切合实际情况,保证目标的实现。

(3)具有指导性。计划一经制订,就要对完成任务的实际活动起到指导作用和约束作用。工作的开展、时间的安排等,都必须按计划严格执行。

二、计划的种类

计划以不同标准可分为不同的种类。

(1)按性质分,有综合性计划和专题性计划。

(2)按内容分,有工作计划、生产计划、学习计划、科研计划、军事计划等。其内容与各单位、各行业的业务工作有密切关系。

(3)按时间分,有长期规划、短期计划、年度计划、季度计划、月计划等。

(4)按范围分,有国家计划、部门计划、单位计划、个人计划等。

(5)按表达形式分,有条文式计划、表格式计划和文表结合式计划。

三、计划的写法

1. 表格式计划

制作表格式计划时,先要把各项内容划分成几个栏目,再把制订好的各项具体计划内容填写进栏目中,形成表格。这种方式适用于时间较短、范围较小、方式变化不大、内容较单一的具体安排,如销售计划、月计划等。

2. 文表结合式计划

即表格式和条文式相结合的计划。一般是将各项目的内容填进表格后,再用简短文字做解释说明。

3. 条文式计划

这类计划一般由标题、正文、落款构成。

(1)标题。一般由四个要素组成:单位名称、适用时限、计划内容和计划种类,如《某某大学 2012 年招生工作计划》。有时候,标题也省略其中的某些要素,或省略时限,或省略单位,或省略单位和时限,如《某某公司借贷方案》《2015—2020 年城市规划》《毕业生分配工作的计划》。若计划是不成熟或未经批准的,则在标题后加"草案""讨论稿"等字样,并加上圆括号。

(2)正文。正文是计划的主体部分,是具体内容,一般由前言、目标和任务、措施和步骤构成。

前言简要概括基本情况,并指出制订计划的政策依据以及要努力达到的目标。例如《某某百货大楼开展优质服务的活动方案》的前言是:"为了贯彻治理整顿、深化改革的方针,结合大楼实际,开展优质服务活动,净化柜台,提高经营质量,维护消费者利益,进一步提高社会效益和大楼信誉,为争创'顾客满意最佳商店'创造条件。"这一前言阐明了该方案的依据、目的和意义。

目标和任务是计划的核心内容,提出工作任务以及要达到的数量和质量的指标。写法一般采用分条列项的方式,用小标题或者序号标明层次,然后逐项写出具体任务和具体目标。

措施和步骤是完成任务的保证,措施要具体,分工要明确,步骤要有序,条理要清楚。

时间安排应当具体,到什么时间,要完成哪些任务,都要一一说明。

(3)落款。在正文右下方署上制订计划的单位名称,在署名的下行写上日期。

四、计划的写作要求

1. 从实际出发,统筹兼顾。无论是撰写长期计划还是短期计划,都必须从实际出发;要充分分析客观条件,所撰写的计划既要有前瞻性,又要留有余地,使计划执行者通过一番努力就能够完成。事关全局性计划,还应该把方方面面的问题考虑周全,计划分解到部门,要处理好大计划与小计划之间的关系、整体与局部的关系,做到统筹兼顾。

2. 突出重点,主次分明。一段时间内要完成的事情很多,先做什么,后做什么,主要做什么,次要做什么,必须有重有轻,有先有后,点面结合,有条不紊,这样才有利于工作的全面开展,达到事半功倍的效果。

3. 目标明确,步骤具体。计划的目标必须明确,才会使撰写者明确努力的方向、步骤和具体进程,才有利于实施和检查。

【例文】

2015 年城建工作计划

经县委、县政府研究决定,2015 年组织开展"城市建设推进年"活动。为确保各项建设工作顺利推进,现制订以下工作计划:

一、指导思想

以党中央、省委、市委和县委有关精神为指导,深入贯彻落实科学发展观,抢抓城市带承接产业转移示范区建设机遇,坚定不移地实施城镇化带动战略,坚定不移地加快推进城镇建设步伐,确保城镇化率稳步增长,确保城镇化发展成果惠及民众,促进城镇化和工业化协调统一,促进我县经济社会又好又快发展。

二、总体目标

依据《县"十二五"规划》,按照"科学规划、完善功能、适度超前、建管并重"的原则,建立高效有序的城建工作机制,全面推开大干、实干城市建设工作态势,努力形成城市大建设、大会战的浓厚氛围,抢抓机遇,务实创新,加快城市建设步伐,按照"一主两副"的空间格局,努力把我县建设成为充满发展活力和时代魅力的城市带次中心城市、经济圈沿江产业基地、凸显滨水特色的现代化宜居城市;把二坝、高沟建设成为承接产业转移示范区、长三角西端城市群的航运中心和物流中心、连通南北的区域枢纽城市。

三、工作任务

1.高起点编制城镇建设规划。坚持以规划为龙头,高起点、大手笔编制各类规划,完成县城市总体规划修编,启动县城市近期建设规划、城市排涝、燃气、城市人防及地下空间开发利用、城市绿地系统及城市道路交通专项规划,完成城南新城(含老城拓展区)、福渡片区、城东工业园区控规及高铁站站前广场修规的规划编制;编制完成《无为新城规划》和《高沟新城规划》,完善两座新城各类专业专项规划;加快编制各乡镇近期建设区域的控制性详细规划和村庄建设规划,加快形成全面覆盖、科学引导的城镇规划体系。

2.强力推动八大工程建设进度。在大力实施城建重点工程的基础上和积极争取土地指标的前提下,强力推进八大工程建设进度,全部工程共启动约 60 万平方米房屋拆迁,续建、新建或扩建约 60 公里道路,建设约 50 万平方米商品房、约 60 万平方米安置房、约 50 万平方米园林绿化工程,基本完成约 50 公里供电、自来水、污水、燃气等地下管线工程建设,推动 20 余项涉及文、教、体、卫、交通、行政办公等社会公共事业项目续建、新建或扩建,全年完成城市建设投资约 60 亿元。

①绿化景观工程

启动状元桥至新力大道约 20 万平方米滨水绿地工程、东门大桥至北门大桥约 10 万平方米生态湿地景观工程;开工建设城南新城约 13 万平方米水景公园;完成约 6 万平方米植物园、绣溪公园二期改造和泵房工程,总绿化面积约 50 万平方米。

②路桥畅通工程

续建城南新城起步区高新大道、军二路等 6 条约 12 公里道路,新建西河路二期、张大路、比亚迪大道、白荠路 4 条约 8 公里道路;新建西北片区襄安南路、二坝西路、同心路、府苑北路、石涧路、花园路 6 条约 7 公里道路;同步实施供电、自来水、污水、燃气等地下管线工程建设;启动比亚迪大桥、环城河通济桥、华林桥三座桥梁建设;全面启动二坝新城核心区建设,积极推进"四纵四横"路网建设;完善高沟新城隆兴洲大道三期、石板洲大道、白玉池大道、高沟大道等6条约12公里"三纵三横"路网建设。

③活水靓城工程

依据环城河"一环七园九桥"景观规划,加快实施环城河"活水工程",启动状元桥至头段、华林桥至东门大桥段清淤工程;完成建成区道路、环城河景区和城市主要节点亮化工程。

④拆迁安置工程

启动老城约25万平方米,城南新城、城北、城西约10万平方米拆迁;启动二坝新城及高沟新城约25万平方米拆迁;同步开工建设约60万平方米安置房。

⑤城市保安工程

完成城南新城二号泵站及配套约16公里水网建设,启动一号泵站及约10公里配套水网建设;实施巢无路、襄安路等路段排涝改造工程,创造条件,逐步解决主城区部分地段主汛期排涝不畅问题;推进二坝新城城市除涝工程。

⑥住宅建设工程

增加住宅有效供应量,平抑市场房价,完成城南新城拍卖地块、融城绿景、五洲雅苑、文化旅游步行街、寰宇商务中心、御龙湾、骏景等约50万平方米商业住宅建设;完成共200套、约1.1万平方米廉租房建设,共400套、约2.4万平方米经济适用房建设;继续实施住宅小区环境治理工程。

⑦市政建设工程

完成鸿日广场建设;启动城南商业广场和古城广场建设;完成三中扩建和新中医院一期建设,加快建设新一中、职教中心、城南新城汽车站、妇幼保健所、国家特种电线电缆质量监督检验中心、五星级宾馆、图书馆、体育中心、无中、二中、四中及城南新城政务区等公共设施项目;完成西城巷、凤河路等路段约4.5万平方米人行道改造工程;继续实施背街小巷整治工程。启动二坝新城政务区、医院、学校等公益设施和商场、酒店、写字楼等开发性项目建设;续建二坝第一自来水厂,新建二坝污水处理厂。启动高沟新城政务新区、商住区、高沟电缆交易展示中心等功能区及中心广场、滨湖景观区、道路、学校、医院、市场等公共配套设施建设。

3.全方位规范城镇建设秩序。一是建立健全城市建设规章制度。制定《关于城市建设中党员领导干部、国家工作人员若干纪律暂行规定》《县直单位、镇、村(社区)服务城建重点工程目标管理考核办法》《2015年度"城市建设推进年"活动宣传工作实施方案》《房屋拆迁认证工作暂行办法》《建设工程变更管理办法》《县级财政建设资金管理办法》《2015年度"城市建设推进年"活动维稳联席会议制度》,调整《集体土地拆迁管理办法》《城市规划区个人住房零星建设管理暂行办法》《控违拆违实施办法》等一系列规章和制度,从严控制违法建设蔓延势头,全面完善拆迁认证、工程变更、工程施工管理、建设资金拨付、城建工作考核等相关工作程序。二是严格规范城市规划区建设秩序。坚决打击以搭建违法建设生财扩势的各类黑恶势力;对利用职务之便插手建筑市场、参与违法建设的党员、干部,一经查实,坚决予以严肃处理;对不作为和乱作为的单位,依据有关规定严格实行行政问责。三是严格规范小城镇建设秩序。充分发挥沿江、沿山、沿路中心镇的示范作用和聚集效应,以长远发展的眼光做好小城镇建设规划,避免低效建设、重复建设和资源浪费。严厉打击非法占用、非法买卖集体土地和非法开发行为,坚决杜绝违法建设行为发生。要按照属地管理原则,解决有人干事、有钱办事、有章理事问题;要开展警示教育,深入剖析典型案例,发挥查办案件的治本功能,不断加强管理、完善制度、堵塞漏洞,保证城市建设合法有序进行。

4.着力提高建设工程管理水平。切实解决规划设计、招投标、组织施工、现场监管、工程验收等各环节所存在的问题,着力提高建设工程管理水平。严格执行项目立项审批、节能评估等管理程序,加强环境影响评价审批监管,规范施工招标资格预审,建立招投标投诉举报处理机制;加强对建设单位、施工单位、监理单位、质监部门职责履行情况的督查,细化施工现场管理职责;加强对政府投资建设项目资金使用情况的全过程审计监督,严格控制设计变更和工程造价;全面推行差别化管理模式,完善工程质量和安全生产管理责任制,强化安全生产监管。

四、保障措施

1.县委、县政府成立"城市建设推进年"活动指挥部,下设办公室、片区开发建设指挥部、项目建设组、维稳组、征地审核和拆迁认证组、资金调度组和效能监察组,具体负责城建重点工程协调推进、宣传报道、征地拆迁、项目建设、稳定维护、违法建设控制、政策制定、资金调度、工作督查等工作。

2.征地、拆迁及工程建设等工作均实行"四个一"工作机制,即:一名县级领导牵头,"一套班子"运作,一批责任单位服务,一个序列考核。各片区开发建设指挥部均由一名县级领导任指挥长,所属镇负责同志和相关县直单位负责同志为成员;征地、拆迁、让地及维稳工作均由所属乡镇作为责任主体;县直相关单位抽调人员组成若干工作组,分片包干征地拆迁工作任务,抽调人员单位主要负责人为第一责任人,在片区开发建设指挥部领导下开展工作。一切工作要确保做到思想认识、组织领导、力量调配、责任落实、执行纪律、协调保障"六个到位"。

3.全县各级各单位要结合实际,积极开展以"城市建设推进年"活动为主题的宣传活动。要将"城市建设推进年"活动有关文件精神作为当前理论学习的一项重要内容,组织开展有关城市建设工作的大讨论活动,提高服务城市建设意识。创新新闻宣传形式和方法,加强与新闻媒体的沟通,开展多种形式的主题宣传活动,积极约请相关媒体就城市建设主体活动进行深度采访,充分报道我县在城市建设各方面取得的新成就,全方位、多角度进行宣传,营造良好的城市建设舆论氛围。

4.严明组织纪律和奖惩。年终对各项目的推进情况进行一次全面考核,凡能在规定的时间节点内完成拆迁、征地、工程建设任务的征地拆迁工作组、县直服务责任单位,指挥部将予以通报表扬;对先进单位和个人实行年终奖励,同时将乡镇和县直服务责任单位在大建设中的工作情况作为县委、县政府年终岗位责任考核的重要内容之一。对主观不努力、工作不积极造成慢作为、效能低下直接影响大建设的责任单位和责任个人,予以通报批评,并在年终单位绩效考核时给予扣分;对不作为,甚至给项目推进设置障碍的工作人员,依据有关规定实行问责,并给予严肃处理。

【简评】

这则实施计划写得非常具体。全文开头写了引言,说明撰写计划的目的和缘由,然后分四个方面撰写计划。首先明确指导思想、工作目标和工作任务,最后撰写实施计划的保障措施。层次清楚,计划切实可行。

【课件】

总　　结

一、总结的含义和作用

总结,就是对过去一段时间内的工作、生产、学习或思想进行回顾和检查,通过分析和研究,做出客观的评价,肯定成绩,找出问题,得出经验教训,摸索出事物发展规律,为发扬成绩,纠正错误,提高认识,明确方向而写成的书面材料。总结,所要解决和回答的中心问题,是对某种实施结果的一种评价、鉴定和结论;是把实施中片面的、肤浅的、表面的、感性的认识,上升到全面的、深刻的、本质的、理性的认识。因此,总结是对以往工作的一种理性认识。

把成功的经验升华为理性认识,明确成绩取得的原因,以便坚持和发扬;从错误或失败中吸取教训,避免再犯,以便把消极的东西转化为积极的东西,这是总结的真正意义之所在。总结是反思、是寻找工作规律的重要手段;也是提高工作效率的重要途径;更是完成今后工作的重要保障。

二、总结的分类

总结的种类,可由不同的划分标准划分出不同的类型,一般有以下几种分类。

1.按内容分,有全面总结、专题总结。

2.按性质分,有工作总结、学习总结、生产总结、思想总结、活动总结、会议总结。

3.按时间分,有年度总结、季度总结、月份总结、阶段总结。

4.按范围分,有地区总结、单位总结、部门总结、个人总结。

虽然分类诸多,但从写作上来说,不外乎是"全面总结""专题总结""个人总结"三类。

全面总结,又叫综合性总结,是一个单位、一个部门对一定时期内整个工作各方面情况的总结。一般是要求反映工作全貌,内容广泛,篇幅较长,既要肯定成绩,又要找出差距,既要有经验做法,也要有教训体会。在写作上既要注意突出重点,又要全面涉及。

专题总结,也叫单项工作总结,是对一定时间里某一项工作或某个问题所做的专门总结。这种总结,使用广泛,针对性强,偏重于总结经验,介绍做法。在写法上,内容比较单纯、集中,要求写得具体、细致、深刻,有一定的思想深度。

个人总结,又称小结、体会,是个人在工作和学习告一段落后,对自己的实践进行回顾。这种总结,可以是全面的小结,也可以是单项的总结。要抓住主要问题,突出经验、教训和收获、体会;要注意防止陈列式、记流水账,也不要写成检讨书、决心书。要总结出对未来有指导意义的具有规律性的东西。

三、总结的格式与写法

总结没有固定的写法,应该根据不同的对象、内容与目的,确定具体写法,其结构形式基本上是由标题、正文、署名和日期三部分组成。

1. 标题

总结的标题有以下几种构成方式。

（1）公文式标题

①由单位名称、时间、事由、文种四个部分组成。如《郑州市××百货商店 1990 年工作总结》。

②由单位名称、事由、文种三部分组成。如《广东省土产公司关于三类土特产品交流会总结》。

③由事由、文种两部分组成。如《关于组织首届文化艺术节的工作总结》。

（2）新闻式标题

①单标题。要求反映出总结的内容特点。如《推行目标成本管理提高经济效益》，揭示了该总结是讲该单位推进的目标成本管理，结果使经济效益提高，是总结经验的。

②双标题。正题副题配合使用，正题概括总结的内容，副题标示单位、时间、事由、文种。如《售后服务是企业的命根子——万宝集团技术服务中心 1993 年工作总结》。

2. 正文

总结的正文由前言、主体、结尾三部分组成。

（1）前言，又称导语。一般是概述基本情况，让读者对全文先有个大体印象，为主体部分铺垫好基础。

（2）主体。主体是总结的重点部分，其主要内容如下。

①做法、成绩、经验。

②问题、教训。

③今年的打算及努力方向

（3）结尾。根据总结的类型、内容而定。

①自然收尾，主体部分写完，就此搁笔。

②总结全文，点明要点，展示未来。

③展示努力方向。

3. 署名和日期

这部分又叫作落款。一般在正文结束的右下方签署作者姓名及成文日期。有的单位署名放在标题下，日期在文后右下方。

四、总结的写作要求

1. 要熟悉工作过程，占有充分材料。

2. 要总结出带有规律性的认识。

3. 表述上要实事求是，叙议得当。

五、总结与调查报告的区别与联系

1. 总结与调查报告的联系

（1）都必须真实，必须以客观事实为依据。

（2）都必须注意把握规律性的东西。

（3）它们的社会作用也极为相似。

2.总结与调查报告的区别

（1）应用范围不同。总结，除经验总结这种类型常在报刊上发表，对社会进行广泛的宣传介绍外，一般用于对上级汇报，或对本部门本单位做总结报告；而调查报告除一些特殊情况不宜公开发表外，目前已成为新闻报道的一种常用体裁，比较多地向社会做广泛宣传。

（2）题材范围不同。总结一般写工作、生产、学习中的经验体会和新生事物，调查报告可以写总结经验的调查，支持新生事物的调查，揭露问题的调查，反映"四化"建设的调查、市场调查等。

（3）写作手法不同。总结着重论述怎样从实践中获得规律，常用较多的分析，对事实的情况、过程常用概括的方法来表述；而调查报告则以叙述事实及其经过为主，议论说理较少。

（4）使用人称不同。总结一般用第一人称，因为总结大都是由本人或本单位自己所写，有些单位的工作总结是由上级派人写的，但在总结的时候，仍要以本单位的口气和从本单位的角度来撰写；而调查报告则用第三人称，有时虽是上级派人来做调查的，但它是以第三者的立场，对事物做客观的分析报道。

【例文】

二甲镇 2017 年上半年政府工作总结

2017 年上半年，二甲镇在区委、区政府和镇党委的正确领导下，在镇人大的监督支持下，认真贯彻落实中央、省市区各项决策部署，坚持稳中求进工作总基调，自觉践行新发展理念，团结依靠全镇干部群众，不忘初心、砥砺前行，全力推进经济建设提速转型，生态文明提质增效，民生幸福稳步提升，在建设"强富美高"新二甲进程中迈出了新的步伐。

一、紧扣主题主线，突出经济建设中心地位

坚持把经济发展作为政府工作的主题主线，紧扣二甲"十三五"发展"四个翻番"目标，不断强化经济工作的中心地位，狠抓招商引资、项目建设、经济运行，全力推动主要经济指标稳定运行、区域综合实力持续增强。

注重招商引资。坚持把招商引资作为经济建设的基础性、先导性工程，加强组织领导、配备精干力量、严格督查考核。3 月份，我镇率先在上海举办投资说明会，挂牌招商联络处，与浦东新区高行镇、泥城镇缔结为友好乡镇。上半年，共拜访、接待各类客商百余人次，8 个项目实现签约，5 个项目完成注册；引进注册外资 1000 万美元，外资实际到账 813 万美元，提前完成全年任务。围绕招才引智，持续加大人才工作力度，2 个项目入选南通江海英才创新项目，1 个项目申报为省双创人才项目。

狠抓项目建设。坚持把项目建设作为经济建设的核心，不断优化项目建设推进机制，创新"一表式""滚动式"项目推进办法，推行项目建设工作例会制度、落实项目建设服务代理代办制度，做到问题在一线发现，矛盾在现场解决。旭多科创园、文顺金属两个项目列入全省一季度集中开工项目，通联现代农业竣工并实现转化，顺裕包装项目二季度实现开工并通过南通市级现场验收。占地 60 亩的车厘子生产基地已全面建成，并申报国家发明专利 8 项。一季度，我镇项目建设考核得分列全区第二名，喜获红旗。

加速载体开发。全力推进城镇综合体开发前期工作，原海浪厂、塑料厂地块内管线正在迁移，地面建筑即将拆除完毕。盘活原余西砖瓦厂、余北砖瓦厂地块，2 个科技型产业项目完成注册，即将开工新建。持续推进运河物流园载体打造，完成规划区内迁坟、土地流转工作,完成龙城路施工范围内绿化迁移、房屋拆迁工作,道路设计施工图进入专家评审环节。

优化经济运行。强化经济运行监管,即时关注运行动态,推动主要经济指标科学统筹、平稳运行。出台税源经济考核办法,强化综合治税服务,一季度,我镇财政收入考核得分列全区第三,夺得红旗。预计上半年,全镇实现一般公共预算收入3600万元,同比增幅28%;完成固定资产投资7.31亿元,同比增幅40%;实现规模工业总产值40.68亿元,同比增幅12.6%;完成工业应税销售11.1亿元,同比增长44.7%,镇域经济运行质态进一步趋稳趋优。

二、突出绿色宜居,提升生态文明建管水平

坚持绿色发展理念,以最严要求推进生态文明建设,以最大力度加强环境保护治理,推动镇村面貌、生态环境改善提升。

强势推进"263"专项行动。邀请镇党代表、人大代表参会,高规格召开镇"263"专项行动推进大会,细化目标任务、明确责任主体,做到"规定动作不走样,自选动作有创新"。全力推进违法砖瓦窑专项整治工作,辖区内3家砖瓦厂均在规定时间内签订补助协议和拆除窑体、烟囱。狠抓夏季秸秆综合利用和禁烧工作,进入全区先进镇行列。持续完善污水收集网络,全长4.2公里、总投资650万元的污水管网建设工程及宝云山村、北潭村、坨墩村覆盖拉网式农村污水处理设施建设项目完成前期设计。全面推进河长制,严格落实镇村两级的监管责任。河道疏浚、拆坝、建涵、建桥工作,10蒸吨以下燃煤锅炉拆除工作等均达到或超过时序进度。

协调推进镇村建设管理。进一步严格镇村建设管理,优化审批流程,方便群众审批。坨墩村美丽乡村项目建设全面启动。组建成立镇综合执法局,保持控违高压态势,进一步强化控违拆违和卫片执法整改工作力度,上半年共拆除违建55起,拆除面积4000多平方米,违建多发频发态势实现了根本性扭转。强化"五位一体"镇村环境长效管理,各项工作继续走在全区前列。

着力优化环境资源布局。坚持节约集约高效利用土地,完成254亩土地占补平衡和168亩建设用地复垦整理地块入库工作。推进镇区集中绿化、河道绿化工作,完成余西中心路、通运桥村五甲南路道路绿化。七甲河贯通工程全面竣工,建成公园景点。加快推进"高标准农田"建设工程、"双百"工程,持续提高农田质量。金土地生态农业园获评江苏省首批五星级乡村旅游区。

三、聚焦民生幸福,加快全面小康建设步伐

秉持共享发展理念,坚持问题导向、底线思维,扎实办好各项民生实事,切实做到补短板、保基本、兜底线、上水平。

推进民生工程建设。总投资6000万元的光明路镇区段大修工程完成前期各项准备,即将进场施工。总投资1300万元的9.18公里农村道路建设工程、11.5公里一事一议奖补道路建设工程、20座农桥新建改造工程正在加紧推进。强化农村公路常态化管养维护,顺利通过市级验收。有序推进农村危房改造工作。实施朱理治故居改造工程,完成孝子坊修复工程,余西古镇历史文化得到进一步彰显。

协调民生事业发展。完善社会保障、教育文化、医疗卫生、救灾救济等公共服务体系建设。二甲公办幼儿园建设进入图审程序。城居保续保率达95.48%,城乡居民医疗保险参保率达 96.91%。组织 2352 名老年人参加了"安康关爱行动"工程。为 180 对夫妇进行了孕前优生检查,为 1.32 万例重点人群开展了健康体检、为 1776 名适龄妇女免费组织了"两癌"筛查。上半年,累计发放各类民政经费和救济救助款物 400 余万元,发放各项涉农补贴 1272 万元。

民情社情不断稳固。深入推进安全生产"五个年"活动,大力开展工商企业、特种行业及餐饮业等安全生产大检查和隐患大排查活动,排查整改各类隐患 153 条,全镇安全生产形势进一步稳固。加强社会治安综合治理,加大矛盾纠纷排查化解力度,上半年受理"阳光信访"件 33 件,化解各类矛盾纠纷 143 件,全镇政治经济社会大局保持持续稳定。

四、坚持严管长治,政府自身建设不断强化

持续加强服务型政府建设,既抓规矩规范,更抓担当落实,自身建设在职能转变中得到加强。

作风效能加快转变。坚持"长计划、短安排、快落实",强化工作组织推进。实行党政领导每半月、各大办公室每周工作交流点评制度,完善"月初交办、月中督办、月底反馈"重点工作推进机制,推动各项工作有效落实。深入开展"走帮服"活动,切实解决企业发展和群众生产生活中遇到的各种困难。坚持集体研究、分工协作、合力推进各项重点难点工作,政府驾驭复杂局面的能力不断提升。

依法行政扎实推进。加强法治宣传,落实法治政府建设各项规定,推动依法行政、规范管理。大力推行政务、村务公开,切实提高政府信息公开的透明度。自觉接受人大监督,认真办好人大代表建议、"12345"市民服务热线交办事项,做到事事有交代,件件有落实。

廉政建设持续加强。全面落实全面从严治党责任,严格执行主要领导"四个不直接分管"制度,强化"三重一大"事项监管。创新党风廉政建设网络监管平台,紧盯重点领域、重要环节、关键岗位,深入查摆问题,坚决抵制和纠正各类不正之风,严肃查处违纪违法案件,树立廉洁政府形象。

与此同时,全镇的人民武装、政法综治、市场监管、国土管理以及工青妇、计生、统计、扶贫、老区开发、关心下一代等工作都取得了新的进展。

【简评】

这是一篇镇政府的工作总结,文中列举了半年来,政府在经济发展、生态文明建设、聚焦民生幸福、政府自身建设方面做出的努力与取得的成果。层析分明,材料为内容服务。

【课件】

演 讲 稿

一、演讲稿的概念及特征

演讲稿又称演说词、演讲词,是演说者在公共场合或集会上,就某一问题宣传自己的主张,表达自己的感情或阐述某种事理的讲话文稿。

演讲稿是进行演讲的依据,是对演讲内容和形式的规范和提示,它体现着演讲的目的和手段。演讲稿是人们在工作和社会生活中经常使用的一种文体。它可以用来交流思想、感情,表达主张、见解;也可以用来介绍自己的学习、工作情况和经验,等等;演讲稿具有宣传、鼓动、教育和欣赏等作用,它可以把演讲者的观点、主张与思想感情传达给听众以及读者,使他们信服并在思想感情上产生共鸣。

根据演讲的内容不同,讲稿也具有不同的形态:有报道、有说明、有论辩、有答谢等。总的来说,它的特征可以概括如下。

1. 内容上的现实性

演讲稿是为了说明一定的观点和态度的。这个观点和态度一定要与现实生活紧密相关。它讨论的应该是现实生活中存在的并为人们所关心的问题。它的观点要来自身边的生活或学习,材料也是如此。它得是真实可信,是为了解决身边的问题而提出和讨论的。

2. 情感上的说服性

演讲的目的和作用就在于打动听众,使听者对讲话者的观点或态度产生认可或同情。演讲稿作为这种具有特定目的的讲话稿,一定要具有说服力和感染力。很多著名的政治家都是很好的演讲者,他们往往借助于自己出色的演讲,为自己的政治斗争铺路。

3. 特定情景性

演讲稿是为演讲服务的,不同的演讲有不同的目的、情绪,有不同的场合和不同的听众,这些构成演讲的情景,演讲稿的写作要与这些特定情景相适应。

4. 口语化

演讲稿的最终目的是用于讲话,所以,它是有声语言,是书面化的口语。因此,演讲稿要"上口""入耳",它一方面是把口头语言变为书面语言,即化声音为文字,起到规范文字、有助演讲的作用;另一方面,演讲稿要把较为正规严肃的书面语言转化为易听易明的口语,以便演讲。同时,演讲稿的语言应适应演讲人的讲话习惯,同演讲者的自然讲话节奏一致。

二、演讲稿的作用及写作方法

演讲稿对于演讲都有哪些作用呢? 这主要体现在以下几方面:

(1)整理演讲者的思路、提示演讲的内容、限定演讲的速度。

(2)引导听众,使听众能更好地理解演讲的内容。

(3)通过对语言的推究提高语言的表现力,增强语言的感染力。

演讲稿在写作方法上也有一定方法可循。

演讲稿的结构。演讲稿的结构通常包括开场白、正文、结尾三部分。

开场白是演讲稿中很重要的部分。好的开场白能够紧紧地抓住听众的注意力,为整场演讲的成功打下基础。常用的开场白有点明主题、交代背景、提出问题等。不论哪种开场白,目的都是使听众立即了解演讲主题、引入正文、引起思考等。

演讲稿的正文也是整篇演讲的主体。主体必须有重点、有层次、有中心语句。演讲主体的层次安排可按时间或空间顺序排列,也可以平行并列、正反对比、逐层深入。由于演讲材料是通过口头表达的,为了便于听众理解,各段落应上下连贯,段与段之间有适当的过渡和照应。

结尾是演讲内容的收束。它起着深化主题的作用。结尾的方法有归纳法、引文法、反问法等。归纳法是概括一篇演讲的中心思想,总结强调主要观点;引文法则是引用名言警句,升华主题、留下思考;反问法是以问句引发听众思考和对演讲者观点的认同。此外,演讲稿的结尾也可以用感谢、展望、鼓舞等语句作结,使演讲能自然收束,给人留下深刻印象。

大多数演讲稿如同一篇议论文,有主要观点,有对主要观点的论证。一篇演讲稿最好只有一个主题,这是由演讲稿的特定情景性和时间性所决定的。在一个有限的时间段内,完全借助于语言、手势等向听众讲明一个问题或道理,同时又要说服听众,就要求在写作演讲稿时一定要突出主题、观点鲜明。

【例文】

葛底斯堡演说

演讲时间:1863 年 11 月 19 日

亚伯拉罕·林肯演讲稿

87 年前,我们的先辈在这个大陆上创建了一个新的国家。她孕育于自由之中,奉行人人生来平等的信条。

现在我们正进行一场伟大的内战,以考验这个国家,或者任何一个孕育于自由和奉行人人生来平等信条的国家是否能够长久坚持下去。我们相聚在这场战争的一个伟大战场上,我们来到这里把这战场的一部分奉献给那些为国家生存而捐躯的人,作为他们最后的安息之所。我们这样做是完全适合的、恰当的。但是,从更高的意义上说,我们是不能奉献,不能圣化,也不能神化这片土地的,因为那些曾经在这里战斗过的人,活着的和死去的人,已经圣化了这片土地,他们所做的远非我们的微薄之力所能扬抑。这个世界不大会注意也不会长久记得我们今天在这里所说的话,但是,它永远不会忘记勇士们在这里所做的事。

毋宁说,我们活着的人,应该献身于留在我们面前的伟大任务:从这些光荣的死者身上汲取更多的献身精神,以完成他们精诚所至的事业;我们在此下定最大的决心,以不让死者白白牺牲;让这个国家在上帝的保佑下获得自由的新生;让这个民有、民治、民享的政府与世长存。

【简评】

葛底斯堡演说是林肯总统演说中最著名的一篇,也是在美国历史中最常被引用的演说。这篇演说时值美国南北战争,距北方军击败南方叛军的葛底斯堡决定性战役仅四个半月,是在宾夕法尼亚州葛底斯堡国家公墓的致辞典礼上。

我有一个梦想

演讲时间:1963 年

马丁·路德·金演讲稿

今天,我高兴地同大家一起,参加这次将成为我国历史上为了争取自由而举行的最伟大的示威集会。

100 年前,一位伟大的美国人——今天我们就站在他象征性的身影下——签署了《解放宣言》。这项重要法令的颁布,对于千百万灼烤于非正义残焰中的黑奴,犹如带来希望之光的硕大灯塔,恰似结束漫漫长夜禁锢的欢畅黎明。

然而,100 年后,黑人依然没有获得自由。100 年后,黑人依然悲惨地蹒跚于种族隔离和种族歧视的枷锁之下。100 年后,黑人依然生活在物质繁荣瀚海的贫困孤岛上。100 年后,黑人依然在美国社会中间向隅而泣,依然感到自己在国土家园中流离漂泊。所以,我们今天来到这里,要把这骇人听闻的情况公之于众。

从某种意义上说,我们来到国家的首都是为了兑现一张支票。我们共和国的缔造者在拟写宪法和独立宣言的辉煌篇章时,就签署了一张每一个美国人都能继承的期票。这张期票向所有人承诺——不论白人还是黑人——都享有不可让渡的生存权、自由权和追求幸福权。

然而,今天美国显然对她的有色公民拖欠着这张期票。美国没有承兑这笔神圣的债务,而是开始给黑人一张空头支票——一张盖着“资金不足”的印戳被退回的支票。但是,我们决不相信正义的银行会破产。我们决不相信这个国家巨大的机会宝库会资金不足。因此,我们来兑现这张支票。这张支票将给我们以宝贵的自由和正义的保障。

我们来到这块圣地还为了提醒美国:现在正是万分紧急的时刻。现在不是从容不迫悠然行事或服用渐进主义镇静剂的时候。现在是实现民主诺言的时候。现在是走出幽暗荒凉的种族隔离深谷,踏上种族平等的阳关大道的时候。现在是使我们国家走出种族不平等的流沙,踏上充满手足之情的磐石的时候。现在是使上帝所有孩子真正享有公正的时候。

忽视这一时刻的紧迫性,对于国家将会是致命的。自由平等的朗朗秋日不到来,黑人顺情合理哀怨的酷暑就不会过去。1963 年不是一个结束,而是一个开端。

如果国家依然我行我素,那些希望黑人只需出出气就会心满意足的人将大失所望。在黑人得到公民权之前,美国既不会安宁,也不会平静。反抗的旋风将继续震撼我们国家的基石,直至光辉灿烂的正义之日来临。

但是,对于站在通向正义之宫艰险门槛上的人们,有一些话我必须要说。在我们争取合法地位的过程中,切不要错误行事导致犯罪。我们切不要吞饮仇恨辛酸的苦酒,来解除对于自由的饮渴。

我们应该永远得体地、纪律严明地进行斗争。我们不能容许我们富有创造性的抗议沦为暴力行动。我们应该不断升华到用灵魂力量对付肉体力量的崇高境界。席卷黑人社会的新的奇迹般的战斗精神,不应导致我们对所有白人的不信任——因为许多白人兄弟已经认识到:他们的命运同我们的命运紧密相连,他们的自由同我们的自由休戚相关。他们今天来到这里参加集会就是明证。

我们不能单独行动。当我们行动时,我们必须保证勇往直前。我们不能后退。有人问热心民权运动的人:“你们什么时候会感到满意?”只要黑人依然是不堪形容的警察暴行恐怖的牺牲品,我们就决不会满意。只要我们在旅途劳顿后,却被公路旁汽车游客旅社和城市旅馆拒之门外,我们就决不会满意。只要黑人的基本活动范围只限于从狭小的黑人居住区到较大的黑人居住区,我们就决不会满意。只要我们的孩子被"仅供白人"的牌子剥夺个性,损毁尊严,我们就决不会满意。只要密西西比州的黑人不能参加选举,纽约州的黑人认为他们与选举毫不相干,我们就决不会满意。不,不,我们不会满意,直至公正似水奔流,正义如泉喷涌。

我并非没有注意到你们有些人历尽艰难困苦来到这里。你们有些人刚刚走出狭小的牢房。有些人来自因追求自由而遭受迫害风暴袭击和警察暴虐狂飙摧残的地区。你们饱经风霜,历尽苦难。继续努力吧,要相信:无辜受苦终得拯救。回到密西西比去吧;回到亚拉巴马去吧;回到南卡罗来纳去吧;回到佐治亚去吧;回到路易斯安那去吧;回到我们北方城市中的贫民窟和黑人居住区去吧。要知道,这种情况能够而且将会改变。我们切不要在绝望的深渊里沉沦。

朋友们,今天我要对你们说,尽管眼下困难重重,但我依然怀有一个梦。这个梦深深植根于美国梦之中。

我梦想有一天,这个国家将会奋起,实现其立国信条的真谛:"我们认为这些真理不言而喻:人人生而平等。"

我梦想有一天,在佐治亚州的红色山岗上,昔日奴隶的儿子能够同昔日奴隶主的儿子同席而坐,亲如手足。我梦想有一天,甚至连密西西比州——一个非正义和压迫的热浪逼人的荒漠之州,也会改造成为自由和公正的青青绿洲。

我梦想有一天,我的四个小女儿将生活在一个不是以皮肤的颜色,而是以品格的优劣作为评判标准的国家里。

我今天怀有一个梦。

我梦想有一天,亚拉巴马州会有所改变——尽管该州州长现在仍滔滔不绝地说什么要对联邦法令提出异议和拒绝执行——在那里,黑人儿童能够和白人儿童兄弟姐妹般地携手并行。

我今天怀有一个梦。

我梦想有一天,深谷弥合,高山夷平,歧路化坦途,曲径成通衢,上帝的光华再现,普天下生灵共谒。这是我们的希望。这是我将带回南方去的信念。有了这个信念,我们就能从绝望之山开采出希望之石。有了这个信念,我们就能把这个国家的嘈杂刺耳的争吵声,变为充满手足之情的悦耳交响曲。有了这个信念,我们就能一同工作,一同祈祷,一同斗争,一同入狱,一同维护自由,因为我们知道,我们终有一天会获得自由。

到了这一天,上帝的所有孩子都能以新的含义高唱这首歌:

我的祖国,可爱的自由之邦,我为您歌唱。这是我祖先终老的地方,这是早期移民自豪的地方,让自由之声,响彻每一座山岗。如果美国要成为伟大的国家,这一点必须实现。因此,让自由之声响彻新罕布什尔州的巍峨高峰!

让自由之声响彻纽约州的崇山峻岭!

让自由之声响彻宾夕法尼亚州的阿勒格尼高峰!

让自由之声响彻科罗拉多州冰雪皑皑的洛基山!

让自由之声响彻加利福尼亚州的婀娜群峰!

不,不仅如此;让自由之声响彻佐治亚州的石山!

让自由之声响彻田纳西州的望山!

让自由之声响彻密西西比州的一座座山峰，一个个土丘！

让自由之声响彻每一个山岗！

当我们让自由之声轰响，当我们让自由之声响彻每一个大村小庄，每一个州府城镇，我们就能加速这一天的到来。那时，上帝的所有孩子，黑人和白人，犹太教徒和非犹太教徒，耶稣教徒和天主教徒，将能携手同唱那首古老的黑人灵歌："终于自由了！终于自由了！感谢全能的上帝，我们终于自由了！"

【简评】

《我有一个梦想》是 20 世纪 60 年代美国黑人民权运动领袖、诺贝尔和平奖得主、有着"黑人之音"美誉的演说家马丁·路德·金的著名演讲。

1963 年 8 月 28 日，为了纪念"解放黑奴宣言"一百周年，使全世界都关注美国种族隔离问题，马丁·路德·金会同其他民权运动领袖组织发起了 25 万黑人和白人反种族主义者争取人权运动的"大游行"。在林肯纪念堂前，他向参会者发表了这篇著名演讲。

整个演讲义正词严，既富逻辑性，又具抒情性。其冷静深入的分析，稳健严谨的结构，使得文章论证严密，无懈可击。全在于巧妙而机智地在全文中使用了大量的修辞手法，其中排比、比喻、反复、修辞的运用更是独具魅力。

【课件】

通　　知

一、通知的概念和分类

1. 概念

通知,是运用广泛的知照性公文。用来发布法规、规章,转发上级机关、同级机关和不相隶属机关的公文,批转下级机关的公文,要求下级机关办理某项事务等。

通知是下行文或平行文,具有内容单纯、行文简便、告知性强等特点,是适用范围最广、使用频率最高的一种文本。

2. 分类

根据通知的适用范围,可将其划分为以下几种类型:

(1)发布性通知:用于发布行政规章制度及党内规章制度。

(2)批转性通知:用于上级机关批转下级机关的公文,给所属人员,让他们周知或执行。

(3)转发性通知:用于转发上级机关和不相隶属的机关的公文给所属人员,让他们周知或执行。

(4)指示性通知:用于上级机关指示下级机关如何开展工作。

(5)任免性通知:用于任免和聘用干部。

(6)事务性通知:用于处理日常工作中带事务性的事情,常把有关信息或要求用通知的形式传达给有关机构或群众。

二、通知的格式与写法

通知一般由标题、发文字号、主送机关、正文、落款几部分组成。

1. 标题。写在第一行正中间。通知的标题一般由发文机关、事由、文种三部分构成。

有些内容简单的公文常常将前两项省略,直接署上文种"通知"即可。如果事务紧急或重要,可以写"紧急通知""重要通知"。转发性的公文,其标题中的事由即是所转发公文的名称,如《国务院批转国家旅游局关于加强旅游行业管理若干问题请示的通知》。如果被转发的公文是法规性文件,则须在法规性文件名称上加上书名号。

2. 发文字号。通知的发文字号一般使用完全式写法,即机关代字、年份、序号都应齐全。如国发【2018】03号。非正式公文,发文字号可省略。

3. 主送机关。即此通知的承办、执行和应当知晓的主要受文机关。这些受文机关一般为直属下级机关,或需要了解通知内容的不相隶属的单位。在非正式公文中这一部分也可叫"称呼"。

4. 正文。一般由通知事由、事项和结语三部分构成。事由写明制发通知的理由、目的、依据或情况。主体说明要求受文机关承办、执行和应知晓的事项。结尾部分常用"特此通知"或"专此通知"之类的习惯语做结。若前言和主体之间已用了"特作如下通知",结尾处的习惯用语可以省略。

5. 落款,包括署名和日期两部分。署名,即发文机关名称,署在正文末尾右下方。若在标题中已标明发文机关,落款时可以省略。成文日期写在落款下面。

三、通知的写作要求

1.通知事项部分,是要受文机关具体了解和办理的,因此要交代得一清二楚,十分明确。

2.通知的内容要有很强的针对性,不管何种通知,要考虑到适应性,即针对或切合受文机关的实际情况。

3.行文一定要迅速及时,准确简明。

【例文】
关于加强机关值班、加强机关安全保卫工作的通知

办发〔20＊＊〕＊＊

各乡镇党委、政府,县直各部、委、局、办、中心:

时至年底,全县各种不稳定因素增加,治安形势比较严峻。加强值班工作,加强安全保卫工作显得尤为重要。然而,近一段时间以来,我县一些单位和乡镇在机关值班和安全保卫方面存在一些问题。有的单位平时不安排值班,公休日、节假日期间更是无人在岗,值班制度形同虚设;有的单位领导不带班,只有一般工作人员守摊子;还有的单位连值班室、值班电话都没有设立,有些单位和乡镇安全保卫工作制度不落实,管理松懈,导致发生入室盗窃等问题。针对这些情况,现就进一步加强值班、做好机关安全保卫工作提出如下要求:

一、提高思想认识,加强组织领导。机关值班和安全保卫工作是各级机关搞好自身管理的重要组成部分,是维护机关工作秩序、保持上下联系畅通的必要保证,也关系到整体工作的大局。各级各部门一定要站在讲政治、讲大局、讲稳定的高度,充分认识加强机关值班和安全保卫工作的重要性,真正摆上重要位置,认真研究和及时解决工作中存在的问题。各级党政主要领导要高度重视,加强领导,督促检查。该投资的要舍得投资,经费缺乏的要增加经费,人员不足的要配齐配强。特别是对全体机关干部,要切实加强机关安全教育,牢固树立维护稳定意识和安全防范意识,坚决克服各种麻痹松懈倾向,坚定维护机关良好秩序和稳定局面。

二、采取有效措施,落实完善制度。做好机关值班和安全保卫工作,必须配备好值班和安全保卫人员,认真完善和落实各项规章制度,加强管理和检查,形成制度化、经常化的防范机制。结合当前实际,全县各级机关必须做到以下两点:一是认真落实机关值班制度。县直机关和各乡镇机关要坚持实行常年值班制度,确保每天24小时不间断有人值班,并要由一名班子成员带班。没有值班室、值班电话的要抓紧设立。对值班期间发生的重要情况和重大事件,要按照有关规定迅速上报,及时采取应对措施。二是加强安全保卫工作。各乡镇和县直各部门要建立健全机关安全保卫工作制度。凡是有机关大院的单位,都要确定专门的安全保卫人员,配齐配好必需的工作生活设施,加强巡逻,严明责任。特别是重点部门、要害部位要严防死守,确保万无一失。

三、强化监督检查,严肃追究责任。从现在起,无论是上班期间,还是公休日、节假日,县委、县政府将对值班和安全保卫工作采取电话检查、现场检查等方式进行定期不定期的督查。电话查岗时无人接听,一律视为无人值班;现场检查时要求值班人员在岗,各项制度健全。对措施落实不到位、不按时值班的单位要进行通报批评。对因误岗、漏岗、工作失误导致出现失盗失火、财物损坏、人身伤害事件的,将按照规定严肃追究有关人员与主要领导

的责任。

中共＊＊县委办公室

＊＊县人民政府办公室

＊＊年＊＊月＊＊日

【简评】

这是一篇指示性通知,写作极为规范。正文清晰地写明了通知缘由、通知事项及执行要求。

关于召开××××××会议的通知

××××××(主送单位):

为了××××××(目的),根据××××××(依据),××××××(主办单位)决定于×××年××月××日在××××(地点)召开×××会议。现将有关事项通知如下:

一、会议内容:××××。

二、参会人员:××××。

三、会议时间:××××。

四、会议地点:××××。

五、其他事项:

(一)请与会人员持会议通知到×××报到,××××(食宿费用安排)。

(二)请将会议回执于×××年××月××日前传真至×××(会议主办单位或承办单位)。

(三)××××(其他需提示的事项,如会议材料的准备等)。

(四)联系人及邮箱、电话:××× ×××× ××

附件:

1.参会名额分配表

2.参会人员回执表

(印　章)/部门或单位名称

×××年××月××日

【简评】

这是一篇会议通知,一般会议通知要求包括以下内容:参加人员、会议名称、会议议题、会议时间、会议地点、会议其他要求。多用条款式表达清楚内容。本文是很好的范文。(注:非正式的会议或级别较低会议,可以不用红头纸印发通知)

【课件】

报　　告

一、报告的概念、分类和特点

1. 概念

报告是用于向上级机关汇报工作,反映情况,提出意见或者建议,答复上级机关询问的公文。

报告为上行文,适用范围广,使用频率高,是上级机关获取基层信息的主要渠道,对下属单位实施有效管理的重要手段。

2. 报告的分类

(1)例行报告(日报、周报、旬报、月报、季报、年报等)。例行报告不能变成"例行公事",而要随着工作的进展,反映新情况、新问题,写出新意。

(2)综合报告:全面汇报本机关工作情况,可以和总结工作、计划安排结合起来。要有分析,有综合,有新意,有重点。

(3)专题报告:指向上级反映本机关的某项工作、某个问题、某一方面的情况,要求上级对此有所了解的报告。所写的报告要迅速、及时,一事一报。呈报、呈转要分清写明(如:薪酬调查报告)。

(4)按形式职能来分的话,一般为合同范本、领导讲话、会议发言、述职报告、心得体会、竞聘演讲、礼仪致辞、入党申请、法律文书、计划规划等。

3. 报告的特点

(1)内容的汇报性:一切报告都是下级向上级机关或业务主管部门汇报工作,让上级机关掌握基本情况并及时对自己的工作进行指导,所以,汇报性是"报告"的一大特点。

(2)语言的陈述性:因为报告具有汇报性,是向上级讲述做了什么工作,或工作是怎样做的,有什么情况、经验、体会,存在什么问题,今后有什么打算,对领导有什么意见、建议,所以行文上一般都使用叙述方法,即陈述其事,而不是像请示那样采用祈使、请求等方法。

(3)行文的单向性:报告是下级机关向上级机关行文,是为上级机关进行宏观领导提供依据,一般不需要受文机关的批复,属于单向行文。

(4)成文的事后性:多数报告都是在事情做完或发生后,向上级机关做出汇报,是事后或事中行文。

(5)双向的沟通性:报告虽不需批复,却是下级机关以此取得上级机关的支持、指导的桥梁;同时上级机关也能通过报告获得信息,了解下情,报告成为上级机关决策指导和协调工作的依据。

二、报告的格式和写法

报告由标题、主送机关、正文、落款四部分组成。

1. 标题,包括事由和公文名称。

2. 主送机关,发文单位的直属上级领导机关。

3.正文,结构与一般公文相同。从内容方面看:

　·报情况的,应有情况、说明、结论三部分,其中情况不能省略;

　·报意见的,应有依据、说明、设想三部分,其中意见设想不能省去。

从形式上看,复杂一点的要分开头、主体、结尾。

开头使用多的是导语式、提问式给个总概念或引起注意。主体可分部分加二级标题或分条加序码。结尾,可展望、预测,亦可省略,但结语不能省。呈转报告的要写上"以上报告如无不妥,请批转各地参照执行。"

4.落款,包括发文机关、日期。

三、报告的写作要求

1.情况要确凿。

2.重点要突出。

3.陈述有序。

4.不要夹带请示事项。

【例文】

关于辽宁省完善城镇社会保障体系试点情况的报告

国务院:

根据中央的部署和要求,辽宁省从 2001 年开始在全省进行完善城镇社会保障体系试点。党中央、国务院领导同志十分关心试点工作,多次赴辽宁考察试点情况,做出了一系列重要指示。国务院专门成立了完善城镇社会保障体系试点工作小组,对辽宁试点工作进行指导。辽宁省委省政府高度重视试点工作,按照试点方案确定的任务和工作要求,精心组织,周密部署,积极推进,试点工作取得明显成效。现将有关情况报告如下:

一、辽宁试点进展情况

(一)下岗职工基本生活保障向失业保险并轨任务基本完成。(略)

(二)基本养老保险个人账户基本做实。(略)

(三)城市居民最低生活保障基本做到应保尽保。(略)

(四)城镇职工基本医疗保险改革步伐加快。(略)

(五)困难集体企业退休人员开始按低保标准领取生活费。(略)

(六)社会保障资金的筹集和管理得到加强。(略)

(七)社会保障管理服务社会文化水平明显提高。(略)

(八)社会保障信息网络管理系统基本建成。(略)

二、总体评价和主要做法

辽宁试点是党中央、国务院的一项重要决策,是落实"三个代表"重要思想、完善中国特色社会保障体系的重要实践。试点在国有企业下岗职工基本生活保障向失业保险并轨和做实基本养老保险个人账户两个重点上取得突破,实现了养老保险基金的部分积累;在保持企业和社会基本稳定的前提下,100 多万国有企业职工从国有企业转移出来。试点达到了预期目标。试点工作的推进,促进了市场导向就业机制的形成,有力地推动了企业改革和结构调整,较好地落实了中央关于"鼓励兼并,规范破产,下岗分流,减员增效,实施再就业工程"的方针。从各级财政、企业的资金流入和各方面的承受能力看,试点成本是合理的。实践证明,中央关于完善城镇社会保障体系并首先在辽宁省试点的决策是完全正确

的,试点方案是可行的,试点是成功的,为全国完善社会保障体系积累了经验。辽宁试点的主要做法是:

(一)加强领导,认真制定实施方案并精心组织实施。(略)

(二)积极筹措资金,着力解决难点问题。(略)

(三)加强生活保障和再就业工作,保持企业和社会稳定。(略)

三、下一步的工作意见

(一)圆满完成辽宁试点任务。

(二)逐步扩大试点范围。

(三)继续落实完善社会保障体系的各项政策。(略)

劳动保障部 国家经贸委 民政部 财政部

国家税务局 国务院体改办 全国总工会

二○××年××月××日

【简评】

　　这是一份工作报告,重点反映了辽宁省在完善城镇社会保障体系试点工作中的成效,形成了总体评价,总结了主要做法,并提出下一步的工作打算。反映情况具体、全面,结构严谨,层次分明,是一份好的工作报告。

【课件】

请　示

一、请示的概念、特点和分类

"请示"适用于向上级机关请求指示、批准。

凡本机关无权解决和无力解决的事项,事前都应该向上级机关请示以获得上级机关的指示、批准和帮助,从而减少工作中的失误和困难。

请示的特点是具有呈请性和期复性。

请示依据内容和目的大致分为如下三类。

1.请求指示的请示。请求上级对有关的方针、政策、规定中有一些不明确、不理解之处,或在工作中出现的新情况、新问题等,做出明确的解释与指导。

2.请求批准的指示。请求上级机关批准增减或变更人员编制、机构设置、领导班子组成、干部任免等人士组织问题以及协助解决工作经费、工作任务等问题。

3.请求批转的请示。对本单位无权无力解决,需要其他职权部门协助解决的问题,可以请求上级机关批转发送到相关单位协助执行。

二、请示的写作格式

请示一般由标题、主送机关、正文和落款四部分组成。

1.标题

请示的标题通常用完全式标题。通常由机关、事由、文种三部分组成。例如:××大学关于增拨教育经费的请示。

2.主送机关

(1)一般只写一个主送机关,不得多头主送,需要同时送其他机关,应当用抄送形式,不得抄送其下级机关。

(2)除上级机关负责人直接交办的事项外,不得以机关名义向上级机关负责人报送请示。

3.正文

(1)请示理由

常见的开头方式有:原因目的根据式"由于(鉴于)……为了……根据……";

原因目的式:"由于……为了……"请示理由之后,一般用"为此,现就××问题请示如下"或"特作如下请示"或"为此,特请示……"或"恳求……"语句过渡,引出请示事项。

(2)请示事项

是请求上级机关指示或批准的具体内容。应写得明白、具体、恰当、切实、可行。

应坚持"一事一请"(或一文一请)的原则。

(3)请示结束语

常见的有:"以上请示(意见)妥否,请批示(指示)""以上请示(意见)当否,请指示""特此请示,望批准""以上请示(意见)如无不妥,请批准""以上请示(意见)如无不妥,请批转有关单位贯彻执行"等。

4. 落款

党的机关的请示可在落款处署发文机关名称,并标明成文时间;行政机关的请示,如非联合行文,则不署发文机关名称,只标成文日期。

三、请示的写作要求

1. 理由要充分,事项要明确具体。撰写请示时,既要突出请示的重要性和迫切性,又要阐述请示的必要性和可行性。

2. 坚持一事一文。

3. 要选准主送机关。

4. 要逐级请示。

【例文】

×××化工厂关于贯彻按劳分配政策两个具体问题的请示

省劳动厅:

按劳分配,是社会主义分配的基本原则,也是社会主义优越性之一。几年来,我厂由于认真贯彻了按劳分配政策,极大地激发了广大职工的社会主义劳动积极性,使得生产率成倍地增长,乃至几倍的增长。

为全面贯彻按劳分配原则,进一步调动职工的劳动积极性,现就两项劳资政策问题请示如下:

一、拟用××××年全厂超额利润的10%为全厂职工晋升工资。其中,××××年×月××日在册职工每人晋升一级,凡班(组)长和车间先进生产(工作)者及其以上领导和先进人物再依次晋升一级;全厂技术突击组成员每人浮动一级工资,组长每人浮动两级工资。

二、拟用××××年全厂超额利润的10%一次性为全厂职工每人增发奖金平均×××元,具体金额按劳动出勤率和完成定额计算。

以上请示,妥否,请批示。

×××化工厂

×××年××月××日

【简析】

本文是一篇政策性请示。政策问题是个原则性问题,凡把握不准时,都应及时请示,以便工作主动。本文内容条理清晰,语言表达准确、简明。

【课件】

会 议 纪 要

一、会议纪要的概念、分类和特点

会议纪要是用来记载和传达会议情况和议定事项的公文。

会议纪要通常是根据会议记录、会议文件和会议的其他有关资料整理而成,既可上报又可下达,但以向下属单位传达会议精神较为多见。

在会议过程中,由记录人员把会议的组织情况和具体内容记录下来,就形成了会议记录。"记"有详记与略记之别。略记是记会议大要,会议上的重要或主要言论。详记则要求记录的项目必须完备,记录的言论必须详细完整。若需要留下包括上述内容的会议记录则要靠"录"。"录"有笔录、音录和影像录几种,对会议记录而言,音录、录像通常只是手段,最终还要将录下的内容还原成文字。笔录也常常要借助音录、录像,以之作为记录内容最大限度地再现会议情境的保证。

按不同的会议类型来分,会议纪要可以分为如下几种:

(1)工作会纪要。这是会议讨论有关工作,做出决定或决议后而形成的纪要。内容比较集中、议程比较单一的工作会议纪要,一般只把会议概况、会议宗旨、讨论和决议事项加以概括和说明。内容较复杂、议程较多的工作会议纪要,就要把做出的决定或决议,按讨论顺序或重要程度,逐项概述或分成若干部分概述。

(2)座谈会纪要。这是召开座谈会之后形成的会议纪要。座谈会常常是为专门研究解决某一重要问题而召开的,带有较强的专题性、专门性。这类纪要,侧重于讲话、发言的内容的记述,可以按发言的先后顺序,把个人的发言要点整理出来;也可以按发言内容归类,前面设置小标题加以统领。

会议纪要的特点如下:

(1)内容的纪实性。会议纪要应如实地反映会议内容,它不能离开会议实际搞再创作,不能搞人为的拔高、深化和填平补齐。否则,就会失去其内容的客观真实性,违反纪实的要求。

(2)表达的要点性。会议纪要是依据会议情况综合而成的。撰写会议纪要应围绕会议主旨及主要成果来整理、提炼和概括。重点应放在介绍会议成果,而不是叙述会议的过程,切忌记流水账。

(3)称谓的特殊性。会议纪要一般采用第三人称写法。由于会议纪要反映的是与会人员的集体意志和意向,常以"会议"作为表述主体,"会议认为""会议指出""会议决定""会议要求""会议号召"等就是称谓特殊性的表现。

二、会议纪要的格式

会议纪要通常由标题、正文和落款组成。

1.标题

会议纪要通常采用单行标题,一般由会议名称和文种组成。如《城市经济体制改革试点工作座谈会纪要》等。有些重要的会议纪要,其标题多用正副标题组成,正题标示会议主要内容和精神,副题则标示会议名称和文种。

2.正文

正文一般由会议情况的概述和会议内容即议定事项两部分组成。

会议概况简单介绍会议的基本情况,包括会议的召开单位、时间、地点、主持人、参加者以及会议目的、主要议程、会议规模、会议的意义和作用等。

会议内容是正文的中心部分,主要包括会议研究或讨论的问题情况和决定的事项,以及情况分析、措施与办法、希望与要求等。凡重要的大中型的工作会议或比较复杂的会议,不仅要把会议讨论的结果公布出来,而且还要把会议的与会者所反映的有关问题,用分条、分层叙述的形式综合地反映出来。学术性会议纪要,特别要注意把与会者的不同意见反映出来。

3.落款

署名和日期均应写在正文的右下方。署名写会议主办单位名称,用全称。成文日期一般以会议结束的日期为准。

公开发表的会议纪要,其日期写在标题下方正中。落款之后应有超报、抄送及印刷说明等。

三、会议纪要的写作要求及写作技巧

1.会议纪要的写作要求

(1)全面掌握会议情况。

(2)集中概括会议的重点内容。

(3)条理清晰、层次分明。

2.会议纪要的写作技巧

一般说来,写作技巧有四条:一快、二要、三省、四代。

一快,即记得快。字要写得小一些、轻一点,多写连笔字。要顺着肘、手的自然去势,斜一点写。

二要,即择要而记。就记录一次会议来说,要围绕会议议题、会议主持人和主要领导同志发言的中心思想,与会者的不同意见或有争议的问题、结论性意见、决定或决议等做记录,就记录一个人的发言来说,要记其发言要点、主要论据和结论,论证过程可以不记。就记一句话来说,要记这句话的中心词,修饰语一般可以不记。要注意上下句子的连贯性、可讯性,一篇好的记录应当独立成篇。

三省,即在记录中正确使用省略法。如使用简称、简化词语和统称。省略词语和句子中的附加成分,比如"但是"只记"但",省略较长的成语、俗语、熟悉的词组,句子的后半部分,画一曲线代替,省略引文,记下起止句或起止词即可,会后查补。

四代,即用较为简便的写法代替复杂的写法。一可用姓代替全名;二可用笔画少易写的同音字代替笔画多难写的字;三可用一些数字和国际上通用的符号代替文字;四可用汉语拼音代替生词难字;五可用外语符号代替某些词汇,等等。但在整理和印发会议记录时,均应按规范要求办理。

四、会议纪要与会议记录的区别

会议纪要有别于会议记录。二者的主要区别是:第一,性质不同:会议记录是讨论发言的实录,属事务文书。会议纪要只记要点,是法定行政公文。第二,功能不同:会议记录一般不公开,无须传达或传阅,只作为资料存档;会议纪要通常要在一定范围内传达或传阅,要求贯彻执行。

【例文】

××县人民政府第六次常务会议纪要

时间:××××年×月×日上午八点半至十二点

地点:县政府常务会议室

主持:县长×××

出席:副县长×××、××、××、×××、办公室主任×××

请假:×××(出差)

列席:×××、×××、×××

记录:×××

现将会议讨论及决定的主要事项纪要如下:

一、会议听取了副县长×××关于召开经济工作会议准备的情况汇报,讨论了扩大县属企业自主权的十条规定。会议同意县经济工作会议准备情况汇报,并决定于×月×日召开全县经济工作会议。今年各项经济工作指标,要以市经委下达的为准,不再调整县原各公司的主要经济指标。在县经济工作会议上,由县经委与县原各公司签订经济责任书。

二、会议原则同意县民政局关于民政事业费管理使用办法的修订意见。

三、会议同意将县政府办公室提出的转交机关工作作风的规定意见(讨论方案)印发各部门,广泛征求意见,做进一步修改后,以县政府文件印发。

××县人民政府办公室
××××年×月×日印发

【简评】

这是一篇综合性会议纪要。文章首先简述了会议情况;接着介绍会议讨论及决定的主要事项,内容简要、明确,使需知情者便于掌握、理解。全文条理明晰,清楚地传达出会议的精神。

【课件】

毕 业 论 文

一、毕业论文的概念和要求

1. 概念

毕业论文是大学生综合运用已学知识表述理论创造或表述分析应用的应用文。

2. 要求

毕业论文本质上属于学术论文,其特殊之处有以下三点。

(1)综合考查已学知识的应用能力。①考查运用已学专业知识分析问题、解决问题的能力;②考查查询专业资料(中文资料和外文资料)的能力;③考查运用计算机分析和处理数据的能力;④考查语言(中文和外文)的表达能力和文章的撰写能力。

(2)培养科学工作的素质,要求详细阐述课题研究过程,体现该课题的科研方法。

(3)培养创新意识,要求学生的选题具有新颖性、实践性。

二、毕业论文的选题问题

选题可从以下几个方面考虑。

(1)从业务强项或兴趣出发进行选题。

(2)从实习或实践中所发现的问题中进行选题。

(3)从有必要进行补充或纠正的课题中进行选题。

选题的方向不仅有以上三种,从论文的价值来看,选题的理论意义和现实意义是首要的,在此前提下,可以发现生产或科研中亟待解决的问题、中外学术观点的异同问题、事关国计民生的问题、学科的现状与发展前沿性的问题。

无论怎样选题,都必须考虑毕业论文的时间要求和容量要求,以及自身的学术水平和研究条件,切不可脱离实际去选题,即不能选择方向虽好但无法完成的课题。

三、毕业论文的资料搜集

资料可以用直接调查的形式获得,也可以通过图书馆或档案馆查阅获得。

直接调查是获得资料的重要途径。调查形式是多样的,对于学生个人来说,主要还是通过直接观察、个别访谈、查阅有关档案、抽样发放问卷等方式进行。

到图书馆或档案馆查阅资料,可以获得多方面的有用信息。

(1)提供课题的研究状况。

(2)获得二手基础资料。

(3)学习研究方法和论文的撰写方法。

四、毕业论文的格式和论文主体的撰写

1. 格式

(1)题目。应能概括整个论文最重要的内容,言简意赅,引人入胜,一般不宜超过 20

个字。

（2）论文摘要和关键词。

论文摘要应阐述学术论文的主要观点，说明本论文的目的、研究方法、成果和结论。尽可能保留原论文的基本信息。突出论文的创造性成果和新见解，而不应是各章节标题的简单罗列，摘要以 500 字左右为宜。

关键词是能反映论文主旨最关键的词句，一般 3 ~ 5 个。

（3）目录。既是论文的提纲，也是论文组成部分的小标题，应标注相应页码。

（4）引言（或序言）。内容应包括本研究领域的国内外现状、本论文所要解决的内容及这项研究工作在经济建设、科技进步和社会发展等方面的理论意义与实用价值。

（5）正文。是毕业论文的主体。

（6）结论。论文结论要求明确，精练，完整，应阐明自己的创造性成果或新见解以及在本领域的意义。

（7）参考文献和注释。按论文中所引用文献或注释编号的顺序，列在论文正文之后参考文献之前。图表或数据必须注明来源和出处。

参考文献是期刊时，书写格式为：

【编号】，作者，文章题目，期刊名，年份，卷号，期数，页码。

参考文献是图书时，书写格式为：

【编号】，作者，书名，出版单位，年份，版次，页码。

（8）附录。包括放在正文内过分冗长的公式推导，以备他人阅读方便，所需的辅助性教学工具，重复性数据图表，论文使用的符号意义，单位缩写，程序全文及有关说明等。

2.论文主体的撰写

（1）做好资料的分析工作

①将资料分类。

②分析资料并从中导出结论。

③给每类资料拟写标题。

（2）内容与结构的思考

①根据拟定的论题，分析各类资料的内容，进一步分析资料的意义或关系。

②根据资料的情况和它们之间的逻辑关系，写出总体结论。

③根据初步研究结果，确定主体结构。比较简单的方法是：将分论组织起来，形成短文。

（3）进一步提炼论点

应当做到：

①观点与材料相统一。

②结论应当升华。有了基本的结论，这个结论还存在哪些问题没有解决，有什么发展前景，可再分析上升认识。

五、需要注意的问题

1.注意过渡

将材料组织成文，要注意内容之间的联系，必要时要增加过渡语。

2.完善整体

（1）标题。标题一般习惯在拟稿时先行撰写，但完稿后，要根据实际需要再行修订，使之概括论文的中心观点或内容,力图做到生动、吸引人。

(2)提要。根据全文总论点和分论点,概括全文内容。最为重要的是,提要须阐述清楚论文的意义,论文的意义可以从理论意义和现实意义两方面来阐述。

(3)参考文献目录。要写清楚参考资料的出处、篇目名称和作者,不要缺项。

3.语言的修改

(1)先过基础关

注意标点,不可句读不分。

把句子写通顺。

(2)推敲、润色

删除。对重复的语句或内容进行选择,删除多余字句,尽量做到文字简练。

补易。段落之间如不通畅,需补上必要的过渡语;对个别地方探讨得不够深入的,需要少量补写。更换语词,更换局部内容,使表达更为准确、恰当,使内容更为完整、全面。

调动。移动语序、分句前后的位置、段落先后的位置,使表述更为合理。

推敲。对关键语词的选择要斟酌,要避免语言呆板。

润色。即修饰语句,使语句更富有表现力,包括调整句式,增添修饰语或限定语等。

【例文】

浅析基层医疗机构医改后的财务管理状况
摘　要

随着市场经济的不断完善,医药分开核算及医疗保险制度开始实施,这对医疗卫生机构财务管理工作带来了较大的变化。在新医改实施后,基层医改卫生机构财务管理工作需要能够更好地与新形势的发展需求相适应,更好地突显出其在医疗卫生机构管理工作中的核心地位及重要作用,进一步对财务信息系统建设进行完善,全面提高基层医疗卫生机构的财务管理水平,更好地促进基层医疗卫生机构的健康、有序发展。

关键词:新医改;基层医疗卫生机构;财务管理

目　录

引　言

乡镇卫生院是基层医疗机构中最重要的组成部分,为社会群众的身体健康和就医条件提供了很大的帮助。其中,做好财务管理工作,将更有利于提高基层医疗机构的服务质量和群众的就医环境以及投入到基层医疗机构中的资金利用效率。在医疗改革出现之前,基层医疗机构都是利用药物的销售带来利润,以此来保障医院经济的正常运作,也就是传统的"以药养医"机制,医生的收入与药物销售量成正比。但是在医疗改革背景下,各大医疗卫生机构纷纷实行药物制度,也就是维持原来的收费价格,在此基础上提高医疗服务质量,其中产生的医疗费用差价完全由国家财政进行支持,这也给了基层医疗卫生机构在资金上的支持以维持运作,能够在一定程度上改善基层医疗卫生服务条件。在这样的医疗市场环境下,如果基层医疗卫生机构还能很好地解决财务管理问题,那么对于基层医疗机构乃至全社会都是一个更好的,更健康的经济发展趋势。

在《基层医疗卫生机构会计制度》《基层医疗卫生机构财务制度》深入贯彻实施的新医改工作背景下,作为推行医疗改革政策的前端领域,基层医疗卫生机构的成本核算,财政补偿制度及其财务管理等方面都发生了巨大变化,使基层医疗卫生机构面临挑战的同时,也迎来了进一步发展的机遇,在这样的背景下,基层医疗机构只有通过强化管理意识,提升财务管理与成本核算能力才能切实使自身在新医改的浪潮中顺利发展。

一、建设现状

整个孝南区卫生服务系统都是按照保基本、强基层、建机制的要求,大力推进基层健康工程,以此取得了明显的成效。

公共卫生服务稳步开展,乡镇卫生院已纳入财政全额拨款范围。全市制定了县包到乡、乡包到村、每名村医包一千名农民的三级包保责任制,圆满完成了10类41项基本公共卫生服务项目和8项重大公共卫生服务项目的年度工作任务,服务内容得到拓展,服务标准稳步提升。卫生院大力开展各项公共卫生服务和实施免费健康体检,建立个人健康档案,开展健康教育,实施预防接种,配合处置突发公共卫生事件,群众的卫生安全保障逐步增强,几百万社会群众得到了实惠。

基本药物制度得到落实。乡镇卫生院均按规定配备使用国家基本药物和安徽省补充药品,执行省中标挂网采购目录和价格,大部分卫生院配备和使用的品规数为300种左右。乡镇卫生院基本药物均实行网上采购,配备的专职人员均能熟练掌握网上采购药品操作。

二、存在问题

我市乡镇卫生院目前仍然面临着诸多困境,突出表现在以下几个方面:

(一)财务预算有待改进

医疗设备陈旧老化。近年来,随着基层卫生院改扩建项目的建成,基层卫生院的院舍环境和办公条件得到较大改善,但全市乡镇卫生院依然普遍存在医疗设备简陋、陈旧、老化,很难吸引更多的病人就诊,已不能适应医疗业务发展的需求。应加大对医疗设备的财务支出,将其合理运用到医疗设备上,在保证乡镇居民享有好的就医环境的同时,也应做好预算支出。

(二)财务管理能力有待提升

人才流失严重。通过调查发现,我市大部分乡镇卫生院近几年来招聘了一些大学毕业生,但是由于乡镇卫生院的生活条件艰苦,工作压力大,待遇低,缺乏进修学习的机会,职称晋升困难,人才流失严重。人才的流失对于乡镇的经济发展也是一个很严重的问题,可适当增加技术性人才的工资薪金以及福利待遇,来弥补财务管理中的缺陷。

（三）技术人才的培养需要改进

乡村医生老龄化现象普遍,对医改一体化管理、基本公共卫生服务、新型农村合作医疗等新生事物接受不够深入。实行了计算机网络管理后,部分乡村医生不懂电脑,制约了各项工作的推进和开展。

（四）工作运行效率受影响

救护车的出行存在问题,乡镇中心卫生院地处集镇中心大街,逢集日救护车无法出入,时有水车货车随意停放在医院门口位置的水泵处取水,容易造成堵塞。

（五）选择的收入确认方法不合理

根据《医院会计制度》中提出的要求,所有的医疗机构必须根据在院患者来计算医院的收入,因此,医院的每个科室通过核算收入能够了解科室的当期收入,通过分析权责发生制记录的支出和当期收入,研究二者之间能否形成配比结余,才能够表明医院科室是否获得经营业绩。但是在当前许多医疗卫生服务机构中,许多医院都是根据出院患者来计算医院收入,这和《医院会计制度》的规定相悖,以这种方式来确认医院收入,无法正常反映医院各科室的成本收入,其中可能混杂了历史收入以及其他收入,不利于审查核算医院的经营业绩。

三、几点建议

（一）加大对成本核算管理工作的重视

为了提高基层医疗卫生机构成本核算管理工作效果,必须加大对成本核算管理工作的重视。作为医院的领导部门,首先必须转变传统思维观念,更新管理理念,同时要向医院全体职工贯彻成本核算的思想意识,根据《医院会计制度》制定完善的成本核算制度。具体而言,可以定期开展成本核算宣传和财务人员培训工作,让医院的财务管理人员重视成本核算管理工作,从思想上了解成本核算的内涵,实现医院各大科室之间的信息共享,为成本核算管理工作提供理论依据,各大科室医护人员必须尽到财务管理的责任,不能随意推卸,这样才能有效提升成本核算财务管理的工作效率。其次,医院必须吸收专业的财务人员,通过财务人员成立的成本核算小组,定期对医院的财务成本进行核算,小组内部人员细致分配成本核算任务,明确每一笔资金的用处和收益。最后,在计算机信息化技术高速发展的今天,基层医疗卫生服务机构必须与时俱进,及时更新医院内部的成本核算模式和管理机制,选择合适的成本核算软件和硬件设施,优化调整成本核算系统,并且对各项财务成本信息进行准确记录,确保财务信息的真实性和实时性。

（二）严格依照会计理论开展成本核算工作

医疗改革的持续推进给医疗卫生机构成本核算工作提出了更高的要求,所以在成本核算工作中,必须严格依据会计理论,通过运用科学、合理的会计核算方式,来确保成本核算和会计核算保持一致,这样能够提高成本核算的准确性。同时,随着财务会计专业的快速发展,成本核算工作作为会计核算的重要组成部分,也要不断借鉴和应用先进的会计理论,使用合适的工作方式,才能提升成本核算的科学性。

（三）科学确认成本费用

在基层医疗服务机构的成本费用中,涉及多种成本费用,其主要包括了医疗卫生材料费用、人员办公经费、药品成本费用以及医疗风险费用,所以在核算医疗服务机构的成本费用时,必须明确划分核算范围,合理区分医疗服务和各项经济活动的成本支出。同时,医院的不同科室成本费用的归集和分摊工作至关重要,可以把不同科室的费用支出按月为单位来进行归集,同时制定检查制度,对各个科室的成本费用信息进行科学管理,构建完善的信息管理平台,这样才能做到公平、公正、公开地管理成本费用,使医院成本费用能够公平分摊开来。

继续加强对乡镇卫生院硬件设施建设投入的力度。要积极扶持基层医疗设备购买 B 超、DR、实验室设备等适应功能定位需求的医疗设备,同时,基层卫生医疗机构也要多渠道筹集资金,改进设备设施,改善医疗环境,提高医疗质量,进一步提高诊断和治疗水平。

进一步加强村级卫生所建设。要确保零差率和人均门诊费用补助、基本公共卫生服务经费、退休村医每人每月 300 元补助及时足额发放到位。加大免费培训力度,逐步改善村卫生室基本医疗和公共卫生服务能力,提升服务水平。

制定基层卫生院事业经费补偿机制。虽然目前全市乡镇卫生院施行了财政全额拨款,但随着我市开始实施基本药物零差价制度,基层卫生院收益大幅下降,建议适当加大基层事业经费投入,支持和促进基层医疗机构正常运营和健康发展。

进一步提高农村卫生院的管理水平。通过培训增强农村卫生院领导的管理素质,建立健全诊疗流程管理、医护人员管理、药品管理、病房管理、卫生防疫等管理制度,积极探索创新适合乡镇卫生院的管理模式,提高管理水平。

进一步促进乡镇卫生院均衡发展。优化资源配置,加大对基础条件薄弱卫生院的投入,在医疗设备购置、卫生专业人才配置等方面采取切实措施,促进其改善医疗条件,提高医疗卫生服务水平。对一些基础条件较好、服务人口多、辐射范围广、医疗设备较为先进、医疗水平较高的地方,除保留政府举办的乡镇卫生院,确保履行基本医疗和公共卫生服务职能外,可以设立综合性医院,进一步满足人民群众多层次、多样性的医疗服务需求。

结语

基层医疗机构是卫生机构管理工作的重要组成环节,财务管理更是在企业管理过程中扮演着持续监督与风向标的角色,它始终贯穿于整个企业的运作过程。因此基层医疗卫生机构需要不断地完善其财务的管理水平,才能达到应有的社会效益和经济效益。综合实践内容可知,提升财务人员综合业务素养,全面完善预算管理,持续监督财务管理活动,以及完善财务信息系统等等对基层医疗卫生机构的经济运作效益定会有所裨益。

参考文献

[1]宗慧芬.浅析医疗卫生机构财务管理问题[J].当代经济,2010(3).

[2]杨玉敏.新财务会计制度下基层医疗卫生机构财务管理浅析[J].财经界(学术版),2016
(2).

[3]卢定祥.论如何加强基层医疗卫生机构财务管理[J].财经界(学术版),2014(9).

【课件】

求职信

一、求职信的含义和特点

1.含义

求职信也称自荐信,是求职者向用人单位和评审人介绍本人有关情况,表明求职者意图,希望对方予以任用的一种书信体文书。在现代社会中,求职已成为一种普遍的社会现象,为更好地展示个人才华,表达个人意愿,探求实现理想和抱负的机会,充分运用求职信这种必要的中介和工具来实现自己的目的已愈发显得重要和必要。

2.特点

(1)自荐性。自荐性是求职信的首要特性,求职者与用人单位或评审人之间从未谋面,互不相识,现要做"纸上的会见",要善于自我推销。

(2)针对性。求职者应对用人单位或评审人有所了解,对所求取的职位有所了解,对自己的条件有所了解,针对自己实际能力和用人单位所需职位的要求,投其所好。正所谓:"知己知彼,百战不殆。"

(3)竞争性。求职是一场见不到硝烟的"战争",尤其是那些知名度高、实力雄厚的大企业、大公司,人才的竞争格外激烈,在求职信中应将你的长处淋漓尽致、实事求是地表现出来,以求在竞争中取胜。

二、求职信的类型及功能

1.类型

(1)从成文的角度看,有自写的求职信;他人推荐而写的求职信等。

(2)从内容或行业看,有技术性求职信;销售性求职信;生产性求职信;演艺性求职信;医疗性求职信等。

(3)从求职的时间看,有短期性求职信;中期性求职信;长期性求职信等。

(4)从求职的要求看,有基本要求的求职信;有具体要求的求职信等。

2.功能

(1)沟通交往,意在公关

求职信是沟通求职者和用人单位之间的桥梁。通过一定的沟通,在相互认识、交流的基础上,实现相互的交往,是求职信的基本功能。实现交往,求职者才可能展示才干、能力,突出其实绩、专长、技能等优势,从而得以录用。因此,求职信的自我表现力非常明显,带有相当的公关要素与公关特色。

(2)表现自我,求得录用

实现自己的求职目的,就要求自己必须充分扬长避短,突出自我优势,在众多的求职者中崭露头角,以自己的某些特长、优势、技能等吸引用人单位。表现自我,意在录用,也是求职信的又一基本功能。

三、求职信的格式与写法

求职信一般由标题、称呼、正文、落款、联系方式五个部分组成。

1. 标题

求职信的标题通常只有文种名称,即在第一行中间写上"求职信"三个字。

2. 称呼

称呼要恰当。对于不甚明确的单位,可写成"人事处负责同志""尊敬的领导同志""尊敬的某某公司领导"等等;对于明确了用人单位负责人的,可以写出负责人的职务、职称,如"尊敬的林教授""尊敬的蒋处长""尊敬的刘经理"等等。称呼写在第一行,顶格书写,之后用冒号,另起一行,写上问候语"您好"。

3. 正文

一般写明以下内容。

(1)开头短语。向对方表达意愿,恳请或致谢,表明求职意图。

(2)本人基本情况简介。包括姓名、性别、年龄、政治面貌、学历、职称。

(3)自荐的理由和求职目标:包括自己的有关经历、业务专长、所获成果、适合从事何种工作等。这部分可根据专长和对方要求做适当的个性发挥,扬长避短,展示自己的实力。

(4)表明态度与决心:可对今后工做简要的构想,表明干好工作的决心与信心,诚恳地表达盼望被录用的心情。

4. 落款

包括署名和日期。署名应写在结尾祝词的下一行的右后方。日期(x 年 x 月 x 日)应写在名字下面。

若有附件,可在信的左下角注明。例如"附 1:个人简历""附 2:成绩表"等。有说服力的附件是对求职者鉴定的凭证。所以求职信的附件是不可忽视的组成部分。附件可在信的结尾处注明。如:附件 1. ×××××2. ××××××3. ××××××……然后将附件的复印件单独订在一起随信寄出。附件不需太多,但必须有分量,足以证明你的才华和能力。

5. 联系方式

求职信末尾要写上通信地址、邮政编码、联系电话等,当然也可以使用更便捷的通信方式,如手机、E-mail 等进行联系。

四、求职信的写作原则

实事求是,不卑不亢。

语气自然:语言和句子要简单明了。写信就像说话一样,语气可以正式但不能僵硬。语言直截了当。

通俗易懂:写作要考虑读者对象的知识背景,不要使用生僻词语、专业术语。

言简意赅:在重点突出、内容完整的前提下,尽可能简明扼要,切忌面面俱到。

具体明确:不要使用模糊、笼统的字眼;多使用实例、数字等具体的说明。

【例文】

求 职 信

××总编先生:

您好!

我是××大学新闻专业即将毕业的大学生,看到贵刊在《××晚报》上的招聘广告,禁不住激动的心情,提笔向总编先生自我推荐。

我学的是新闻专业,到目前为止,全部学业都已圆满完成,成绩优秀。在上大学期间,我是学校通讯社的主要成员,有过新闻采写的实践经验,并有两篇报告文学发表在《中国体育报》副刊上。我的毕业论文是《试论新闻采访中的×××》,指导老师已向我校报推荐发表。大学四年,奠定了我从事新闻工作的理论基础,即将毕业之际,我渴望得到实践锻炼的岗位。

贵刊是一个享有广大读者的读物,编辑部也一定是一个生机勃勃的团体,我非常希望能加盟成为其中一员,我自信我能为贵刊做出贡献。热切地期盼着您的答复,顺附上本人简历、成绩单和发表文章的复印件。

××大学新闻专业××

二〇××年××月××日

【简评】

这是一份求职信,正文首先写缘起、缘由,接着写求职意愿、个人简历,最后提出要求,全文语言简洁,态度自信、恳切,礼貌而又不卑不亢,是一封写得较好的求职信。不足之处是应写上通信地址、电话等信息。

【课件】